ロシアの弦楽器
バラライカ
過去から未来へ

柚木《ゆのき》かおり

JN057032

群像社

はじめに

二〇二二年二月以降のロシアのウクライナ侵攻の連日の報道、特に軍事専門家の解説により、かつての大国ソ連・強国ロシアというイメージは見事に打ち砕かれた。代わりに白日の下に晒されることになったのは、ロシアの統率力・統率性のなさや、センスの古さであった。このような肩透かしの現実を前に、それらの専門家は同時にロシア社会についても「口コミ社会」、「ナラティブの国」などと折に触れて言及するため、逆説的だが、日本社会におけるロシア理解がこれまでにない深さと勢いで進んでいっているように思われる。第二次世界大戦で「情報統制・戦時プロパガンダ下の国民」と実際の国民とのズレを経験した国の子孫だからこそ、現在の「戦時下ロシア」のロシア国民に対して偏狭な見方にとらわれないでいられるからであろう。

実際、現在我々がウクライナ侵攻を実例として目にしている「貧乏気質の野心家」、「視野が狭く、世界も狭い」、「当事者意識と責任感の欠如」、それでいて「天災にも人災にも適応してしまう」という性向だけでロシアが語れるわけでは、もちろんない。現実はより多面的であり、日本から遠い面も近い面も同一の面もある。本書は、国の政策に翻弄されながら生き続けてきた民族楽器バラライカの文化と歴史の記録であり、ロシア理解をさらに進める一助になり得る具体的な材料として提示するものである。

本書の出版には二〇二〇～二三年度JSPS科研費を使用したが、これは本来、二〇二〇～二二年の現地調査のための研究助成だった。ところが、コロナ騒動とそれに次ぐ戦争のため、渡航不可能となってしまった。そこで代案として、調査予定だった人たちにZoomでインタビューを行い、YouTubeの著者のチャンネルで日本語字幕付きで公開することにした。この企画は現在も継続中であるが、うち当該研究の主軸となる一二名のインタビューの出版を思い立ち、まず現在を語る第三章とした。順序は逆になるが、第二章の歴史は二〇〇六年出版のユーラシアブックレット『民族楽器バラライカ』(東洋書店、絶版)の再版と位置づけ、加筆修正した。第一章は、群像社からのご提案でバラライカと同族の楽器の情報を盛り込むことになり、旧ソ連諸国の楽器についてロシア語の資料を基に、日本人研究者にもご協力いただいて記した。本書では写真を多く使用しているが、著者撮影か、ロシアおよび旧ソ連諸国の方々にご提供いただいたものである。

この、災禍による紆余曲折を経てできあがった本を通じて、日本では日常的に接することのないロシアおよび旧ソ連諸国の「普通の人たち」の生活や生き様が伝わることを願う。本書はあくまで概論であり、個別の内容で興味を持たれたことがあったら、ぜひ専門書に手を伸ばしていただけたらと思う。

なお、ロシア語表記に関しては、あえて『ロシア音楽事典』(カワイ出版)や『世界の文字事典』(丸善出版)に拠らず、現地音に近い表記を試み、日本語として定着している語は原則慣例に従った。箇所によっては、ラテン表記あるいはキリル表記を括弧に入れて付記した。音の響きでロシア語に興味を持たれた方は、書店や図書館のロシア語のコーナーを覗いてみられるのもよいのではないだろうか。

ロシアの弦楽器バラライカ　目　次

第三章　制度の隙間で奮闘する人たち　142

ロシアの弦楽器バラライカ　過去から未来へ

凡例

・楽器の呼称は、言語学的手法を用い、まず呼称の系統名として主軸となる子音のみをスラッシュ（／）で区切って示す。

・系統名の下に、ロシア語表記と片仮名転写を付す。

・地域ごとの呼称は、日本語読者になじみのあるラテン文字で記す。地域によりa、o、uといった母音が入ることで多様化しているという現象の可視化の試みとする。

・現地の字母転写と片仮名表記は、主に庄司博史編『世界の文字事典』および『世界の公用語事典』に拠る。

・インターネット検索の利便性から、ウェブ上でヒット数が多い表記も併記し、片仮名表記は現地音に近い音での表記に努める。

・個別の楽器の名称に関する学術的に厳密な言語学的アプローチによる仕事は、本書の趣旨から逸れてしまうため、別途言語学者に委ねたい。

・国名表記は外務省に準じ、ロシア領内の連邦構成主体は「共和国」などの表記を記す。自治体を持たないエスニックグループに関しては、「人」を付して記す。

・ルビで「用語」とある語は用語解説（38〜47頁）で取り上げた。

第一章　バラライカの親族楽器

バラライカは「有棹撥弦楽器《ゆうとうはつげん》」、「長棹《ちょうとう》リュート（lute）」であるというのが一般的な定義であるが、漢字の羅列で難解に見えるため、簡単に用語を説明しておく。分類や起源は諸説あるので、興味を持たれた方はさらに詳しく調べてみるのもよいだろう。

撥弦楽器　弦楽器の分類で一般的なのは「音の出し方」によるもので、撥弦楽器は弦を指やピックなどで撥《はじ》くもの（弦を直接指で弾くバラライカ、ピックを用いるマンドリン、爪を用いる箏、バチを用いる琵琶《びわ》や三味線など）、擦弦楽器は弓で擦《こす》るもの（ヴァイオリン、胡弓、馬頭琴）を、打弦楽器は木片やハンマーなどで打つもの（ピアノ、サントゥール、揚琴）をいう。

有棹楽器　弦楽器は「弦の張り方」の形状によって、大まかに、ツィター（箱の上に弦を張る）、リュート（共鳴胴と棹を繋ぎ、その上に弦を張る）、ハープ（枠の中に弦を張る）に分けることができる。バラライカが分類されるリュート属には棹があるため、有棹楽器とも呼ばれる。

長棹リュート　リュートは共鳴胴と棹の長さの比率により、短棹と長棹に分類される。共鳴胴より棹が短い場合は短棹、長い場合は長棹である。長棹リュートは棹の長さで音域を広げる構造上、原則的に弦の数は少なく、短棹リュートは弦の数で音域を広げる構造上、原則的に弦の数は多い。

長棹リュートは、紀元前二〇〇〇年以前の古代メソポタミアの円筒印章に、すでに図像が残されている。これは西アジア・中央アジアに広く分布している卵型の胴を持つ楽器の祖先とされ、当地では中世にはタンブール（tanbur）という総称で呼ばれていた。長棹リュートはシルクロード沿いに伝播し、古くから豊かな演奏文化が醸成された。ロシアの長棹リュートであるドムラとバラライカは、最初の記録がそれぞれ一七世紀と一八世紀であり、歴史的には若い楽器となる。バルカン半島にも一五世紀に伝わったタンブラ、ブズーキなどの楽器が見られる。ギターは起源が諸説あるが、一説では一四〜一五世紀にスペインに伝わった長棹リュートがヨーロッパの短棹リュートと融合し、発展した楽器とされる。日本の三味線は、一三〜一四世紀に中国で使われるようになった三弦が、琉球に伝わり三線となり、一六世紀に日本に伝わったというのが定説である。

短棹リュートについて少し触れておく。諸説あるが、一説には二世紀頃のバクトリアで確認できる洋梨型の胴を持つバルバト（barbat）がペルシアで発達し、その後、西に伝わり中世イスラム世界でウード（ud）に、さらにヨーロッパでリュートになったとされる。リュートから派生した楽器がマンドリンである。一方、バルバトがササン朝ペルシア（最盛期六世紀）の時代に東のシルクロード沿いに伝わって形成された楽器が、中国の月琴《ユエチン》や琵琶《ピパ》であり、七〜八世紀に日本に伝わった琵琶《びわ》であるとされる。

本書では、旧ソ連圏と現ロシア領内の原則長棹リュートのうち、弦の数が二～三本で、バラライカ同様、義甲（ピック、爪）を使わず直接指で弾く楽器を選び、Ａ・Ｋ・ヴェルトコーフ A.K. Вертков 監修の『ソ連の民族の楽器大事典』（一九六三）を軸に記述する。同書は国立演劇音楽映画研究所（現ロシア芸術史研究所）が行った全国的な大規模調査をもとに編纂されたソ連時代の事典であるが、後続の事典が出ておらず、各地の音楽研究はこの事典の情報を更新・追加しながら行われているのが現状である。本書でも、ロシア語による研究成果やウェブ上で入手できる情報で更新しながら記していく。参考のために、著者のYouTubeチャンネルに資料用に作成してある再生リストへのリンクを、巻末に付す。

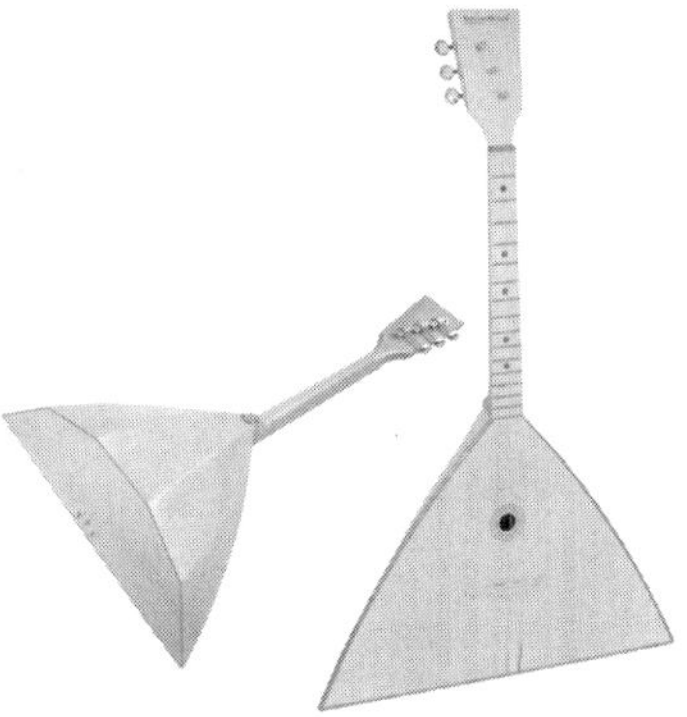

伝統バラライカ正面と背面。寄木胴。（バラライケル製「スプートニク」モデル。同社提供）

各楽器に関しては、主に胴の形、弦、奏法に注目する。胴の形状の呼称はロシア語での慣例に従う。楽器のサイズ（㎝表記）は製作者によって差があるため、確実な情報以外は基本的にヴェルトコーフに拠る。あくまで参考とされたい。また、よく見られると思われる胴の形状の、正面と側面からのシルエット（著者作成）を付す。

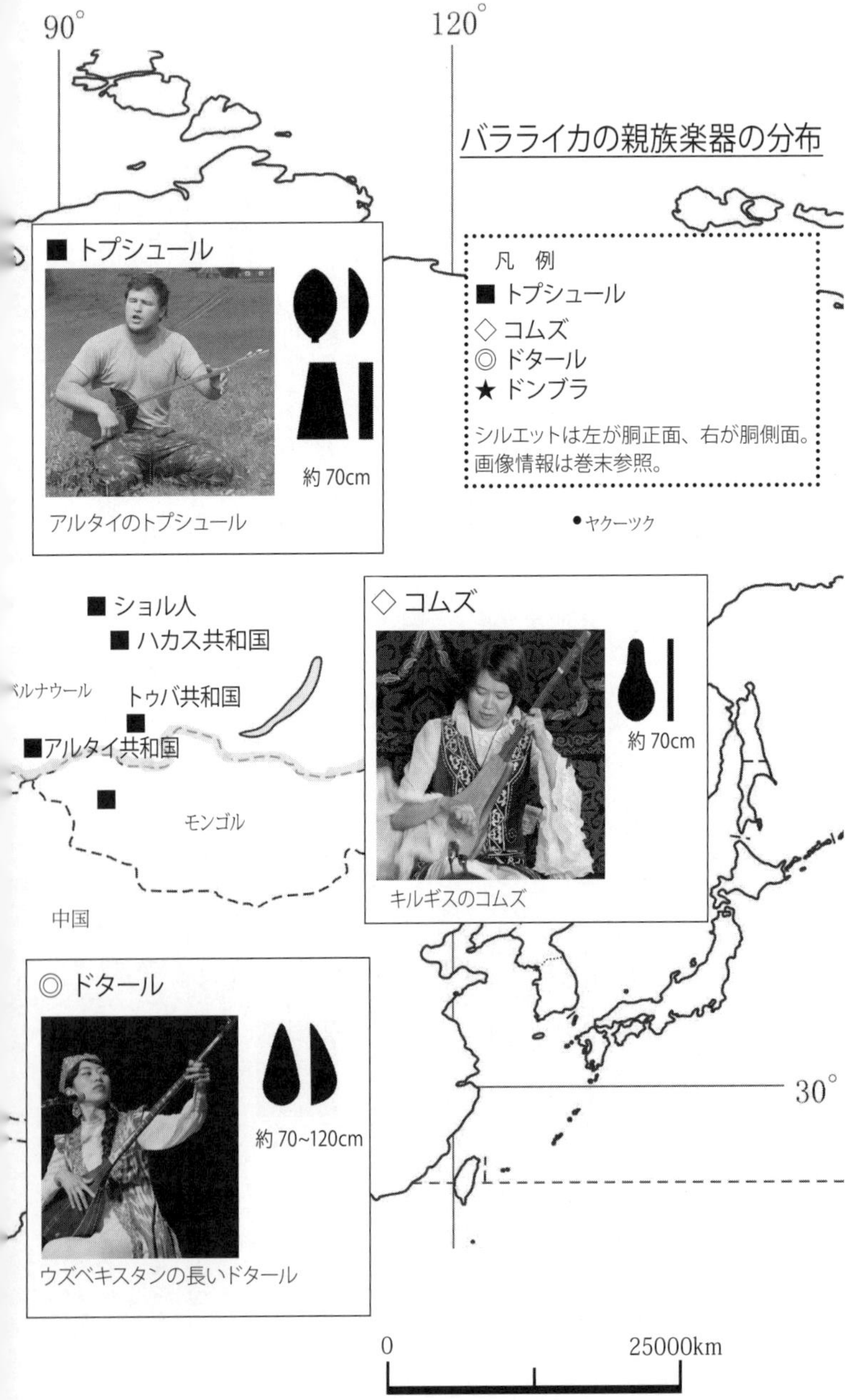

90°
120°
バラライカの親族楽器の分布
■ トプシュール
約 70cm
アルタイのトプシュール
凡　例
■ トプシュール
◇ コムズ
◎ ドタール
★ ドンブラ
シルエットは左が胴正面、右が胴側面。
画像情報は巻末参照。
ヤクーツク
■ ショル人
■ ハカス共和国
バルナウール
トゥバ共和国
■アルタイ共和国
モンゴル
中国
◇ コムズ
約 70cm
キルギスのコムズ
◎ ドタール
約 70~120cm
ウズベキスタンの長いドタール
30°
0
25000km

帝国書院「白地図」より作成

30°
60°
バラライカ
約 70cm
★ ドンブラ
約 70 ～ 130cm
カザフスタンのドンブラ
ペルミ
エカチェリンブルク
チェリャビンスク
サンクトペテルブルク
コストロマ
モスクワ
★ タタルスタン共和国
★ バシコルトスタン共和国
スモレンスク
リペツク
オリョール
ウリヤーノフスク
★ カザフスタン
ムィコラーイウ
ヴォルゴグラード
カルムイク共和国
ノガイ人
カラカルパクスタン
ウズベキスタン
キルギス
トルクメニスタン
アフガニスタン
イラン
タジキスタン
ロシア
カフカス山脈
ジョージア
1
2
3
4
5
カフカス地方
1 北オセチア共和国
2 イングーシ共和国
3 チェチェン共和国
4 ダゲスタン共和国
5 南オセチア共和国
カフカスの楽器
約 90 ～ 100cm
ダゲスタンのアガチ・コムズ

一　ドンブラ

/dmbr/ の系統（ロシア語表記 домбра ドンブラー dombra）
dombyra* ドンブラ（カザフスタン、ノガイ人）、dumbra ドゥンブラ（タタルスタン共和国）、dumbyra ドゥンブラ（バシコルトスタン共和国）、dumbura ドゥンブラ（タジキスタン）、dombira ドンビラ（ウズベキスタン）、dombr ドンブル（カルムイク共和国）など。ウズベキスタン以南で見られる /dmbr/ の系統は本項に載せるのが適切だが、呼称の重複があり、比較のため（三）のドタールで扱う。

*母音 /y/ はテュルク系言語では曖昧な「ウ」の音で読まれる。

テュルク系民族の間で広く普及している二弦楽器。弦は、以前は羊腸弦、絹弦だったが、現在ではナイロン弦を用いる（一般では釣り糸が普及。「日本製テグス」なるものを販売している楽器店もある）。胴の形状には地域差がある。

カザフスタンのドンブラは元来くりぬき胴で、西部では洋梨型、東部では様々な型（五角形［鋤《すき》型］、四角形、三角形）だった。一九四〇年代以降の近代化でカザフ民族楽器オーケストラの主要楽器として洋梨型・寄木胴に規格統一され、その型が広く普及することとなった。ただし、地

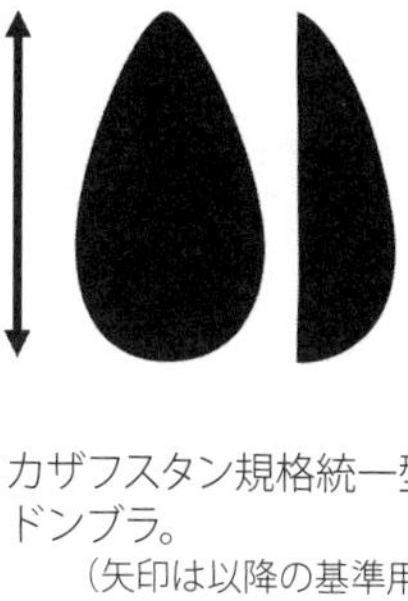

カザフスタン規格統一型ドンブラ。
（矢印は以降の基準用）

方では現在でも古来式に楽器を自分で作る慣習がある。長さは、事典類には七〇～一三〇cmとあるが、多いのは九〇～一〇〇cm前後である。指先（爪を含む）で素早くかき鳴らして弾く。主な奏法には、全弦の打弦（下へは人差し指、上へは親指）、連打、弾奏（手首の位置を固定して全弦または一弦を弾く）、左手はピッツィカート、ヴィブラートなどがある。また、打弦位置により音色を使い分ける。通常は棹と胴の結合部よりやや下で弾く。胴の上で弾くと下への打奏の際に表面板（近代化楽器ではガード板）を打つ音が加わって激しさを増し、棹の上で弾くと唸るような柔らかい音が出る。

伝統レパートリーは、器楽独奏曲クイ（キュイ）、歌アンと叙事詩ジュルの伴奏（弾き語り）である。音楽様式には中央部・北部ではつま弾き、西部・南部では全弦をかき鳴らすという特徴がある。ドンブラ研究の東田範子によると、「即興詩を歌う／語るのはアクンという口承詩人で、彼ら／彼女らは口承詩を深く知り、記憶力と機転に優れている。アクンたちは自分の定番の旋律型をいくつか持っており、脚韻を踏む詩をその場で紡いでいく。たとえば、私が客として招かれた場では、『はるばる日本から来た客人に挨拶しましょう』と歌が始まったりする」という。また「ドンブラは親類や友人が集まった際に気軽に演奏されるほか、近年はロック音楽など様々な音楽

職人に作ってもらったくりぬき胴の楽器を持つ東田範子（本人提供）

も弾かれている」という。ドンブラによるクイの伝統芸術は、二〇一四年にユネスコの無形文化遺産に登録された。詩人カドゥル・ムルザ・アリの「本当のカザフ人はカザフ人ではない、本当のカザフ人はドンブラである」という言葉は、ドンブラがカザフ人にとって重要な楽器であることを示すのによく引かれる。二〇一八年より七月の最初の日曜日が「ドンブラの日」として祝われている。

YouTubeでは《ドンブラ》の曲のカバーがよく見られる。タタルスタン民俗アンサンブル「リバーヤチ」の動画より。楽器はタタール・ドンブラ。（同団提供）

現在YouTubeでドンブラ（dombyra, dombra）という語で検索すると、二〇〇八年のロシア・モンゴル・カザフスタン・ドイツ共同制作映画『モンゴル』（浅野忠信主演）の戦闘シーンがヒットするが、バックに流れている曲は映画の劇中歌ではなく、ロシアのカフカス地方のテュルク系民族ノガイ人のドンブラ奏者アルスランベク・スルタンベコフ（現在はカザフスタン在住）が一九九八年に発表した、《ドンブラ》という楽曲である。YouTubeの動画は、映画の戦闘シーンと《ドンブラ》という曲を、二〇一〇年にトルコのYouTuberのエムレ・アクテュルクが合成したものである。「つらい思いは言葉にして出さず、ドンブラに託して弾く」という歌詞で、ノガイ人の精神的支柱としてのドンブラを歌ったメッセージ性と映像効果により、《ドンブラ》はトルコで人気を博し、テレビ番組や選挙での政党のテーマソングなどに用いられた。トルコ以外でも、ロシアやカザフスタンなどのテュルク世界で広く親しまれている。

ロシア連邦領内ではソ連崩壊後にタタルスタン、バシコルトスタン、カルムイク（現地名カルムク／ハルムク）各共和国で楽器の復興運動が起き、ドンブラは政府の後押しもあり伝統楽器として蘇り、現在は発展の途にある。カルムイクのドンブラは一九四〇年代に近代化され、胴はバラライカに近い三角型をしている。二〇一九年には国主導で「カルムイク・ドンブラ」としての商標登録がなされた。

二　キルギスのコムズ

/kmz/ の系統（ロシア語表記 комуз コムース komuz）
komuz コムズ（キルギス）

キルギス（現地名クルグズ）のコムズは三弦で、胴正面はひょうたんに近い洋梨型の、背面は他の楽器とは異なり平らな形状をしている（八五～九〇cm）。くりぬき胴である。弦はガットを使っていたが、現在はナイロン弦になっている。一九三〇年代に近代化され、民族楽器オーケストラがある。キルギスの伝統文化では叙事詩の語り手はアクン、器楽曲はクー／クウ（キュ）、歌はウルと呼ばれ、コムズはその伴奏楽器として広く普及している。指の爪（特に伸ばさない）で素早くかき鳴らして弾く。奏法には全弦の打弦（下へは人差し指、上へは親指を使う）、連打のほか、ピッツィカートの技術が左右共に多彩である。また、奏者は演奏時に楽器を持ち上げたり、肩や頭に置いて演奏したりして、視覚的効果を狙ったパフォーマンスを伴うこともある。キルギスのアクン芸術は、二〇〇八年にユネスコの無形文化遺産に登録された。

この楽器については、キルギスからの留学生で二〇一四年に東京藝術大学で博士号を取得したウメトバエワ・カリマンによる日本語の仕事があり、ウェブ上で参照できる。近年は、弦が釣り糸から靴素材用ナイロンの縒《よ》り糸へ変わってきており、コムズの伴奏による歌合戦やコムズ奏者の曲弾き合戦も盛んになっているという。音量増大のために津軽三味線の絹糸を張って実験したというくだりは、特に興味深い。

テュルク系民族の間では、/kmz/の系統の名称が弦楽器や口琴や他の楽器にも用いられるという現象もあり、呼称と実態の関係は非常に煩雑である。著者が知る限りでは、起源をたどり各楽器の分布状況を地図で図示した等々力政彦（後述）の二〇〇七年の論考（日本語）や、旧ソ連内における楽器の名称の体系づけを試みたモスクワのグリンカ博物館のM・V・エシポヴァの二〇一三年の論文（ロシア語）がある。

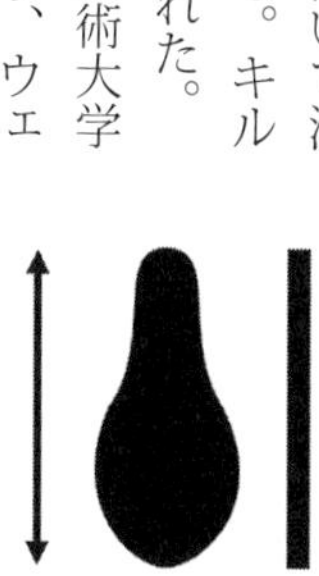

コムズを持つウメトバエワ・カリマン

（本人提供、松本香代子撮影）

三　ドタール

/dtr/ と /dmbr/ の系統（ロシア語表記 дутар ドゥタール dutar）dutor ドゥトール／ドゥタール（ウズベキスタン、タジキスタン平野部）、dutar ドゥタール（トルクメニスタン、中国新疆ウイグル自治区）：dotar ドタール（イラン）：dumbrak/dumbara/dombra ドゥンブラク、ドゥンバラ、ドンブラ（ウズベキスタン南部）、domburak/dumbrak ドンブラク、ドゥンブラク（タジキスタン山岳部）：dambora/dambura ダンボラ、ダンブラ（アフガニスタンのハザーラ人）など。

ペルシャ語で「二弦」の意（do は「二」、tar は「弦」）。胴は基本的に洋梨型で、ドンブラよりも深い。大きく四種類に分けられる。①ウズベキスタン、タジキスタン、中国ウイグル人の、寄木胴で棹が長めの楽器（一一五～一二〇㎝）、②ウズベキスタンのカラカルパク人（「黒い帽子を被る民族」の意）の、寄木胴あるいはくりぬき胴で棹が短めの楽器（九〇㎝）、③トルクメニスタンの、胴が卵型に近い、くりぬき胴で棹が短めの楽器（九〇㎝）、④ウズベキスタン南部とタジキスタン山岳部の、胴の先端が尖っている、くりぬき胴で棹が短い楽器（七〇～八〇㎝）。

楽器①～③は、一九三〇年代以降の近代化で同属楽器が考案され、ウズベキスタン、タジキスタン、トルクメニスタンで民族楽器オーケストラの主要楽器となった。④は事典類には、ウズベキスタン南部

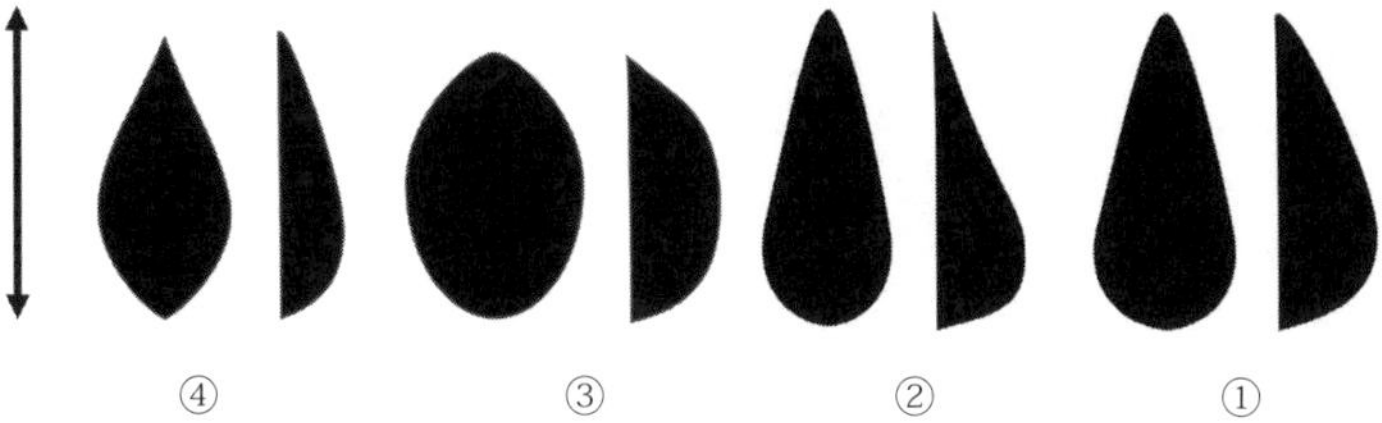

各地域のドタール。

のソグディアナ地方でドタールの代用楽器だったこと、タジキスタン山岳部でドンブラク（ドンブラにタジク語の縮小辞 -ak を付した形）などと呼ばれていたことが記されているが、現在はこの楽器は公式には /dtr/ 系統の呼称で呼ばれる。著者がタジキスタン南部の職人に尋ねたところ、/dmbr/ 系統の呼称は方言として残っており、/dtr/ 系統と /dmbr/ 系統のどちらも使われるという。胴はドンブラよりも浅い。なお、アフガニスタンのダンボラの胴は、ウズベキスタンのドタールよりも深い。ドタールとドンブラの関係性は、別途論考が必要な大きなテーマである。

楽器の響きは地域によって異なる。ドタールは指で豪快にかき鳴らしながら弾く。主な奏法には、右手は全弦の打弦、連打、左手はピッツィカート、ヴィブラートがある。連打法は多彩であり、爪と指の腹で出す音色を使い分ける地域もある。弦高が低く、激しい下への打奏の際には表面板に爪が当たって弦の響きが打音を伴うため、弦楽器でありながら打楽器としての機能も併せ持つ。地域によっては意図的に表面板を打つようにする奏法もある。このような技巧を凝らす名手もいれば、最小限の奏法で伝統的な語りを行ったり、日常的な歌の伴奏に用いたりすることもあったり、人によって様々である。

弦は、二弦とも同じ材質の弦を使う。古来は、楽器職人が楽器と共に製作する羊や山羊などの腸からガットが、のちに縒った絹弦が使われていた。現在は、棹が長めの楽器ではナイロン弦、絹弦、金属弦が用いられる。右手の指で表面板を軽く叩き、リズムの色彩を添えることも多い。棹が短めの楽器では金属弦、ナイロン弦が用いられる。金属弦では弦の残響音に重きを置き、表面板を押して得られるヴィブラート奏法を使用する地域もある（特にトルクメニスタン）。

ドタールは、ウズベキスタンやトルクメニスタンでは、語り手バフシが歴史的な叙事詩（それぞれダスタン、デスタン）の弾き語りや、器楽曲演奏、歌伴奏のために用いる。歌や語りの合間の間奏は奏者が腕前を披露する絶好の場であり、特にトルクメニスタンでは曲弾き合戦が盛んである。ウズベキスタンとタジキスタンの奏者は、旋法体系マカームに基づく古典音楽の演奏を行う（特にブハラのシャシュ・マカームが有名）。タジキスタンではドタールの伴奏で叙事詩「グルグリ」が語られ、他の楽器とともに古典音楽の合奏に用いられる。ドタールは身近な楽器として生活の場に存在し、歌や踊りの伴奏、器楽曲の演奏に用いられている。ウズベキスタンでは楽器のサイズが非常に大きいが、女性の間で人気の楽器であり、女性用にやや小さめの楽器が製作されているほどだという。

タジキスタンのドゥトール（ドンブラク）　前頁④（サイドノディル・ハイダロフ提供）。

ユネスコの無形文化遺産には次のドタール文化が登録されている。シャシュ・マカーム（ウズベキスタンとタジキスタン、二〇〇八年）、バフシ芸術（ウズベキスタン、二〇二一年）、ドタール製作の職人技と歌を伴う伝統音楽の演奏芸術（トルクメニスタン、二〇二一年）である。ウズベキスタンでは、二〇一九年から国際バフシ・フェスティバルが開催されており、近隣諸国からの参加がある。

旧ソ連圏は周辺国に比べれば決して研究が多くはない地域であるが、今やYouTubeでは名手（たとえばタジキスタンの人民芸術家シロジッディン・ジュラエフ Sirojiddin Juraev）などの演奏も堪能できるし、バフシ bakhshi という語で検索すれば、コンサートやフェスティバルだけでなく、日常空間での実際の演奏を聴くこともできる。また、楽器の製作過程を記録した動画も見ることができる。

シロジッディン・ジュラエフ（本人提供）

日本で知られている文学作品の中では、ドタールはトルクメニスタンを舞台にしたアンドレイ・プラトーノフの中編小説「ジャン」の第一八章（原卓也訳一九六六年版は一六章まで）で、ドゥターラ(dutara)という名前で出てくる。主人公一行が楽器製作を伝統的に行っていた村に立ち寄った際、スフィヤン爺が製作者に見込まれて楽器を譲り受け、各村を訪ね歩く語り手バフシとなっていく。爺は、社会主義建設の夢に燃える若い主人公に現実を解いて聞かせる地元民であり、本作で最も現地の社会生活に精通した存在であることを裏づけるかのように、物語のまさに終盤で伝統楽器が登場するのである。

四　トプシュール

/tpshr/ と /kms/ の系統（ロシア語表記 топшур トプシュール topshur）

topshuur トプシュール（アルタイ共和国）、doshpuluur/dopshuldur/doshpuldur ドシプルール/ドプシュルドゥール/ドシプルドゥール（トゥバ共和国）、khomys ホムス/topchyl トプチゥル（ハカス共和国）、qomus コムス（ショル人）; tovshuur トプショール（モンゴル）; tovshur トプシュル［古楽器］（カルムイク共和国）

＊この楽器の表記には各所で揺れがあるので、説明を付す。①トゥバ語の語頭の d は「有気音の /t/」を表記したものである。②続く子音は後続の /sh/ により無声化した、表記 /v/ の音であるが、/v/ の現地音は極めて /b/ に近い音であるため、/f/(フ)よりも /p/(プ) に近く発音される。③アルタイ語の uu は「ウー」、モンゴル語の uu は「オー」と発音される。

モンゴル諸語の語源学的に「撥弦楽器」の意（動詞語幹 tobsi- は「弾《はじ》く」、接尾辞 -(ki) -gur は「道具、器具」）。二弦楽器で、旧オイラト民族連合に所属していたモンゴル系、テュルク系の諸民族や、カザフスタンの東隣地域であるアルタイ山脈周辺地域で見られる。伝統的に、胴の形状は卵型（くりぬき胴）、台形あるいは四角形（寄木胴）で、表面には動物の皮（山羊、羊、鹿など）が張られ、弦は馬の毛が使われていた（八〇cm）。一九三〇年代の改良により規格統一され、卵型の胴で表面には板が張られ、現在はナイロン弦が用いられている。伝統歌謡である喉歌の伴奏楽器である。伝統音楽以外の歌の伴奏にも使われる。複数の弦を同時に鳴らしたり(テュルク系)、単音で鳴らしたり(モンゴル系)して音を出す。

アルタイでは現在、卵型でくりぬき胴の楽器が製作されている。人差し指あるいは中指で、全弦をかき鳴らして音を出す。叙事詩カイや民話チュルチュクの伴奏楽器であるが、歌唱中に伴奏が入る地域と無伴奏の地域がある。奏者の見せ場は間奏である。祝日には奏者の曲弾き合戦が行われていたという。その他、歌と踊りの伴奏もする。他の楽器との合奏は伝統的には行われないが、近年は試みられている。アルタイでは弦は一九三〇年代の改良後ガットや金属弦が用いられていたが、調弦の安定性からナイロン弦（釣り糸）に代わってきたという。

トプシュール。アルタイ（左）、トゥバ（右）

一九〇七～三一年にアルタイに住み収集活動を行った民俗学者A・V・アノーヒンは、トプシュールに関し、「音はバラライカよりも格段に弱いが、バラライカと同じように弾き、普通のバラライカよりもよく用いられる。トプシュールはカイ（昔話）の語り手の伴奏をする」と述べている。バラライカは元来民族叙事詩を語るための楽器ではなく、ロシア人の音楽文化全体の中での地位は低いと言った方がよく、二〇世紀初頭はアンドレーエフの活動で都市文化として出発した段階であり、農村のバラライカの文化は研究対象で

チャンズを演奏する等々力政彦
（本人提供）

すらなかった。そのバラライカと比べると、堅固な伝統音楽の基盤を持ったアルタイのトプシュールは、並々ならぬ存在感を発揮したと思われる。

　トゥバの楽器は寄木胴では台形（まれに四角形）の、くりぬき胴では卵型の胴を持つ。人差し指で（親指も加えることもある）全弦を弾いて音を出すが、腕を上下に振り切りかき鳴らすのでなく、指を弦に沿って滑らせアルペジオに近めの弾き方をする。トゥバの喉歌（フーメイ）は、実は日本に紹介されて久しい。本格的に紹介されたのは、留学経験のある貴重な研究者としてソ連の民族音楽を一手に引き受け研究してきた宮城教育大学名誉教授の森田稔の、一九九〇年と一九九二年のラジオ放送である。

　自身も歌唱・演奏を行う等々力政彦によると、「元来二弦の楽器であったが、現在は中国の弦子（シャンズ）由来の撥弦楽器チャンズやロシアのバラライカの影響で、三弦のものも見られる。指で弾くが、現在はギターのピックを用いることも多くなっている」、「弦はナイロン弦、バラライカやギターの金属弦が用いられる」という。等々力は、現地の即興の歌合戦（オイトラーシ）に自身が実際に参加した経験を持ち（南部のエルジン地方、一九九八年）、「歌で相手を罵倒したりして、即興の歌詞が思いつかなかったり、笑い転げてしまったチームが負け。酒が入って、延々と二時間以上やっていたように記憶しており、とても楽しかった」そうである。

なお、喉歌はオイラト・モンゴル系民族であるロシアのカルムイク共和国にもある。以前にはトプシュルという楽器が存在していたが、現在はカルムイク・ドンブラの伴奏で歌われている。

五　カフカスの楽器

/kmz/ と /tmr/ と /pndr/~/fndr/ の系統

様々な系統の民族が共生するカフカスには、形状が同様で呼称が異なる二~三弦の楽器が存在する。カフカスの楽器は、胴が正面からは櫂《かい》のように細長く（ロシア語では「塵取り型」と称される）、背面は上部が膨らんで下部にかけて傾斜している。表面板の下部に二又あるいは三又に分かれた装飾が施されるものもある。短棹リュートが多いが、胴と棹の比率は楽器によって異なり、長棹か短棹か判断に困る場合もある。胴は基本的にくりぬき胴である。奏法は全弦の上下の打奏が基本だが、地域や世代により、①かき鳴らし主流（手首を軸にして振る）、②弾奏主流（手首を固定して指先だけで弾く）、③両方を使い分ける場合がある。特に②はカフカスに特徴的である。打弦位置は胴と棹の結合部付近、駒近くの場合があり、移動して音色を使い分けることもある。ロシアではこれらの楽器で演奏されるカフカスの情熱的な舞踊曲レズギンカが好まれ、バラライカでもよく演奏される。北カフカスはソ連時代から文化政策が特に積極的に適用され、ロシアの楽器（バラライカ、ドムラ、ガルモニ類）や演奏様式が入ってきており、伝統文化にもロシアの影響が強く見られる。

カフカス山脈北側のダゲスタン共和国のクムク人、中部・山岳地方のダルギン人、平野部のアヴァール人は、櫂《かい》型で正面下部に装飾がある胴を持つ三弦楽器**アガチ・コムズ／クムズ** agach-qomuz/qumuz を用いる（九〇～一〇〇cm、①）。後述のタムルの発展形とされる。伝統的には指で弾くが、一九三〇年代の改良後にピックも用いられるようになったほか、同属楽器が音量増大のため複弦にして製作された影響で、複弦の四～六弦楽器も流通している。弦は金属弦。伝統的には叙事詩イルと叙情詩サリンの伴奏楽器として用いられる。イルは男性のみが演奏し、即興性の高い長い序奏を有する。カフカスのイルの語り手は放浪せず定住し、自分の村のためだけに尽くす。ダゲスタンでは民俗アンサンブルの活動が盛んであり、アガチ・コムズの小合奏団がある。

アガチ・コムズ。背面が大きく膨らんでいる。
（ドミートリー・マトヴェエンコ提供）

カフカス山脈沿いでは、楽器の名称が、山脈南にあるジョージア寄りとなる。中部・山岳地方のアヴァール人、クムク人の間では、**タムル** tamur、**アヴァール・パンドゥル** avar pandur、**タムル・パンドゥル** tamur-pandur などと呼ばれる、非常に長細い櫂《かい》型で正面下部に装飾がある胴を持つ二弦楽器が

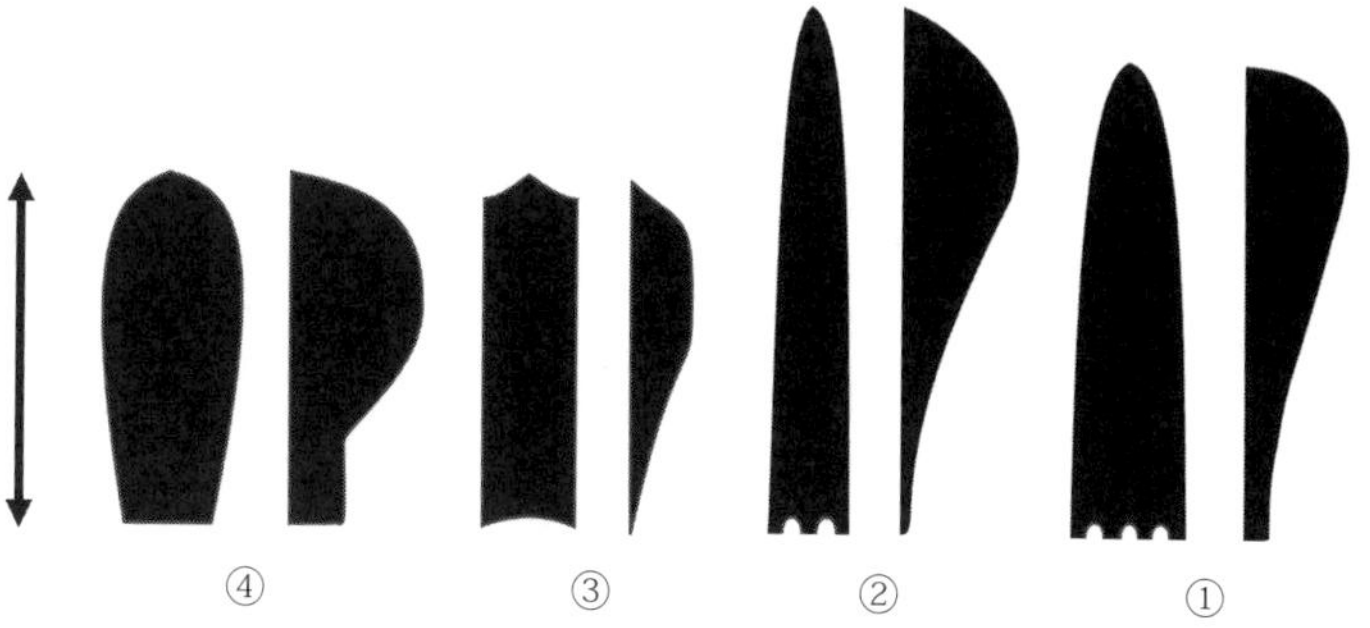

北カフカスの楽器。
③④はドンブラの胴の長さとほぼ同じ、①②はかなり大きい。

ある（九〇㎝、②）。ジョージアのパンドゥリの同族楽器で、音の響きが近いとされる。弦はガットで、歌の伴奏に使われる。**パンダル** phandar または**デチグ・ポンダル／ポンドゥル** dechig/dechk/dechik - pondar/pondur は、楽器の構造がアガチ・コムズとほぼ同様の、チェチェン人とイングーシ人の間で見られる二～三弦楽器である（八〇～九〇㎝、③）。指で弾かれ、弦には以前はガットが、現在は金属弦が用いられる。一九三〇年代に改良され、同属楽器が製作されたが定着しなかった。二〇世紀にバラライカが名称を踏襲して取って代わり、世紀末には博物館にしか見られない楽器となっていたが、現在は元の楽器の生産が再開されている。南北オセチア共和国で見られる**ダラ・ファンドゥル** dala-fandyr は、オセチア人の二～三弦楽器である（八〇～八五㎝、④）。楽器は櫂《かい》型であるが、背面の膨らみが大きい。伝統的には、伝承、語り、歌、踊りの伴奏楽器で、馬の毛の巻弦を指でかき鳴らしたり、つま弾いたりしていた。一九四〇年代に改良されて同属楽器ができ、弦も金属弦が張られるようになった。

カフカス山脈の南のジョージア（グルジア）では、東部に分布する三弦楽器パンドゥリ panduri（七〇～八〇㎝）と、西部に分布する四弦楽器チョングリ chonguri（一〇〇㎝）がある。チョングリのほうがやや大きめである。パンドゥリの胴はくり抜き胴で、正面は基本的に五角形［鋤《すき》型］あるいは洋梨型で、背面は平らなもの、丸みのあるものがあり、丸みの緩急は様々である。チョングリは寄木胴が主で、正面は洋梨型の下部を絞ったような形（古い楽器は鍵穴のような形）、背面は丸みがかっている。パンドゥリの弦はガットが基本だが、近年は金属弦やナイロン弦も用いられるようになってきている。歌の伴奏に使われる。一九三〇年代に改良が行われ同属楽器ができ、民族楽器オーケストラの主要楽器となった。チョングリはアゼルバイジャンの古楽器チョグル choghur を起源とする楽器といわれている。四弦であるが、パンドゥリに一本弦を足した構造になっている。四本目の弦の糸巻は、奏者側の棹の中央付近にあり、曲によって特定の音に調弦され、高音のブルドン弦［用語］となる。近年は、四本目の弦を取り去った三弦楽器も製作されている。弦は、古来は馬の毛が使われていたが、現在はナイロン弦が用いられている。古い民謡に「チョングリはジョージアであり、弦は民である」という歌詞がある程に、ジョージアでは最も広く用いられる楽器である。

一九三〇年代に改良が試みられたが、定着はしなかった。

日本語による研究としては、ジョージアとカフカス地方をフィールドとする久岡佳枝の、現地経験と

南カフカスの楽器。
左からチョングリ（伝統型）、パンドゥリ（中央、右）

調査に基づく民謡の歌詞や名手が包括的に紹介されている著作がある。パンドゥリとチョングリが即興詩の競演や、恋愛詩や「ぼやき歌」の伴奏、さらには死にゆく自らの気持ちを鎮めるためにつま弾くのに用いられたという事実は、非常に興味深い。楽器に関しては、ダゲスタンでアヴァール人の二弦楽器タンプル tampur の報告がある。事典類には載っていない情報だが、形状は前述タムルと同一であり、/tmr/ の系統の楽器であろう。

以上、カフカスの楽器では、/kmz/ の系統と、/tmr/ と /pndr/~/fndr/ の系統が見られることになる。なお、「アガチ」、「デチグ」は「木」という意味で、別の楽器と区別するために付された語である。当該地域についてウェブ上にはロシア語の解説動画も多いため記しておくが、これらの楽器名はロシア語では基本的に最終音節にアクセントをつけることが多い。ロシア語読みでは、当該母音は長く強めに発音されるほか、/y/ は「(ウ) ィ」と読まれ、有声子音の無声化も起きる。そのため、楽器名はアガチ・クムース、タムール、ダラ・ファンディール、チョングーリなどと聞こえる。

六　まとめ

以上の地域に共通するのは、これら二~三弦の撥弦楽器が各民族に伝わる叙事詩を奏でる楽器であり、伝統芸能の頂点としてのプロの語り手が存在しているということ、同時に広く一般大衆に親しまれ、演奏される、身近な楽器であるということである。伝統的なレパートリーは確固として存在しており、それは当該社会の成員に共有されている。

一九三〇～四〇年代の楽器の近代化と民族楽器オーケストラの創設というソ連の文化政策は、いずれの地域でもそれぞれの楽器の演奏文化の一大転換点となった。合奏をするためには楽器の規格統一が必要であり、西欧の管弦楽を基礎としたロシアの民族楽器オーケストラの発想は、元来少人数の集まりでの演奏に用いられ大きな音量が必要とはされなかった楽器に、音量増大を強い、西欧の楽曲を演奏するために半音階での金属フレット取り付けを強いた。その結果、半音階のさらに間にある、伝統音楽で使われる中間音（中立音程）が出せないことになり、伝統レパートリーが演奏できなくなった。ソ連崩壊直後は、このような国を挙げての「文化」化によって「失われたもの」が「ソ連＝悪＝失われた伝統」という図式で叫ばれていたが、少し時間を置いた今では、「定着したもの」、「それを機に新たに発展したもの」もまた、演奏文化そのものに向き合うことによって冷静に指摘されるようになってきている。確かに、半音階楽器は多くの場合結局定着せず、元の伝統型楽器に戻っている。しかし、ソ連時代の近代化を丸ごと捨てて逆戻りしたわけではなく、楽器の構造なり、教育制度なり、現代の条件に合うような機能を取捨選択しているのが見える。かつての政策の産物はオーケストラを含めそれとして区分されて学校教育の中に存在し、音楽文化のジャンルの一つとして、伝統文化と併存している。

これら楽器の豊かな演奏文化に触れてみて気づくのは、反ソ連図式以上のものが現象自体にあるということである。たとえば、ヴェルトコーフの「楽器事典」ですでに指摘されている、トルクメニスタンのドゥタールはロシア革命前の伝統文化ではバフシは独奏による伴奏のみ行っていたのが、ソ連時代の合奏という発想に触発され、伝統音楽でも器楽合奏がされるようになったという話にしても、現在弦の材質がガットからナイロン、それも入手しやすい釣り糸に変化したという話にしても、音楽のほうが表出手段を選び、奏者や聴衆にとって豊かに便利になり、それが受け入れられているということの表れである。ここで否応なしに気づかされるのは、音楽が持つ生命力であり、音楽を生み出す人々の創作意欲である。また、世界遺産に登録された演奏文化はその事実そのものにより、民族や伝統という大きな枠組みの中で活性化しているし、楽器が精神的な支柱であるという文化の存在は、弾き語りの演奏文化が、個人の日常生活に深く根づきながら当該地域の文化の基層となっていっていることを示している。

いずれの地域も非常に興味深く、YouTube の動画を見ていても、プロの熱気なり、「普通の人たち」の日常性なりが伝わってくるようである。本章に関しては、著者は学位論文を含むロシア語資料および、現地語資料をロシアの翻訳サイトを利用したロシア語による理解しかなく（ソ連時代はロシア語は共通語であり、ロシア語への翻訳技術は発達している）、あくまで上澄みをなぞった程度だと自認している。特に「普通の人たち」の音楽文化は、YouTube でその存在を垣間見ることはできても、現地調査をしない限りは深く知りようもない。本稿は簡単な紹介に過ぎず、日本語で旧ソ連圏の器楽文化を俯瞰的に見られる研究が多くない現状に、せいぜい一石を投じる程度のものである。今後、現地で現地語による調査・研究を行える能力や機会を持つ研究者による、日本語での研究を待ちたいと思う。これから外国語を始めようという若い人は、これらの地域の言語を学び、文化に切り込んで行ってもよいかもしれない。

では、二〇世紀に各地で転換点となった政策を施行させるきっかけを作った、ロシアのバラライカの話を始めよう。

用語解説

（五十音順）

＊本書に登場するロシアの民俗楽器、音楽ジャンル、音楽教育制度をまとめた。本文中で［用語］とルビを付した語は、この用語解説を参照のこと。

ヴィルトゥオーゾ виртуоз（名人、名手）

芸術音楽で超絶技巧を駆使する奏者に対して用いられる、称賛の表現。民俗音楽において、音楽学者が外から（あるいは上から）奏者を評価する際に用いる。超絶技巧を用いていなくても、「その他大勢」と区別する意味で、「花形奏者」のような意味合いとなることもある。伝統音楽の当事者は用いない言葉である。アカデミックバラライカ奏者に送られる典型的な賛辞の語。

歌う民俗学者たち（一九六〇年代以降起きた、三〇年代の文化政策に対する下からの改革）

一九六〇年代末にモスクワ音楽院の学生であったヴャチェスラフ・シチューロフらが起こした、研究者主導のフォークロアの原点回帰運動の主体。フォークロア運動ともいう。ドミートリー・ポクロフスキー主宰のアンサンブル（一九七三年結成）が嚆矢《こうし》となり、現行の民俗アンサンブルの基礎となった。八〇年代には現フォークロア界きっての二大アンサンブルである女性アンサンブル「ナロードヌィー・プラーズニク」（一九八二年）、コサックの男性アンサンブル「カザーチイ・クルーク」（一九八六年）が結成された。ただし、これら「歌う民俗学者たち」の興味の中心は声楽、

民俗アンサンブル
「ナロードヌィー・プラーズニク」

舞踊、民族誌、衣装などであり、バラライカを含む器楽はまったく主流ではなかった。一九八九年、後継者育成のため、若手対象のアンサンブル「ヴェトカ」が、さらにこれらの団体を軸に、全国のフォークロア・アンサンブルを束ねた、「ロシアフォークロア連合」が結成された（代表はA・M・メフネツォーフ）。

歌と踊りのアンサンブル（一九三〇年代の文化政策で生まれたソ連的民族芸術）

ヨーロッパの芸術音楽と舞踊を基礎に、伝統芸能を題材とし、舞台上の見栄えを重視した芸能形態。原典の伝統芸能とは一線を画す。ソ連から中国や北朝鮮にも伝わり、独自の発展をみた。

音楽小学校、音楽中専⇩ロシアの音楽専門教育

カザーチイ・クルーク⇩歌う民俗学者たち

カドリーユ кадриль［quadrille：フランス語］（四人組の美しい伝統舞踊）

ヨーロッパ起源の、四人で行う二組のペアの舞踊。ロシアにはピョートル大帝時代に伝わり、やがて庶民の都市文化として動きが改変され、定着したものが、一九～二〇世紀初頭に農村に流入、現在も農村部に残る。複雑な軌跡を描く。四～八部の複数部構成。音楽には各地の伝統伴奏曲が用いられる。

ガルモニ гармонь / garmon'（ボタン式アコーディオン）

一八三〇～四〇年代にドイツからもたらされた。その携帯性、大音量、華やかな音色、ベースの伴奏機能により瞬く間に人気を博し、各地に工場が作られて地方色豊かなガルモニが製作されるようになった。製作地の都市名を冠し、トゥーラ・ガルモニ（トゥーリスカヤ）などと呼ば

ガルモニ奏者

サラトフ・ガルモニ

タリヤンカ

れる。基本的に全音階で、左右の筐体《きょうたい》にはボタンが配置されているが、「鍵盤型エレッツ・ガルモニ（エレツカヤ）」のような半音階で右手側が鍵盤のガルモニもある。高価な楽器である。第二次世界大戦中に兵士の愛国心の鼓舞と娯楽のために戦線に大量支給されたため、戦後に農村部においても浸透するに至った（ただし、普及率はそれでも各家にではなく村に一台程度）。民俗楽器の中では最も人気があり、一九八六年から「響けガルモニ！（Играй, гармонь!)」というテレビ番組が放映されている（他の楽器には同種の番組はない）。

▽サラトフ・ガルモニ（サラトフスカヤ）саратовская / saratovskaya（ベル付きガルモニ）

　現サラトフ州サラトフ市で一八六〇年代から製作されているガルモニ。左右共に一列のボタン式。左の筐体にはベルが付いており、ベース音を押すたびに鳴るのが特徴。全音階。

▽タリヤンカ тальянка / tal'yanka（鍵盤型ガルモニ）

　一九世紀末から用いられるようになった、ヴャトカ・ガルモニ（ヴャトカ州）、ヴォログダ・ガルモニ（ヴォログダ州）、ヴォロゴエ・ガルモニ（トヴェーリ州）、ノヴォルジェフ・ガルモニ（プスコフ州）の総称。それぞれに特徴がある。左右共に一列だが、右は鍵盤、左はボタン。全音階。タリヤンカは「イタリヤンカ（イタリアの）」の訛った形で、イタリア人の市井の奏者が弾いていた楽器と似ていることに起因するという。

▽フロムカ хромка / khromka（近代型の全音階ガルモニ）

　二〇世紀初めにヴォログダ州ヴォログダ市の職人が製作した、左二列、右二～三列のボタン式、全音階の楽器。左右のボタンの数が増え、演奏の可能性が一気に広がった。一九三〇年頃までにそれまでのガルモニを一掃する形で流行し、現在に至る。現在最も普及しているのは左右のボタンの数が共に二五である型で、俗に「二五×二五」と呼ばれる。楽器工場で計画的に生産されるようになり入手しやすくなったとはいえ、民俗楽器の中では最も高価で、「一生もの」であることには変わりがない。

フロムカ

グースリ гусли / gusli（英雄叙事詩を弾き語る、中世ロシア来の楽器）

　第一章で述べたツィター型（箱の上に弦を張る）撥弦楽器で、フィン人のカンテレとの関連が指摘されている。ノヴゴロド公国の遺跡から一部が発掘されたほか、絵や文書の記録が多く残っている、ロシア最古の弦楽器。英雄叙事詩ブィリーナの伴奏のほか（グースリ弾きのノヴゴロドの商人サトコの冒険譚が有名）、歌や踊りの伴奏もする。スコモローヒ（放浪芸人）も用いており、皇帝娯楽殿に出入りしていた。現在もロシア北西部（プスコフ州、ノヴゴロド州）とヴォルガ川中流域のフィン系民族やその周辺で存続している。前者では翼型で小型の楽器で五～一二本の弦、後者では兜型で大型の楽器で一一～三六本の弦が張られる。一九世紀末の近代化では翼型グースリが対象

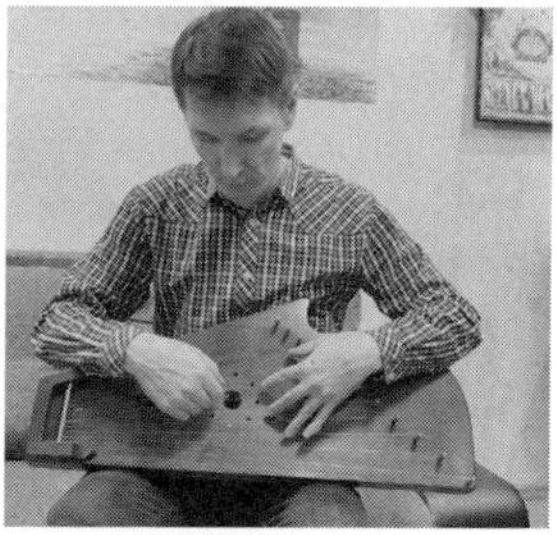

翼型グースリ

となったほか、都市で製作された机型グースリもあった。フォミーンはアンドレーエフのもとでピアノを改良し、鍵盤型グースリを製作した。

　翼型グースリは、ソ連時代はレニングラード音楽院に専攻科が創設されており、崩壊後にはロシアの歴史と伝統を象徴する楽器として脚光を浴びるようになった。ペテルブルクが北西部の民俗調査による音資料を基礎にレパートリーを展開している（音楽院のA・M・メフネツォーフが権威）のに対し、モスクワは現代的な楽曲をレパートリーにしている。楽器の機能や和音構造はバラライカとほぼ同一であり、器楽従事者は容易に楽器を持ち替えることができる。「バラライケル」のようにグースリの製作・演奏を始めた愛好家もおり、演奏家のドミートリー・パラモーノフが有名である。本書で出てくるグースリは、翼型を指す。

兜型グースリを弾くドミートリー・パラモーノフ

グドーク гудок / gudok（古い三弦の擦弦楽器）

　卵型あるいは洋梨型のくりぬき胴の、一七世紀にスコモローヒ（放浪芸人）が用いていた三弦の楽器。ルボーク（民衆版画）の画像や文書に記録が多く残っており、スコモローヒとグドーク弾きは同義語だったという。グースリと共に歌と踊りの伴奏に使われていたが、一九世紀には消滅した。調弦の記録はないが、弦の一本はドローン弦[用語]の機能を持っていたとされている。中世ロシアに存在したとされ、一二〜一三世紀のノヴゴロド公国の遺跡からも類似の楽器が発見されている。楽器は地面に対して垂直に構えるか（66頁、ラドガのスコモローヒ参照）、現在の民俗ヴァイオリンのように胸に当てて構える（管弦楽団のヴァイオリンのように顎にではない）。現在フォークロア・アンサンブルで用いられているのは、記録を基に製作された復元楽器である。

サラトフ・ガルモニ⇩「ガルモニ」

七弦ギター（ロマ〔ロシア・ジプシー〕の楽器）

一八世紀末から流行。調弦は「レソシレソシレ（DGBdgbd^1）」。高音の三弦が長三和音であり、バラライカのドミソ調弦の起源といわれる。フォークロアでは、ギターというと七弦ギターを指す。

タリヤンカ・ガルモニ⇩「ガルモニ」

チャストゥーシカ частушка / chastushka（一九世紀末から流行した民衆の定型詩の俗謡）

テンポの速い四行の世俗的な内容の即興詩で、一行の音節数は八七と八八の組み合わせが多い。四行で一つのチャストゥーシカとなり、次々と歌われるため、複数形（チャストゥーシキ **частушки / chastushki**）で呼ばれることも多い。一九世紀末から民衆の間で流行し始め、その世俗的な内容から当時の文人たちは浸透を憂いたが、瞬く間に定着してしまい、現在では民衆の伝統音楽というとチャストゥーシカ抜きには語れない。ロシアフォークロアの一大分野だが、方言的語彙や俗語の多用、極めてローカルな内容などにより、外国人には理解が特に難しい。日本では熊野谷葉子に博士

民俗ヴァイオリン

論文と論考がある（巻末文献参照）。

伝統伴奏曲 **наигрыш**（ロシア版××節《ぶし》）

伝統音楽における数小節から成る器楽曲で、簡素な節回しを伴う。《バールィニャ》など全国に普及しているもの、《マルガリータ》など地方特有のものがある。ひたすら繰り返され、奏者は変奏の、歌い手は歌詞（チャストゥーシカ）の即興性の腕前を競う。旋律性よりも歌詞の音韻が重視される音楽であり、「歌」とは呼ばれない。地方によっては「短いやつ」と呼ばれる。名称は歌い出しの語（《バールィニャ〔お嬢さん〕》、《マルガリータ〔女性名〕》）や、地名（《エレツカヤ〔エレツ市の〕》、《ポドゴールナヤ〔ウラル山麓の〕》）、登場人物の名（《ツィガーノチカ〔ジプシー娘〕》）などが元になっている。形容詞の語尾は、男性主格、女性主格、男性／中性生格の場合がある。

ドローン弦（全弦打奏で鳴りっぱなしの弦のこと）

有棹楽器の音の高さは棹上の弦を押さえることによって変えるが、弦を押さえない場合（開放弦）、一つの同じ音が鳴ることになる。全弦打奏の際、その鳴り続ける弦をドローン弦という。バグパイプの持続低音と同じ機能である。バラライカは、二弦楽器（ミラ調弦）にドローン弦機能が加わって三弦楽器（ミミラ調弦）となったものという説も聞かれるが、推測の域を出ていない。

ハーディ・ガーディ

ナロードヌィー・プラーズニク⇩歌う民俗学者たち

ハーディ・ガーディ **колёсная лира**（手回しで音を出す鍵盤付きの擦弦楽器）

主にウクライナ以西のヨーロッパの民俗楽器で、ロシアではドン・コサックの音楽文化における代表的な伴奏楽器。弦は二～四本で、旋律弦とドローン弦がある。右手でレバーを回すことにより、全弦が同時に鳴る。左手で大正琴のように鍵盤を操作し、音高を調整する。

バヤン баян / bayan　コンサート文化で用いられる、ガルモニの発展形の楽器

ボタン式で右五列、左七列、半音階。標準のボタンの数は右鍵盤が一七〇個、左鍵盤が一八〇個で、重量が約二〇キログラム（子供用でも八キログラム）ある。奏者は音楽学校で専門教育を受ける。バッハの《トッカータとフーガ》などの古典音楽から、管弦楽曲、ピアノ曲、現代曲、ジャズに至るまで、幅広いレパートリーを有する。コンサート文化に特化した楽器であり、民俗音楽では用いられない。

バヤン

ブルドン⇩ドローン弦

プロチャージナヤ протяжная（歌詞が進まない、遅い美しい歌）

ゆっくりしたテンポで、一音を長く延ばして歌うジャンルの民謡で、「長い歌」と呼ばれる。森田稔は長延歌と訳している。一九世紀末にすでに農民の伝統的な歌、ロシアの音楽として音楽エリートから注目されていた。人生の辛苦がテーマであり、五〇歳を過ぎないと歌いこなせないと言われる。

フロムカ⇩ガルモニ

マンドリン мандолина（ロシアに移入されたイタリアの民俗撥弦楽器）

八弦の撥弦楽器（複弦で四コース、調弦は五度音程）で、ピックを使って演奏する。一八世紀以降イタリアからの来演を通じて、徐々にロシアの都市で見られるようになり、一九世紀末には教則

本が出版されるほど流行した。同時期に近代化されたバラライカとドムラに、民族楽器という発想だけでなく、奏法、旋律性、レパートリーでも少なからぬ影響を与えた。一九二〇年代からルナチャルスキー工場で大量生産され、バラライカと共に農村部にも普及、現在でも農村で見られる。胴側面は、半球形よりも平底が多い。

ロシアの音楽専門教育

年代によって差があるが、本書に登場する世代の制度では、初等教育（音楽小学校［五年］）、中等教育（音楽中等専門学校［四年］あるいはコレッジ［二〜五年］）、高等教育（音楽院／音楽大学［五年］）で修士号が得られた。コレッジ修了後の大学編入学年は年代により異なる。

音楽小学校は普通科の小学校に通いながら、放課後に教育を受ける。バラライカの場合四〇分授業で、科目は専攻バラライカと副科（ピアノ選択が多い）が個人レッスンで、ソルフェージュ、音楽史、民族楽器オーケストラ／合唱団は集団授業である（オーケストラ／合唱団のみ九〇分授業）。専攻のみが週二回で、あとは週一回の授業である。ソ連時代には教育は無料であり、保護者はこぞって子供を音楽、美術、演劇、舞踊、スポーツなどの初等教育の学校に通わせた。最初はいくつかかけもちをし、子供が興味を持った分野のみを続けさせることが多かった。なお、初等教育は社会人でも受けることができ、その場合は五年の修業期間が短縮されることもある。

中等教育からは選抜式の専門教育となり、厳しい入試を経て入学が決まった。音楽が専門の場合は、音楽中等専門学校か音楽コレッジに進む。中等教育では日本では音楽大学で学ぶ内容まで教育課程に詰め込まれ、科目として学修すべきことは高等教育以前で終えるという方針で、非常に厳しいカリキュラムとなっている。

高等教育は、教員に「習う」というよりも、一人前の音楽家として各自の音楽解釈を「調整してもらう」という位置づけである。ピアノやヴァイオリンを専攻する外国からの留学生が大学に入学し、「先生がきちんと見てくれない」と不満を漏らすことがよくあるが、そのような希望がある場合は、中専で学んだほうがよいということだろう。

普通科教育との関係は次のようであった。普通科教育は、大学入学までには一一年の教育を受けることになり（一～一一年生と数える）、日本より一年少ない。初等教育四年、基本教育五年が義務教育で、九年生（日本の中学三年生）で卒業試験が課される。続く中等教育二年を経て、一一年生を卒業すると大学入学資格が得られ、大学入試を受けるのが、普通科の道筋である。専門教育の場合は、中専へは九年生卒業後から入学資格がある。もし九年生で入学した場合、普通科中等教育の残り二年分の単位取得が残ることになるが、それらの科目は中専の教育科目の中に組み込まれた。もちろん、中専に入学するのが一一年生卒業後という生徒もおり、大学入学時の年齢は様々である。

専門教育制度に関しては、ソ連は西側諸国よりも優れた制度であったということを教員やかつて学んだ者は自負しており、二〇一一年以降正式にボローニャ・プロセスによる学士＋修士課程創設の教育改革が行われた際には、根強い反対意見があった。現在でも、「レベルが落ちたので元に戻すべきだ」、「一部だけでも変更すべきだ」という声がほうぼうで聞かれる。戦争により、ヨーロッパは二〇二二年にロシアとの単位互換制度の停止を宣言したが、この先どうなるかは不透明である。特に、もともと反対意見が多かった専門教育については、たとえ復帰が決まったとしても、続けるかどうかはわからないというのが二〇二四年一月時点での情報である。

第二章　バラライカの歴史

第一節　バラライカという楽器と演奏文化

ロシアの民族楽器、国民的楽器として知られているバラライカ（балалайка / balalaika）は、三角形の胴、三本の弦を持つ撥弦楽器である。その演奏文化は、ロシアでは大きく農村型と都市型に分かれる。

ロシア語では、農村型は「民衆の」「農村の」「フォークロアの」「伝統的な」バラライカの文化（народная / деревенская / традиционная балалайка）、都市型は「芸術の」「コンサート文化の中の」「アカデミックな」バラライカの文化（академическая балалайка）という。これら二つは対置されており、前者の「民衆」「民俗」に対して、後者は一九世紀末の都市で生じ、西欧の管弦楽の規範に従って「芸術」に昇華した格式高い文化、「ハイカルチャーとしてのバラライカ」という意味になっている。英語の「フォーク folk」と「芸術 art」の対置と考えてよい。

日本語訳としては、著者は二〇一八年以来、演奏の文脈からそれぞれ「民俗バラライカ」、「コンサートバラライカ」と訳し、研究発表をしてきた。一方、現代ロシア語は社会の変化に準じて急激に動いており、二〇二四年の本書執筆時点の当該文化の従事者の間では、農村型を指すのに「伝統」という語が定着してきている（なぜロシアで「伝統」でなく「民衆」が用いられてきたかについては、本節末コラム参照）。そのため、本書でもロシア語を直訳した「伝統バラライカ」と「アカデミックバラライカ」という呼称に改める。

楽器は外見に大きな違いがある。伝統バラライカが自作、あるいは土産物（置物）用に大量生産された極めて簡素な作りなのに対し、アカデミックバラライカは、プロ用は職人が丁寧に製作した楽器、アマチュア用は工場製大量生産型の楽器である。

アカデミックバラライカ
（エヴゲーニー・ジェリンスキー提供）

農村のバラライカ奏者
（ヴラジーミル・ユーリエフ提供）

奏法名称		記譜	弦	右指	方向	伝統
全弦の打奏（ブリャツァーニエ）		⊓ V	複	1	下、上	○
連打（ドローピ）	小連打	⊓ ⌇	複	4321	下	○
	大連打	⊓ ⌇	複	4321 6	下	
	逆連打	V ⌇	複	1234 / 4321	上	
親指によるピッツィカート（シチポーク）		⊓	1	6	下	○
親指による打奏		⊓	複	6	下	○
アルペジオ（アルペジアート）		⌇	複	6	下	○
3 本の弦によるトレモロ		trem.	複	1	下、上	
1 本の弦によるトレモロ		trem.	1	1	下、上	
ヴィブラート		vibr.	1、複	1 / 複	上	
シングル・ピッツィカート		pizz. I	1	1	下、上	△
ダブル・ピッツィカート		pizz. II	1	12	下、上	
人差し指によるピッツィカート（ポッツェープ）		1	1 / 3	上		
ギター奏法	ピッツィカート	*гит.*	1	6 1234	下、上	
	トレモロ	*гит.*	1	6 1234	下、上	
	弾奏	*гит.*	1	6 1234	下、上	
	2~3 本の指による弾奏	*гит.*	複	2, 3 / (6 ,1)	上	
左手によるピッツィカート	下降	+	1			○
	上昇	+	1			
フラジョレット	自然	o				
	人工	◇				
グリッサンド		gliss.	1、複			○

右ページの表は、アカデミックバラライカの現行の専門教育で用いられている奏法を、P・I・ネチェポレンコのバラライカ教則本（一九九〇）に従い、まとめたものである。バラライカは左右共に指はすべて使い、親指をロシア語の文字のБ（あるいはБ）、人差し指を1とし、順に小指までを数字で示す。伝統バラライカで用いられる奏法には、表中右端の項目で印を付した。

専門教育では発音に関わる弦の数によって技術が細かく分類されるが、両文化のバラライカの基本奏法は、①人差し指での全弦の打奏（ブリャツァーニエ бряцание）、②1〜4の指を一本ずつ滑らせて弦に当て、速いアルペジオで装飾音を出す連打（ドローピ дробь）、③旋律を単音で弾く場合は、親指で一本の弦を弾く（シチポーク щипок）、④左手によるピッツィカート（三味線のハジキと同じ奏法）である。近代化以降はアカデミックバラライカに他の楽器の奏法が取り入れられたり、他の楽器を基に考案されたりした。それが全弦のトレモロ奏法（のちに単弦も）、単音で旋律を奏でる技術（シングル／ダブル・ピッツィカート）、ヴィブラート、ギター奏法である。近代化以降の奏法は伝統バラライカで用いられることはないが、近年は農村でも、音楽の専門知識がある奏者による演奏が採録されることもある（表中の△印）。

アカデミックバラライカの弦の張りはきつく、発音自体が困難で、楽音を出すのは至難の業である。指先で発音し、決して爪には当てない。親指での打奏は下方向のみで、上方向で音を出すのは困難なため行われない。そのため、連打や装飾音は、第一章で述べたドンブラやドタールといった、親指で上下両方向に打奏を行う撥弦楽器のほうが豊かである。ピックは独奏用楽器

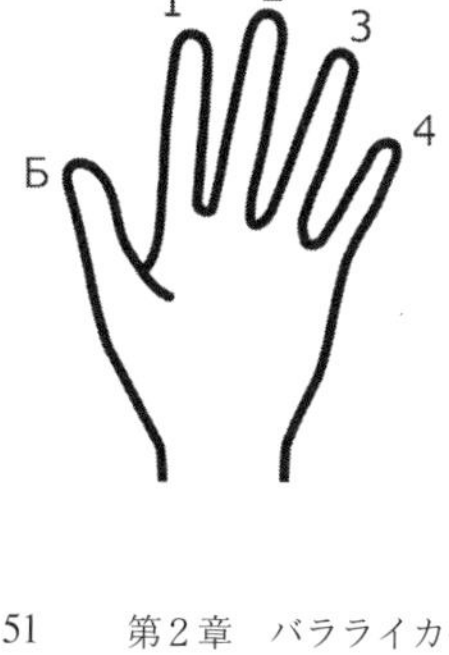

伝統バラライカ

全弦打奏の手は緩く構え、人差し指だけでも弾けるし、人差し指、中指、薬指まで入れて弾いたりする。指がばらけていても音が出る。

アカデミックバラライカ

全弦打奏は、指を寄せて、力が分散しないようにして、人差し指を固定して、人差し指に力を集中させて弾く。指がばらけていると、音が出ないか、出ても一定しない。

連打奏法。(小指)、薬指、中指、人差し指を1本ずつ滑らせる。下方向のみ(小連打)。

上下方向、組み合わせ、多彩
(↓) 小連打 ... 小指～人差し指
(↓) 大連打 ... 小連打 + 親指
(↑) 逆連打 ... 人差し指～小指、あるいは小指～人差し指
連続で演奏すると「じゃかじゃか」という音になる。

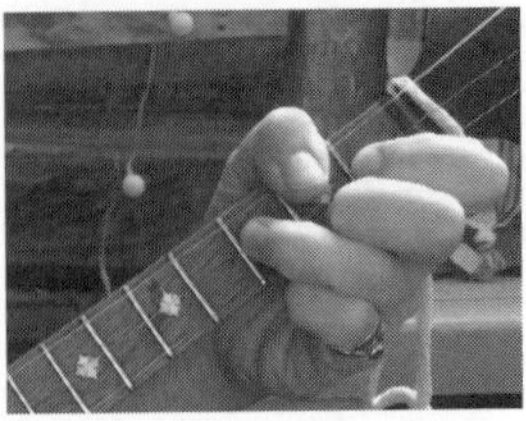

左手によるピッツィカート(三味線のハジキ)。薬指の音符は、右手で弾《はじ》いて音を出し、その後、人差し指の音符を、右手を使わず、左手薬指で弾いて音を出す。「ぴーん」という音になる。(楽譜中の+マーク)

では用いない。

伝統バラライカの弦の張りはきつくなく、発音は困難ではない。爪は打弦の際に当たるが、積極的に伸ばすことはしない。全弦の打奏は、人差し指一本だけのことも、人差し指から薬指の三本で弾かれることもある。稀にピックを使う場合もある（奏法の解説動画は巻末のリンク参照）。

では、伝統バラライカとアカデミックバラライカの様々な演奏文化について、歴史を概観しながら説明していく。54、55ページの分類表は、これまでの研究成果を基に著者が作成したものである。大雑把な表だが、込み入った全体像を手っ取り早く把握するには十分かと思われる。

伝統バラライカとアカデミックバラライカを分ける基準はまず「調弦」で、それぞれ「ドミソ調弦」（長三和音）、「ミミラ調弦」（ユニゾン＋完全四度）と呼ばれる（140〜141頁参照）。次に、どこでどのようにバラライカが演奏されているかを指す「演奏の場」がある。すると、「農村の生活の場」と、それを離れて、「聴衆の前、舞台で演奏される場合」とで分けられる。さらに「国の介入」の有無が挙げられる（社会主義時代は国が文化に国営文化として予算を投じていたため、保護や推奨をするかどうかが、文化の話をする際には大きな意味を持つ）。

以上から、全体を六つの文化の型に分けることができる。ここまできれいに分類できるのは、国の介入がある分野については制度の中で担当部署がきっちり決まっていたからであり、「担当部署とそれ以外」という分け方ができるからである。社会主義の国ならではの現象であろう。

表の時代区分について触れておく。ロシアの近現代の歴史には、三つの重要なターニングポイントがある。一九一七年のロシア革命、一九二二年のソ連成立、一九九一年のソ連崩壊である。文化に関しては、

アカデミックバラライカ（都市型、芸術、コンサート文化）		
19 世紀末に「ミミラ調弦」（ユニゾン＋完全 4 度）に統一		
3 本で統一。低音 2 本はナイロン弦（ガット→釣り糸→ギター弦へ）、高音弦は金属弦。高音弦は音叉でラ（a^1）に合わせる。		
器楽として独立。独奏（ピアノ、民族楽器オーケストラなどの伴奏による）、合奏（小中大編成）。歌や踊りの伴奏もする。		
舞台での上演		
あり		なし
④	⑤	⑥
アマチュア芸能活動	学校教育（民族楽器学科バラライカ専攻）、公演組織、民族楽器オーケストラ、アンサンブル、ピアノ伴奏による独奏	ソ連崩壊後に出てきた、国の庇護から独立した文化。音楽教育あり。
限定的（アンドレーエフらの活動）	アンドレーエフらの活動	
文化政策で推進	文化政策で推進	
消滅	縮小傾向	フォーク・ロックなどの新分野、ポピュラー音楽での使用

制度としての「社会主義の文化」という様式が生まれ、発展したのが特徴である。

類型①は、農村の生活の場にある演奏文化で、フォークロアと呼ばれ、フィールドワークの対象となっているものである。ロシアでいわゆるフォークロアや伝統民俗文化というと「革命前までの農村文化」を指し、これがこの他全ての文化の原型となっている。しかし、貴重な原点であるはずのこの農村文化の

	伝統バラライカ（農村型、フォークロア、民俗）		
調弦	「ドミソ調弦」（長三和音）が主流。その他、「ミミラ調弦」（ユニゾン＋完全４度）、短調調弦ほか多数		
弦の数	３本、４～６本（複弦）。金属弦。音高は歌い手や他の楽器に合わせる。		
機能	器楽として独立していない。伝統伴奏曲で、歌（俗謡チャストゥーシカ）と踊りの伴奏をする。		
場	農村の生活の場		
国の介入	なし	あり	なし
類型	①	②	③
特徴	フォークロア、フィールドワークの対象	学校教育（合唱団指揮学科）、民俗アンサンブル、アマチュア芸能活動	ソ連崩壊後に出てきた、国の庇護から独立した文化。素人。
革命前（～1917）	あり（すべての原型）		
ソ連（1922～91）	60年代から下火	限定的利用（民俗楽器科はない）	
ロシア（1991～）	衰退期	増加傾向	インターネット世代による活性化。農村レパートリーの保持と、ポピュラー音楽での使用

保護や活性化には、いつの時代でも国は未介入であり、放置状態だった。為政者にとっては、「貧しい農民の文化」は文化そのものではなく、文化化する対象だったからである。農村には徐々に都市の文化が流入していき、農村文化もそれとともに次第に廃れていくものであるが、ロシアの場合はそれが一九六〇年代に顕著になった。農村文化は以降下火になっていき、ソ連崩壊後は衰退の一

途をたどり、現在に至る。

一方、「農村文化＝伝統文化が廃れてしまう、失われてしまう」ことに危機感を持った都市の住民たち（インテリゲンツィヤ）が考案したのが②～⑥であり、すべての原型となったこの農村文化を舞台芸術化したもので、一九世紀以来現在まで続く。

類型②は、①の農村文化を学んで、それを舞台上で再現しようというものである。舞台芸術に関しては国の保護があり、学校教育の中に取り入れられている。バラライカは、音楽学校の民俗声楽科合唱団指導や指揮の学科で学ぶことができ、フォークロア・アンサンブルで専ら伴奏楽器として用いられている。ただし「声楽の国ロシア」では民俗器楽には専攻科がなく、あくまで「おまけ」扱いとなっている。実際、革命前は声楽ではインテリゲンツィヤが農民合唱団を組織していたが、バラライカが本格的に舞台での上演に取り入れられたのは革命後だった。ソ連時代は国が主導するアマチュア芸能活動で（学校で専門教育を受けた指導者が、公民館などで無料で指導する。類型④参照）、一般の人たちはこの舞台上演される民俗音楽（「ついでに」バラライカにも）に親しむことができた。ソ連崩壊後は国の庇護がなくなったが、一般には「今風の」農村の音楽として受け入れられ、アンサンブル

農村へのフィールドワークの様子。コストロマ州コログリフ地区、奏者ニコライ・レーベジェフ、聞き手タチヤーナ・キリューシナ（著者撮影 2010 年）

はプロ、アマチュアともに増加傾向にある。楽器の普及やプレゼンスの向上により、近年は民俗アンサンブルの中でバラライカを見かけることが以前より多くなってきている。

この型には二つの方向性がある。（A）三〇年代に文化政策で新たに創造・浸透させようと試みられた「見栄え重視」の「西欧風」「芸術的」民俗文化（「歌と踊りのアンサンブル[用語]」）と、（B）その現実とのあまりの乖離から、農村文化への原点回帰を提唱した「歌う民俗学者[用語]（поющие фольклористы）」による六〇年代以降のフォークロア運動（民俗アンサンブル）である。前者は国の政策、後者は「下からの改革」である。たとえば、（A）には全員が同じ衣装を着て、バレエを基礎に集団で行う、見栄え重視の舞踊が属する。伴奏の音楽は伝統伴奏曲や民謡をヨーロッパ風に編曲したものであり、アカデミックバラライカの奏者が演奏する。対して、実際の生活の場の歌や踊りは「一人ずつ順に」「自分ができる妙技を披露する」という趣向になっており、（B）ではそれに準じ、衣装も個人の見せ方も様々であり、より素朴である。現在は両方の方向性が共存しているが、多くの場合、両者は正統性が原因で折り合いがよろしくない。

類型③は、ソ連崩壊後に出て来た現象であり、国の介入はない。担い手は音楽愛好家で、専門教育を受けていない素人、ア

1970年代のアマチュア芸能活動（イリヤ・グローモフ提供）

マチュアであることが多い。ソ連崩壊後に成人したインターネット世代が主体で、伝統バラライカの情報発信を行う。急速に発展しており、奏者は増加傾向にある。本書第三章は、彼らの証言を取り上げたものである。

　類型④以下は、アカデミックバラライカの文化である。類型④は、「アマチュア芸能活動（художественная самодеятельность）」と呼ばれ、国が指導者を雇い、希望者が無料で指導を受けられるという制度で、革命前からも一部見られた。バラライカの近代化を行った後述のアンドレーエフや彼の賛同者たちは、軍や自治体に申し入れをして教育活動を行っていたが、ソ連ではそれを基に、文化政策として大々的にアマチュアを集め、専門教育を受けたプロが公民館などで指導を行う仕組みを作った。そのため、ソ連時代にはアマチュアの民族楽器オーケストラが方々にあった。しかし、ソ連崩壊と同時にこの制度も崩壊し、当該カテゴリーのアマチュアも消滅した。

　類型⑤のバラライカの専門教育の文化は、日本ではソ連からの来日公演を通じて最もなじみのあるものだろう。奏者は音楽学校の民族楽器学科バラライカ専攻で学び、民族楽器オーケストラやアンサンブルで、あるいはピアノ伴奏でコンサート活動をする。この文化の歴史をたどってみると、一九世紀末にヴァシーリー・アンドレーエフという貴族がバラライカに惚れ込み、ヨーロッパ式にロシアの楽器の近

音楽小学校でのレッスン風景
（ロマン・エフィーモフ提供）

代化を進めていったところから始まる。アンドレーエフは革命直後に不運にも亡くなってしまったが、その活動をソ連政府がそのまま政策に取り入れ、推進していった。④同様、国費で成り立つ「国営文化」である。ソ連崩壊とともに文化制度の維持が厳しくなり、規模は大幅に縮小したが、現在も「学校で習う民族音楽」として教育制度を基礎に存続しており、奏者の数が最も多いのはこの文化である。

類型⑥はソ連崩壊後に出てきた文化で、バラライカ科（類型⑤）で音楽教育を受けたプロ奏者が主体となり、新たな演奏の場を模索しているというものである。彼らは、フォークロアとロック音楽を融合させた「フォーク・ロック」（ロシア語ではエスノ・ロック）といった新分野やポピュラー音楽で、学校教育で得た知識を使って活動している。この分野を代表するのが、今メディアでバラライカ奏者として最も露出度が高い、アレクセイ・アルヒポフスキーである。

資本主義時代のバラライカの奏者、ドミートリー・カリーニン（本人提供）

この表に書き入れられなかった要素に触れておく。それは、制度の外にある個人の音楽活動である。第一章の他地域の器楽文化でも見られた極めて内的な音楽活動で、バラライカにもひとりで自分のために弾く文化がある。表に反映させることが難しいため、その存在をここに記しておきたい。

では、六つの文化を整理する。バラライカ

に限ったことではないが、ロシアの文化でいわゆる「伝統文化」、「ロシアフォークロア」と称され珍重されるのは、①の革命前の演奏文化である。②、④、⑤は国が介入して、農村文化を舞台上演したもの、つまり「社会主義の文化」である。日本で知られているのは、②、⑤の文化であるが、これはソ連時代に対外政策として、「多民族国家ソ連」、その「各民族の文化の保護と活性化」のプロパガンダを目的として積極的に外国公演を行ったためだ。③、⑥のソ連崩壊後の文化は「資本主義の文化」である。我々には形態としてはなじみがあるものだが、ロシアにしてみれば手探りで進んでいる文化であり、一歩踏み込んで理解しようとすると社会主義の文化の知識が必要になるという、一筋縄では行かない代物である。

ロシアは日本以上のお役所的縦割り社会であり、①~⑥には分野としての相互関係がある。概して、都市型（④~⑥）は農村型文化（①~③）を低く見ており、農村型はそれに反発する傾向がある。専門教育制度の中で学科として方針を定めている②と⑤の関係は最悪である。さらに、②の中でも⑤寄りの方向（「民族芸術」）と、①寄りの方向（「歌う民俗学者」）があり、対立関係にあることは前述の通りである。③はアマチュア主体であるため、②、⑤、⑥からの態度は基本的に高圧的だが、③の将来性が理解できる者は友好的である。しかるに、文化の原型たる①は、どの分野に対しても嫌悪感を抱くことがないばかりか、気に入れば分野が何であれ受け入れてしまう柔軟性を持っている。

これらの分類の外にいる多くの人たち、つまり音楽の専門教育から遠い人たちの間では、現時点で、①は「消滅してしまった文化」あるいは「とるに足りない古くさい文化」という理解がなされており、舞台芸術であるフォークロア・アンサンブルと民族楽器オーケストラが、ロシアの民族音楽と認識されている。「既に専門的に取り組んでいる人がいるので、歴史も伝統も正統性も彼らに任せておけばよい。私たちには直接関係がない」というスタンスが取られており、これもまた縦割り現象の一部なのだろう。これに対して②や⑤の従事者からは、「こんなすばらしいロシアの文化を人々は知らないし、理解してくれない。国が広報活動をしていかねばならない（が、国がやらないから私たちがやる）」という嘆きと活動方針が聞かれ、アンドレーエフの時代の文書に書かれていたことが、ソ連時代でも現在でも繰り返されている。時代背景が異なるとはいえ、ロシア人の自文化認識が浮き彫りになる事例だろう。

以上、バラライカの様々な演奏文化の分類について簡単に説明した。ロシアではこれら六つの文化の全体を見据えて語れる人はほぼ皆無であり、それぞれの立場の理想と現実を織り交ぜた、一見整合性のない言説に、ロシアの外の人間は「結局、バラライカとは？」と混乱するものだ。著者も見極めるまでに相当の年月を費やした。だが、どの文化のことをどの立場で言っているのかがわかれば、もう振り回されることもない。著者は六つの文化はどれもこれまで研究してきており、ロシア語の文献を読むだけでなく、ロシアでも見学や調査をしたり、現在でもＳＮＳを通じて日常的に奏者と交流があったりするが、どれをとってもバラライカというのはおもしろいものである。バラライカという楽器を通してロシアを見ると、文化も歴史も人も、どれもドラマチックで、生き生きとして見える。

それでは、時代ごとに文化の歴史を見ていくことにしよう。

ミンゾク楽器と伝統楽器

三味線は日本語では民族楽器というよりもまず伝統楽器と呼ばれるものだが、ロシア語の場合は伝統楽器という表現自体が一般的ではない。伝統とは歴史を持つハイカルチャーを示す価値ある語であり、伝統文化というと一九世紀来の劇場文化を指す。当時の区分である「知的エリート」対「庶民（народ ナロード）」の図式は現在も有効で、バラライカは庶民側の楽器であるため、それに相応する「ナロードの」という呼称が用いられる。つまり「庶民の楽器」である。

さて、ロシア語のナロードは、国民、人民、民族、民俗、民衆、一般大衆などと広範囲で多義的に多重に用いられる便利な語であるが、ソ連でそのナロードが主権を持つ国と定めてから、特別な価値を示す言葉になった。「ナロードの」芸術や芸術家とは、庶民から発し、民衆の伝統を受け継ぎ、民族や国を代表する存在という意味を併せ持つ。日本語では文脈に応じ、人民芸術家、民族芸術、民俗芸術などのほか、「国民的」という訳も充てられる。本書では、民俗学が対象とする範囲を「民俗」で、国や民族を代表するようなもの、あるいはその目的で舞台芸術としてヨーロッパ式に作り変えたものを「民族」で示すこととする。

ちなみに中央アジアでは、ソ連崩壊後にはロシアから距離を置き、それまで押さえつけられていた民族独自の伝統を追究しようという思惑と、ユネスコの影響とで、伝統楽器という呼称がすぐに広まった（ただし、教育制度中では「ナロード」の現地語版が使われ続けている）。ウクライナは言わずもがなで、アカデミックな楽器の原型となった楽器は「伝統的」や「正統な」という形容詞を伴って呼ばれている。現在の農村文化のバラライカの呼称はそんな旧ソ連圏の変化に影響されているのもあるだろうが、ロシアの場合は、ソ連的作為的民族芸術に対して、本来的なロシア性を認識できる概念として「伝統楽器」が定着し始めているようにも見える。

第二節　バラライカの起源（一八八〇年代以前）

バラライカをいつ誰がどのように使用し始めたのか、楽器の名称はどこからきたのかについては、決定的証拠が未だに見つかっていない。バラライカは、ヨーロッパの外国人にとっては「（後進国）ロシア帝国の異国情緒を醸し出すもの」であり、一九世紀末の時点でさえ識字率が人口の一割にしか達していなかったロシアで、唯一文字による記録ができたはずの知識人層にとっては、「特筆するに足りない民衆の道具」でしかなかった。したがって、楽器の近代化が行われた一八八〇年代以前の記録は、①外国人の旅行記や紀行文、②ロシア人のルボーク（民衆版画）や言い回し、民謡の歌詞、文学作品であり、しかもどれも断片的なものだった。

一九世紀末、当時可能な限りの記録を集め、整理し、民衆文化の歴史を記した学者がようやく現れた。A・S・ファミンツィン（А.С. Фаминцын）――自然科学畑出身のロシア人音楽学者で、ロシアの初期の民族音楽学者である。著書『中世ルーシのスコモローヒ』（一八八九年）、『ロシア民族のドムラ（домра／domra）およびその類似の楽器』（一八九一年）の中で、バラライカという楽器の名前が最初に記録されたのが一七一五年であること、それ以前には「ドムラ」という有棹撥弦楽器が存在したこと、バラライカの前身楽器がドムラであるということ、弾いていたのがスコモローヒ（скоморохи／skomorokhi〔複数形〕、スコモローフ скоморох／skomorokh〔単数形〕）、つまり大道芸人、放浪芸人、道化師といった訳語が充てられる職業芸人であったということを示した。当時の社会的状況からすると極めて画期的なファミンツィンの研究の成果は、一八八〇年代以前のバラライカの歴史的状況を記した著書として、現在に至るまでその価値が認められている。本節ではファミンツィンの研究書と後世の研究者の補足をもとに、歴史を概観する。

ドムラという楽器——バラライカの前身

スコモローヒは一一世紀から存在が確認でき、通りや家々の宴会で、英雄叙事詩ブィリーナの弾き語り、アクロバットなどの大道芸、熊の芸などを行っていた。彼らが用いた楽器は、多弦撥弦楽器グースリ（用語）、擦弦楽器グドーク（用語）、笛類、ラッパ、バグパイプ、太鼓、タンブリンなどで、ドムラは記録には一六世紀から登場し、一七世紀に頻繁に見られるようになった。当時の市場にはドムラ売り場が存在し、楽器や弦が売られていたという記録がある。例えば、一六三〇年代のロシア国営市場の税関帳には「一六三三年九月三日。ヤロスラヴリ人、セミョーン・フョードル・オグダーエフ来る。ドムラの弦三千本」とあるが、三千とは相当の数である。また、宮廷にも「一六三五年七月一一日、御前待官P・S・ストレーシネフの指令により、皇帝娯楽殿の盲目のドムラ弾きルカーシとその仲間に弦代金として四アルティンが与えられる」などの記録が残っている。つまり、ロシアに新たに登場したドムラという楽器は、瞬く間に人気を博したようである。

しかし、スコモローヒおよびその芸（楽器演奏や熊の芸）は、いくら民衆に人気があろうと、ミハイル帝の皇帝娯楽殿に招かれようと、ロシア正教会からは、異教（キリスト教布教以前の民間信仰に対する、正教会側からの呼称）の要素を含むという咎で、度重なる迫害を受けた。一六四八年にはアレクセイ帝が皇帝令によりスコモローヒの芸を禁止したのに次ぎ、一六五四年には楽器が焼却されてモスクワ川に捨てられたうえ、スコモローヒはモスクワを追放された。ドムラもスコモローヒも、公文書からはここで姿を消してしまったことになる。

その後、スコモローヒは北ロシアやシベリアに逃れたとされている。それでも一八世紀の道化兄弟のルボーク集「フォマーとエリョーマの物語」に「エリョーマにグースリ、フォマーにドムラ（У Ерёмы гусли, а у Фомы домра）」という句が、一九世紀のダーリの『現用大ロシア語詳解辞典』には「ドムラはスコモローヒのお気に入り（Рад скомрах о своих домрах）」、「音楽が好きならドムラを買え（Любить игра — купи домра）」という言い回しが記されていることから、スコモローヒもドムラも民衆文化に深く根付いた存在だったようである。なお、スコモローヒを含む中世ロシアの民衆文化については日本でも研究が進んでおり、日本語で読める文献があるので、興味を持たれた方は参照されたい（巻末文献参照）。

これらの言い回しの押韻から、ファミンツィンはドムラという語のアクセントは語尾にあった（domrá）ことを特筆している（現在は語頭にある dómra）が、その名称からしても、アクセントの位置からしても、ドムラという楽器は、第一章で述べた /dmbr/ の系統のテュルク系民族の楽器が、何らかのきっかけで一六世紀にロシアの民衆文化に定着したものではないかと容易に想像できる。ファミンツィンも当時の博物館資料を基に、カルムイク人、ノガイ人、タタール人、キルギス人、モンゴル人などの /dmbr/ の系統の楽器、中央アジアの /dtr/ の系統の楽器などについて、ロシアのドムラと同族の楽器として記し、関連性を示している。

ラドガのスコモローヒ（ファミンツィン、1891）

このように当時参照できる範囲の文書を用いて研究成果をまとめたファミンツィンであったが、楽器の図像にまで行きつくことはなかった。当時確認できたものと言えば、一七世紀のドイツ人旅行者アダム・オレアリウスの「ラドガのスコモローヒ」というタイトルの版画で、不明瞭な円形の胴を持つ「リュート」（オレアリウス記）奏者はドムラ奏者ではないかと提示するに留まった。それは「最古の」絵とされ、一〇〇年近く研究者によって詮議されることとなった。一九八七年、音楽学者M・I・イムハニツキーが一七世紀の聖詠経の「ダヴィデ王と楽師たち」の挿絵（ヤロスラヴリ州所蔵）には、「ドムラ弾き（ликдомер）」という説明書きがついた、糸倉の折れ曲がった短棹リュートの奏者が描かれているのを「発見」し、博士論文に記した。これにより、ドムラという楽器が存在したという図像による証拠が提示されると同時に、「ラドガのスコモローヒ」に描かれた弦楽器をドムラと判断しても間違いではない可能性が出たが、未だ事典類には反映されていない（ロシアでは、事典の項目の書き手が知識を網羅できていないことがよくある）。

さて、ドムラとバラライカの関係であるが、現存する記録上、ドムラを含むスコモローヒのモスクワ追放が一六五四年、バラライカの最初の記録が一七一五年、ドムラの最後の記録が一七五四年であることから、二つの楽器が同時に存在していた期間があることになる。ファミンツィンは「ドムラはバラライカの前身」と指摘するに留まったが、「迫害を逃れるために名称が『ドムラ』から『バラライカ』に替わった」(N・I・プリヴァーロフ説)、「楽器の担い手がスコモローヒから一般の民衆に変わり、製作の簡略化の必要性から、板を組み合わせてできる三角形の胴に変わった」(M・I・イムハニツキー説)など諸説ある。

近代化以前のバラライカ

バラライカの史上最初の記録は一六八八年の「小ロシア法令衛兵法令覚書」の中にある(小ロシアは現ウクライナのロシア帝国内の呼称)が、事典類には記述から漏れていることがある。当該文書はモスクワの国立古文書館に所蔵された正式な公文書で、小ロシアへの流刑のきっかけとなったモスクワでの出来事が記録されている。「アルザマス(現ニージニー・ノヴゴロド州)出身の人夫サフカ・フョードロフと、シェンクル郡ヴァガ郷(現ヴォログダ州)の農民イヴァシコ・ドミートリエフが、荷車を引かせた馬に乗ってヤウザ門を通り、バラライカを弾きながら歌を歌い、門の衛兵たちをからかった」というものである。彼らは出稼ぎ農民である。ここからは楽器の形状はわからないが、楽器の名称と弾き手がロシア人であることが確認できる。

ロシアの事典ではファミンツィンに従い、一七一五年のピョートル大帝の「登録簿」を最初の記録とするものが多い。そこには、各民族が自民族の楽器を持って参加する、皇帝が催した仮面行列で、「カルムイク人に装した人々」がバラライカという名前の楽器を持っていたと記されている。カルムイク人はヨーロッパ・ロシア南部のカスピ海北西地域ヴォルガ川下流に住み、当時はロシア帝国領カルムイク・ハン国を形成していた。「登録簿」には、楽器の名称以外は、形状も弦の数も奏法も記されていない。

それから約五〇年後に当地を訪れたドイツ人パラスは、有名な「旅行記」の中で楽器のことを記している。夏の夜に若者が集まって歌ったり踊ったりして過ごす際に使われるのが、二弦の長棹撥弦楽器で、二本の弦はユニゾンに調律し、若い女性はみな演奏でき、楽器の名前はDommer（ドンマー／ドンメーアー）だという。パラスはまたイラストも残しており、そこには丸みを帯びた三角形の胴を持ち、背面が少し膨らんだ、長棹の二弦の楽器が描かれている。パラスのこの証言は、カルムイク・ドンブラの初期の記録とされている。

パラス画カルムイク人のドンブラ
（ファミンツィン、1891）

ロシア人の残した記録では、バラライカの絵が確認できる。ロヴィンスキーが出版した民衆絵画集（一八八一年）の中にある「冬にねずみがねこを埋葬する」というタイトルの、一八世紀前半のルボーク（版画）がそれである。同様のルボークは二枚あり、いずれもねずみのうち一匹が二弦の長棹楽器を手にしている。胴は三角形をしており、一つの楽器には糸巻きが二本とも側面から差し込まれているのが見える。注釈には、「バラライカを弾き、客を招いている」、「バラライカを弾き、ねこの葬式に客を集めている」と書かれており、この楽器がバラライカという名称であることがはっきりとわかる。なお、このルボークにはバラライカのほかに、太鼓（ブーベン）、縦笛（スヴィレーリ）、バグパイプ（ヴォルィンカ）が描かれており、当時の楽器事情を知る手がかりともなっている。

以上の史料より、一七世紀末から一八世紀前半のロシア語話者の間には、楽器の名称としてバラライカという語が存在していたことがわかる。したがって、「登録簿」のカルムイク人の楽器の名称は自称ではなく、ロシア人がロシア語で撥弦楽器全般を指したものだと考えるのが妥当であろう。

一八世紀は外国人の証言のほうが具体性が高く、ファミンツィンは外国人の証言を多く引いている。

ドイツ人シュテーリンは、一七六九年に著書『ロシアの音楽事情』の中で「バラライカ」という名前の楽器について記述している。それによると、楽器の形状は、三角形ときには丸みを帯びた胴、棹は胴の四倍以上も長く、弦の数は二本である。演奏の姿勢は、楽器に紐をつけて結び、それを肩からかけて立って演奏する場合と、紐を使わずに座って演奏する場合がある。奏法は、右手は二本の弦を常に同時に上下に弾き、左手は二本の弦のうち一本だけを押さえている。つまり、一本の弦は、常に同じ音が低く鳴り響いているドローン弦〔用語〕ということになる。響きは「下品で不完全な」ものだという。シュテーリンはここで「バラライカはロシア中に普及している古い起源をもつ民衆の楽器である」と書いているが、ファミンツィンは他の文献を参照し、起源は古くはなく、民衆の間に広がったのは一八世紀末になってからであると示した。

18世紀前半のルボーク。バラライカを持つねずみ（ロヴィンスキー、1881）

フランス人ギュトリーは、バラライカの自筆画（一七九五年）を残している。胴は洋梨型で、表面板には響孔があり、背面は膨らんでいる。弦は二本で、棹は長く、六箇所にガットが巻きつけられており、響孔は円形に一二個開いている。また、「バラライカは、単純な音楽しか理解できないロシアの農民が好む楽器である」、「自作の楽器がウリ／カボチャから製作されるのに対して、経験豊かな職人は卵型をした胴を持つバラライカを製作する」とも記している。ここでいう卵型の胴をした楽器が寄木胴だったのか、くりぬき胴だったのかは不明である。なお、ウリとカボチャのロシア語の区別は難しい。ロシア語の тыква は日常会話ではカボチャを指すが、植物系統としては「ウリ科カボチャ連」であり、тыква は広義のウリも狭義のカボチャも指す。いずれか判断できない場合は、本書では両方を記すこととする。

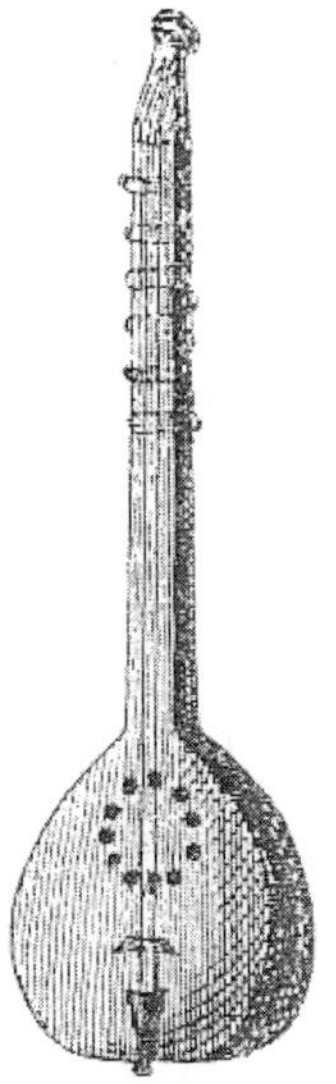

ギュトリー画（1795）
（ファミンツィン、1891）

　ここまでの証言をまとめると、一八世紀のバラライカとは、長棹撥弦楽器で、胴の形は円形と三角形の二種類が見られ、多くの場合、弦の数は二本、うち一本はドローン弦で、他方の弦で旋律を演奏していた。楽器の音色は、ヨーロッパ人の耳には心地よくは響かなかったらしい。それは民衆の楽器であり、奏者は農民で、広く普及したのは、一八世紀末だった。この他、エカチェリーナ二世時代の宮廷楽師であったヴァイオリン奏者I・E・ハンドーシキンも、ウリ／カボチャをくり抜いた内部を水晶の粉で覆ったバラライカを弾いていたという記録が残っている。

一九世紀に入ると、バラライカの記録はロシアの民謡の歌詞や、ルボークの中に頻繁に出てくるようになった。踊り歌《野に立つ白樺》には、次のような歌詞がある。

白樺の枝を三本折り
三つのグドークを作ろう
四本めの枝でバラライカを作って
バラライカを弾こう

この歌は、バラライカが出てくる最も古い民謡とされ、ノヴゴロド県で一八一〇～二〇年にすでに歌われていたという。歌詞中のグドークとは古い三弦の擦弦楽器である。ここからこの民謡は、グドークが古い時代の、バラライカが新しい時代の楽器であるということを示すと解釈する研究者もいる。なお、白樺の枝で作るというグドークやバラライカは大きな胴のある正式な楽器というよりも、枝に糸を渡して音を出す仕掛けの幼児用のおもちゃで、弓で擦ればグドーク、指で弾けばバラライカという理解だと思われる。そのような「バラライカ」の話を、著者も聞いたことがある。

一九世紀前半でバラライカが登場する文学作品としては、ゴーゴリの『死せる魂』がある。登場人物の丸顔が、「ゴルリャンカという名前のモルダヴィアの瓜《うり》(＝瓢箪《ひょうたん》のこと)から作られるという」「二弦の」「軽薄な」「音の弱い」、ルーシの国の楽器バラライカのようだと語られ、年の頃一二歳の少年奏者の演奏を聞きに、娘たちがやってくるとある。

　ファミンツィンに戻ろう。一九世紀後半になると、ヨーロッパ・ロシア中央部および東部、ベラルーシで一八六〇年代以降に採集された民謡の歌詞にバラライカが登場するが、歌詞の内容は軽いものが多い。この他、「口ではグースリ、行動はバラライカ（На словах, как на гуслях, а на деле — как на балалайке)」という言い回しがあるが、この表現は、グースリ[用語]は立派なもの、バラライカはいい加減なものの例えとして用いられており、口先だけの人物を表しているという。ダーリの『現用大ロシア語詳解辞典』の語の用例にも、バラライカが俗な文脈で用いられることが伝わる表現が取り上げられている。

　バラライカがファミンツィン以前のロシア人知識人の「真面目な」研究対象になることはなかったのは、このような「民衆的な」「軽薄な」印象が原因だろうということは想像に難くない。一九世紀末にはまた、チャストゥーシカ[用語]と呼ばれるテンポの速い四行の世俗的な即興詩が流行し始めたが、バラライカはその伴奏楽器として活躍したということも、「不真面目な」バラライカ像に拍車をかけたのだろう。

　一八八一年刊のロヴィンスキーの絵画集には、三角形の胴、膨らんだ背面を持つ、二弦の長棹楽器を持つ男が描かれている。実は、ロヴィンスキーはこの楽器（バラライカ）のことをよく知っていた。注

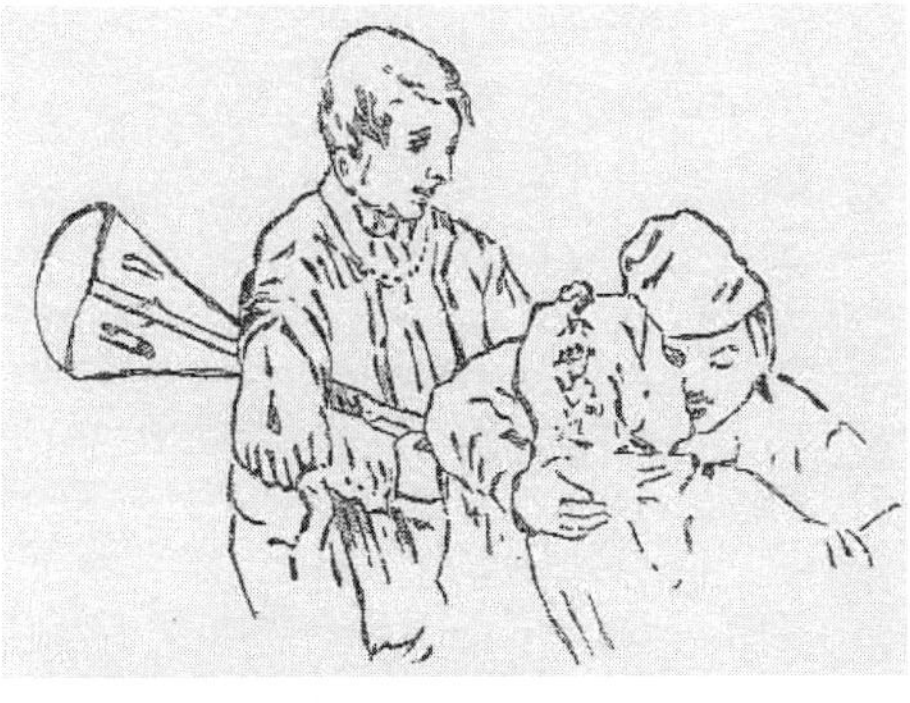

バラライカを小脇に抱える男
（ロヴィンスキー、1881）

釈にはこう書かれている。

「最も簡単なバラライカは三角形の四枚の板を張り合わせて作り、そこに棹とフレットをつける。バラライカの奏法は、左指三本を使って和音を次々に交替させながら、一度に全ての弦を手で塗りこめるように弾く場合もあるし、旋律を弾奏する場合もある。」

この「手で塗りこめるように」という他に類を見ない比喩は、義甲や木片などの道具を使わずに、全弦を指でかき鳴らして弾くという発音法から生じたと思われる。この記述からは作者が何本の弦のバラライカの演奏を見たことがあるのか特定できないが、「和音を交替させる」という表現は、一八世紀末からの百年で、かつて外国人たちが指摘した「旋律弦と、ずっと鳴り続けるドローン弦」の構造に何らかの変化が起きた可能性を示唆していよう。

一九世紀の演奏状況をまとめると、バラライカは世紀の初めから八〇年代までにロシアの民衆文化に定着したようである。楽器が使われたのは民衆の娯楽の場で、演奏者は若者だった。一八六〇年代にモスクワでバラライカのコンサート活動を行ったという、V・I・ラジヴィーロフなる人物の名前も残っている。楽器は構造的には、弦の数（二〜三本）も胴の形も様々だった（三角形、楕円形、洋梨型など）。調弦に関しては、「ドミソ調弦」（長三和音）の基となったとされる七弦ギター［用語］が一八世紀末からロシアに定着し始めており、バラライカは十九世紀に調弦を含む演奏法の影響を七弦ギターから受けたと考えられる。となると、「ミミミラ調弦」（ユニゾン＋四度音程）は、より古く、ドローン弦があった時代の名残の調弦ということになるだろうか。

このように、一八八〇年代以前のバラライカの歴史はあまりに不明瞭なものであった。まるで正倉院の宝物の謎を解くような気持ちになってしまうが、わずか二百年前のことがこんな調子だというのがロシアなのである。

名称の由来としては諸説あるが、ファミンツィンが指摘したロシア語の動詞で、「おしゃべりをする、べらべらしゃべる、油を売る」という意味の「バラーカチ балакать / balakat'」から派生したものだとする説が、現在でも有力である。第一章で見た他地域の /dmbr/ の系統の楽器の分布状況を鑑みるに、同類の撥弦楽器がロシア人の間でも使われるようになったのだろう。著者が考えるに、ブィリーナの語りに使われる格調高い楽器グースリとは明らかに対照的な、「戯れ歌をべらべら歌うための楽器」、「何だかのべつまくなくばらばら鳴っている楽器」は「民衆の」「いい加減な」楽器として、ロシア語話者によってロシア語でその名を「適当に」与えられ、それが定着したのではないだろうか。歌（べらべら）と楽器（ばらばら）を示すいずれの擬音語も、ロシア語では「ブラブラブラ бла-бла-бла」と表される。それが独立した語として、/bl/ という語根から派生したのが、「ブラブラの楽器」＝バラライカという語だとしたらどうだろう（鳴り響く光景については、カバー裏参照）。

世界のどこにも見られない三角形の胴の起源に関しては、ロシア正教会の教会の屋根の形を模倣したのではないか、女性がサラファンを着ているシルエットからではないか、など、ロマンをかき立てるような想像も聞かれる。ロシアでよくなされる説明は、バラライカは寄木胴であり、元来楽器を作っていたのは桶屋などであったため、ちょうど桶を半分にしたような、むしろ丸みを帯びた三角形の胴だったが、それを素人が見よう見まねで板切れを合わせて作ると、直線的な三角形の胴、膨らんだ背面になるというものである。つまり、木を張り合わせて作るため、曲線よりも直線的な形のほうが作りやすかったということである。くりぬき胴の楽器はなかったのかという疑問が湧くが、前述のウリ／カボチャの証言があるほか、バラライカ研究者のA・S・コーシェレフは、ロシア中央部でも楽器各部名称のうち胴を「ひしゃく」と呼ぶ風習があることに注目し、木をくりぬいて作った楽器が製作されていた可能性を指摘している。

以上のような歴史は、ファミンツィンの研究の根底に見られた「ロシア固有の」「ロシア民族の文化」への憧れとその史観を含め、現在に至るまで引き継がれている。概して、起源に関しては、ロシア国内ではあくまで類似性の指摘に留まり、深い議論は避けられるのが慣例となっている。今後の研究の可能性としては、さしものファミンツィンでも行い得なかったこと——現地調査をするという方法がある。つまり、名前が挙がっている地方に直接出向く、あるいはその地方の研究者がその土地にある一八～一九世紀の民衆の生活に関係する史料を研究し（存在すればの話だが）、十分な資料が集まれば一般化するという方法が有効だと思われる。だが、この現地人にしかできそうにない方法を果たして現地の研究者がとるか否かは、また別の問題であろう。

第三節　V・アンドレーエフによる楽器の近代化（一八八〇年代～一九一七年）

一八八〇年代からの三〇年間は、バラライカ演奏史にとっての大きな転換点であった。その発端となった人物が、トヴェーリ県の大商人の家に生まれ、首都ペテルブルクに住んでいたV・V・アンドレーエフ（B.B. Андреев, 1861 ~ 1918）である。彼は、農民の弾くバラライカを聞いて、楽器の改良を思いついた。改良バラライカは都市から流行し、三〇年間のうちにヨーロッパ・ロシアを中心に普及した。彼は皇帝や政府の援助を受け、職業音楽家として啓蒙活動や国内外での公演活動を広く行った。現在見られるような舞台芸術としてのバラライカの演奏文化が起こったのはまさにこの時代であり、それゆえアンドレーエフは「バラライカの父」と称されている。

富豪の青年と農民のバラライカ

アンドレーエフがバラライカを始めるきっかけになったのは、一八八三年にトヴェーリ県の領地マーリイノ村で、農奴が弾く演奏を聞いたことだった。その光景は、アンドレーエフの回想に次のように記されている。

「静かな六月の夕方だった。〔……〕と、農民の住む離れから、今まで聞いたこともない音が聞こえてきた。私は、それが弦楽器を演奏しているのだとはわかった。弾き手は踊り歌を、最初は遅いテンポで弾き始め、だんだん速くしていった。音はだんだん大きくなっていき、旋律とリズムはよどみなく溢れ、自然に踊りたい気分にさせられるようだった。農民の女が、水の入った桶を天秤棒に下げて中庭を通っていたが、その足の運びが音楽の拍子に合わせて速くなっていき、重い桶が揺れて水が飛び出ているのが見えた。私だってずっとそんな感覚でいた。片方の足は、姿の見えない奏者が正体不明の楽器を演奏し始めてからずっと拍子をとっていた。この奇跡は長くは続かなかった。私は一目散に、自分がいたところから音のしてきた離れの方へ駆け出した。すると、目の前には私の雇った農民が離れの入り口の階段に座っていて、弾いていたのが、バラライカだった。以前、この楽器が小間物屋の窓際にぶら下がっているのを何度も見かけたことはあったが、演奏を聞いたことはまだなかった。私はその律動感と、バラライカの独自の奏法に驚かされた。どうしてこんな惨めな外見の、不完全で、弦が三本しかない楽器が、こんな多様な音を出せるのか、どうしても理解できなかった。私は、アンチープ〔奏者の名〕が弾いているさまを見、複数の奏法を見せてくれと頼み、それから彼からバラライカを奪い取った。〔……〕この私の師匠が教えてくれたレパートリーは、そんなに多くはなかった。だいたい、当時のバラライカはお粗末なもので、金属フレットは打たれておらず、棹に弦が全音階に七箇所ほどに巻きつけられて、フレットの代わりをしているのだった。楽器の値段は、たったの一五～二〇コペイカだった。」

ヴァシーリー・アンドレーエフ

バラライカのあるこのような風景は、当時はトヴェーリ県だけでなく、ヨーロッパ・ロシアの各地で見られたという記録があるが、実際に農民の間でどんな音楽が演奏されていたのか、音楽とともにどんな行事があったのかなどの具体的な情報を知ることは、現在はできない。革命前の三〇年間も、「アンチープたちの文化」はバラライカの演奏史に記録として残らなかった。一九世紀末の時点で識字率が全人口の一割しかなかったロシア帝国において、当事者のうち一体誰がそれを記せたというのだろう。そして、その代わりに、「アンドレーエフたちの文化」の記録が始まったのであった。

アンドレーエフが「アンチープたちの文化」のバラライカを、前節の一連の外国人と同じように「惨めな外見の、不完全で、弦が三本しかない楽器」、「お粗末な」という言葉で表現しているのは、彼がヴァイオリンを習っていたこと、ヨーロッパを周遊し、イタリアのマンドリンやスペインのギターという各国を代表する楽器を見たことに起因しているといわれる。彼はそんなロシアの「粗末な」楽器を、どのように改良していったのだろうか。

バラライカの近代化

アンドレーエフはまず、楽器に金属フレットをつけた。アンチープのバラライカの棹には、フレットの代わりに弦（ガット）が巻きつけられていた（全音階）が、一八八六年にペテルブルクのヴァイオリン職人V・V・イヴァノーフが五個の金属フレットを打った楽器（全音階）を、一八八七年にギター職人F・S・パセルプスキーが一二個の金属フレットを打った楽器（半音階。ヨーロッパの十二平均律に従う）を製作した。アンドレーエフは祝日のアトラクションの舞台などでその楽器を弾き、人気を博した。以後、他の職人も同様のバラライカを製作し始めた。半音階バラライカは、当時流行していたマンドリンやギター（いずれも半音階）のレパートリーを吸収していくこととなった。

次に、楽器の音量の増大と、棹の長さの短縮が試みられた。楽器の音量は、材料である木材の質を上げたこと（棹にはコクタン、胴にはスズカケノキ、ヤマカエデなど）と、良質の弦を使うこと（ギター用のガット弦、ヴァイオリンの弦）によって増した。農民に手に入る木材（正確には板切れ）や弦を使ったバラライカと、ヴァイオリン用の素材を使ったバラライカとでは、確かに大きな差があった。棹の長さは、一八～一九世の民衆のバラライカの半分にまで短縮された。

アンドレーエフと共に楽器の改良に取り組んだのは、コミ人のＳ・Ｉ・ナリーモフ（С.И. Налимов, 1857～1916）だった。アンドレーエフの回想録によると、職人イヴァノーフ、パセルプスキーとの出会いの後、マーリイノ村の領地で家具職人として雇っていた彼に楽器を製作させてみたところ、類稀な才能を発揮し、その後、アンドレーエフのために領地でバラライカや他の民族楽器を改良、製作するようになった。彼の楽器の内部には「アンドレーエフ家領マーリイノ村、Ｓ・Ｉ・ナリーモフ」という銘が、楽器の通し番号とともに記されている。その楽器は音の豊かさと力強さで高い評価を受け、「バラライカのストラディヴァリウス」と呼ばれている。

アンドレーエフの活動は、バラライカの形状の統一を促した。改良バラライカは、三角形の胴、背面はやや膨らんでおり、棹にはフレットが打たれ、弦の数は三本、糸倉はやや折れ曲がっており、糸巻きは側面（あるいは背面）からつくようになった。ロシア人はアンドレーエフの試みを「改良」と称するが、単なる材料の変更に留まらず、楽器の構造や楽器を取り巻く社会的文化的環境の変化をもたらしたという意味では、総じて「近代化」と見做すことができよう。なお、アンドレーエフが活動する上での調弦は当初より「ミミラ調弦」が用いられ、実質上統一されることとなった。アンチープから習得したのがその調弦だったのであろう。ただし、農村のバラライカの現在までの研究成果からは、「ミミラ調弦」のバラライカであっても、最高音弦の実音は「ラ」よりも一音は低いことが確認されており、近代化において最高音弦を「ラ」にしたのは、ヴァイオリンに合わせたものと想像される。

一八八七年、バラライカ初の教科書となる『バラライカ教則本』が出版された。著者は愛好家のP・K・セリヴョールストフ大尉、監修はアンドレーエフである。同書ではいくつかの奏法が短く説明されているほか、民謡の楽譜が数字譜（タブ）と五線譜で記され、巻末には民謡の全歌詞が掲載されている。つまり、奏者はバラライカで民謡の旋律を弾きながら、同時に歌っていたのである。この後、毎年のように、当時流行していた音楽を盛り込んだ教則本や独習書や楽譜集が、様々な著者によって五線譜、数字譜、それらの折衷といった各自の趣向を凝らした記譜法で記され、出版されていった。楽器の調弦はほぼ「ミミラ調弦」のみで、中には「短調調弦」を一般的な扱いではないという注意書き付きで掲載した独習書もあった。「ドミソ調弦」の楽譜も見られたが、ごくわずかだった。

アンドレーエフがアンチープと出会ってわずか四年の間に、事態は目まぐるしく動いた。楽器の改良とその生産、楽譜の出版、演奏活動、バラライカの流行、それらの原動力となったアンドレーエフという熱狂的愛好家——これらすべてがバラライカ独奏の新しい歴史を築き上げていきつつあった。

この情熱家のアイデアは、バラライカ独奏に留まらなかった。アンドレーエフは次に、交響楽団の原則に準じて音域を拡大させた。一八八七年にパセルプスキーはプリマ・バラライカの製作後、同年中にピッコロ、ディスカント、アルト、テノール、バス、コントラバスを製作した。このうち、旋律演奏の機能を持っていたディスカント、ピッコロ、テノールは、一八九六年のドムラ導入により消滅した。その際、作曲家N・P・フォミーンによって改良が行われ、ナリーモフによって中音域楽器としてセクンダが製作されたほか、調弦が現行のように定められた。この結果、バラライカ属は、プリマ、セクンダ、アルト、バス、コントラバスの五種類となった。プリマは独奏用にも用いられるが、それ以外の四つはアンサンブルやオーケストラの中でのみ伴奏のために用いられるため、伴奏バラライカと呼ばれる。

バラライカ属の製作に伴い調弦も固定したが、注目すべきなのは四度音程が基本になっていることである。ヴァイオリン属や一般的なマンドリン属が五度音程を基本に調弦されるのに対して、アンドレーエフは楽器の改良・製作にあたって、ロシアの農民の器楽に特徴的な四度音程の調弦を取り入れた。

一八八八年、アンドレーエフはバラライカだけでなるアンサンブル「バラライカ愛好者サークル」を作り、総勢八名でコンサートを行った。メンバーは彼の知人で、貴族などの富裕層だった。フロックコートで蝶ネクタイという舞台衣装と、改良されたとはいえ農民の楽器と認知されていたバラライカという組み合わせは、当時の聴衆を驚かせた。演奏されたのは、当時都市で流行していた音楽である。公演は成功を収め、バラライカのアンサンブルは独奏バラライカに続き流行することになった。楽器店がこの商機を放っておくわけがなく、楽器は安価で低質なものから、高価で上質のものまで製作されるようになった。当時のカタログを見ると、その盛況ぶりがよくわかる。

バラライカで演奏された当時流行の音楽とは、次のようであった。声楽曲からは、ロシア民謡、ウクライナ民謡、「都市の歌」、ロマンスなどが和声づけさ

バラライカ属。左から、バス、アルト、プリマ、コントラバス。（著者撮影）

れ、変奏曲の形式を取ったものが弾かれた。なお、民謡は二〇世紀初めまでは「民衆の歌（народная песня）」でなく、「地名＋歌」で表され、ロシア民謡は「大ロシアの歌」、ウクライナ民謡は「小ロシアの歌」と呼ばれた（大ロシアは革命前ロシア帝国内の現ヨーロッパ・ロシアを、小ロシアは現ウクライナを指す）。「都市の歌」は、様々な地方から都会に出てきた人々同士が共通の歌を歌うことができないため、誰もが一緒に歌えるようにという趣旨で発生したといわれている大衆向けの音楽で、ロマンスは貴族のサロンで発達した音楽である。一方、器楽曲では、行進曲、ワルツ、ポルカ、舞踊曲などが演奏されたほか、ロマ（ロシア・ジプシー）の音楽も好まれた。また、クラシック音楽のうち親しみやすい作品も、声楽、器楽を問わず演奏された。この頃の楽譜集を参照すると、同じ曲がツィターやマンドリンといった別の民族楽器のレパートリーになっているのが見える。改良バラライカの急速な普及の要因の一つには、既存あるいは既定路線のレパートリーを取り込んだことにもあったといえよう。都市住民の身近にある音楽を演奏できる「我が」「ロシアの」楽器、それが改良バラライカだった。この他、バラライカのための作品も作曲された。行進曲やワルツが好きだったアンドレーエフは、アマチュアながら自身でも曲を書いた。このようなレパートリーにより、当時の音楽界では改良バラライカは「軽音楽」「軽いジャンル」に分類され、新聞紙上を賑わせた。

ここで、バラライカの奏法について述べておこう。一八八七年以降、毎年のように新しく出版されたバラライカ教則本を調べてみると、次のようなことがわかる。（第一節50頁参照）

プリマ・バラライカに関しては、一八八七年の初の教則本では、全弦の打弦と連打奏法のみが用いられており、三本の弦を同時にかきならすことが基本である。一九〇一年の教則本には、一本の弦だけを弾奏する親指による下への打奏（シチポーク）と、全く新しい奏法であるヴィブラートが加わっている。一九〇六年の教則本には、一本の弦を親指で下に人差し指で上に弾く奏法が「ギター奏法」という名前で登場している。奏法をギターから借用したためについたものであろうが、この奏法は、現在はダブル・ピッツィカートと呼ばれ、ギター奏法は別にある。都市型バラライカに特徴的なトレモロ奏法は、比較的早い時期から教則本に記されていた。都市のバラライカ奏者たちはマンドリンとギターのオーケストラでも演奏していたため、マンドリンからトレモロ奏法の発想を得たことは想像に難くないが、バラライカ演奏史においてマンドリンの名前が出ることは今でもない。なお、トレモロ奏法はドムラに適用されてその主要奏法となったが、当時は「ロシア・マンドリン」と揶揄、批判されることとなった。

大ロシア・オーケストラの創設と発展――「ロシア的芸術」の出発点

ところで、民俗学者ファミンツィンはアンドレーエフと同時代人であり、アンドレーエフは彼の著作の熱心な読者だった。折しも一八九六年に、アンドレーエフのサークルの関係者が、ヴャトカ県で三弦の楽器を二台、地元の農民から入手した。一台は、楕円形がかった三角形の胴で、背面は丸みがかっており、もう一台は三角形の胴をしていた。アンドレーエフは、前者をファミンツィンの著作とオレアリウスの絵から、ロシアのドムラであると判断し、この楽器をもとに「復原」と称して、現在使われているドムラの原型をナリーモフに製作させた。ドムラもまたバラライカと同様に音域の異なる、ドムリシコ／ピッコロ、マーラヤ、アルト、バシスタヤ／バスの四種類が作られた。音を出すのは手の指でなくピックであり、奏法は当時流行していたマンドリンと同様、上下の打奏とトレモロ奏法が用いられた。

かくして、合奏ではドムラが旋律を、バラライカが伴奏を担当することになった。この他にグースリを改良して加え、バラライカのアンサンブルはオーケストラの体裁をとることになった。それは、いずれの楽器も大ロシアに伝わる楽器であり、異国起源の楽器（イタリアのマンドリンなど）を入れていないという点から、「大ロシア・オーケストラ」と名づけられた。

　ところがその後、先のヴャトカ県の二台の楽器は、現地ではいずれもバラライカと呼ばれていたことが判明した（バラライカには様々な形の胴があったということを思い出そう）。このため、製作されたドムラの民俗楽器としての人工性が、その後も長い間取り沙汰されることになってしまった。

ドムラ属。左から、コントラバス、バス、アルト、マーラヤ。手前はピッコロ。（著者撮影）

　それでもアンドレーエフは、民俗楽器だけからなるオーケストラ、それも楽器による歌の保存・復活という思想を前面に押し出し、「声楽曲をレパートリーとする器楽」にこだわり続けた。ただし、当時のそれは「歌と一緒に弾く音楽」、「歌詞を知ったうえで演奏する器楽曲」、つまり歌に焦点を当てた音楽であったということに注意しなければならない。

大ロシア・オーケストラの初演を迎える一八九六年、彼は次のような一節が入った記事を新聞に発表している。

「私が手がける民俗楽器の復活と改良という分野の目的は、民謡の歌心を余すところなく伝えることができるそれらの楽器を通じて、民衆に歌文化のすばらしい遺産を復活させることである。」

だがこの頃、アンドレーエフは、実は大きな危機に直面していた。バラライカと出会って一三年めにして、彼の財政は逼迫《ひっぱく》していた。資産家の父親が残した土地や財産は、それまでの活動にほとんどすべて注ぎこんできていた。オーケストラの楽器を製作するためには良質の木材が必要だったが、彼はマーリイノ村の自宅のドアや家具をその材料に充てたほどだった。そのとき書かれたのが、L・N・トルストイ宛に心情を吐露した手紙だった。

「私は困窮しております。私の全財産はバラライカの復活と改良に消えてしまいました。教えてください、伯爵、この仕事を続けるべきなのでしょうか、何より、あなたのお考えでは、これは正しいことなのでしょうか。これにすべての力、時間、財産を捧げる価値はあるのでしょうか。」

これに対し、トルストイは次のような返事を送った。

「あなたは、古いすばらしい歌を民衆の中に残しておこうと、とてもよいことをなさっていると思います。あなたによって選ばれた道は、あなたを目的まで導いてくれることと考え、それゆえあなたのご成功をお祈りしております。」

このときのトルストイの言葉が精神的支えとなり、活動を続けることを決意したのだと、アンドレーエフは回想記に記している。

一八九六年の「大ロシア・オーケストラ」の初演の後、アンドレーエフは諸機関に活動への援助を求め始めた。当時はウォッカが流行し始め、酒浸りとそれが引き起こす暴力騒ぎが深刻な社会問題となっていたが、当局はこれを民衆に文化的な娯楽がないからだとし、啓蒙と称して識字率増加を含む民衆教育に乗り出していた。アンドレーエフはここで、オーケストラという団体活動が民衆の集団教育に役立ち、同時に民衆の娯楽を創造することができる、また、軍隊、学校、工場、ひいては酒浸りや暴力が深刻な問題となっている地方では、民衆に親しまれている楽器の演奏によって効率のよい娯楽を提供することができると主張した。この考えは政府や禁酒協会に受け入れられ、アンドレーエフの活動はそれらの機関の補助を何度か受けることになった。

改良バラライカの演奏者人口は、年々増加していった。アンドレーエフが一九〇八年に行った調査では、改良バラライカが首都以外のどの都市で販売されたかが明らかにされている。リストにある四五都市のほとんどがヨーロッパ・ロシアに位置しており、東はエカチェリンブルク、西はリガ、南はオデーサ（オデッサ）、ヴラジカフカス、北はヴォログダまでという広がりを見せており、一九〇五～〇七年の三年間で合計二十万台（モスクワとペテルブルクを合わせて約十五万台、その他の都市で約四万台）のバラライカが販売されたとある。演奏者の階層は幅広く、労働者、学生、軍隊のほか、貴族のサロンでも流行した。大ロシア・オーケストラは首都だけでなく、地方でも軍隊、学校、鉄道の駅、工場などの単位で組織され、アンドレーエフや団員が指導に出向いた。このように民衆啓蒙を軸に公的機関と協力することで、彼は自信と尊敬を得ていった。

改良バラライカの文化の生成と発展には、専門教育を受けた音楽家の多大なる貢献があったことも忘れてはならない。貴族出身の母親を持つアンドレーエフは社交的で、サロンの人気者であり、サロンに集う貴族出身の音楽家や文化人たちと親交があった。音楽面の強力な協力者となったのが、作曲家N・P・フォミーン（Н.П. Фомин, 1864～1943）である。N・A・リムスキー＝コルサコフの弟子だった彼は、ロシアの民謡を基礎にした自称「ロシア・スタイル」の音楽をペテルブルク音楽院在学中から書いていた。アンドレーエフの許で、彼は編曲や作曲を一手に引き受けた。アマチュア音楽家のアンドレーエフがペテルブルクの音楽界で成功を収めることができた基底には、未知の音楽分野である改良バラライカや大ロシア・オーケストラの音楽的基盤を作ったプロの音楽家フォミーンの存在があったのである。なお、リムスキー＝コルサコフも改良民俗楽器のオーケストラという点では興味を示したが、試みは失敗に終わってしまった。一方、A・K・グラズノフは《V・アンドレーエフの大ロシア・オーケストラのためのロシア幻想曲（作品八六）》を献呈、一九〇六年に初演された。バス歌手F・I・シャリャーピンなど著名な声楽家とも、次々に共演した。

大オーケストラは国内外で公演活動を頻繁に行った。国外では、パリ万国博覧会を含め、フランス、イギリス、ドイツ、アメリカ、カナダで公演した。うち、一九〇八年のドイツ公演後の新聞記事には、アンドレーエフの次のような談話が載せられた。

「我々の民族楽器は、外国でしかも世界の最高の音楽界で大きな印象を残した。〔……〕我々の民族楽器は、ヨーロッパ人の前で恥をかかずにすんだ。ロシア民族の中で、人知れず精神の豊かな泉が湧いているということを今一度証明したのだ。」

ここで前面に押し出されているのは、諸外国に引けを取らない、純粋な、「我々の」「ロシアの」「ロシア人の」文化を世に示したいという願望である。バラライカのオーケストラを創設した際、音楽的観点から「撥弦楽器オーケストラ」と名づけることもできたがそうはせず、地域名を用いて「大ロシア・オーケストラ」としたのも同じ理由からだろう。また、復原ドムラのロシアの楽器としての正統性に関して音楽学者らと飽きもせず舌戦を繰り広げたのは、ロシアの正統な出自を持った楽器にどこまでもこだわっていたからだろう。重要なのは、そこで「我がロシアの民族文化」として提示されたのは、「農民の生活の場にあるそのままの姿」ではなく、「ヨーロッパの形式に合わせて近代化した芸術」だったということだ。そしてその精神が、様々な形をとって現在まで脈々と受け継がれているのである。現代のモスクワのアンドレーエフ研究者であるO・V・シャブーニナは学位論文の中で、外国からの使節団を迎える場での演奏という重要な機能を指摘している。ロシアという国の文化をこと外国、それも使節団に対して提示するという大義名分があったのであれば、ロシアの独自性に注目しつつ、ヨーロッパの芸術様式を取り入れた楽団が公に求められ、受け入れられたのもうなずける。

帝国内の民衆啓蒙に貢献し、首都ペテルブルクで絶大な人気を博した大ロシア・オーケストラは、一九一四年、皇帝の庇護を受けることになり、「帝立大ロシア・オーケストラ」と改称された。同時に、指導者のアンドレーエフには「皇帝のソリスト」という、音楽家最高の称号が与えられた。バラライカと出会ってから実に三〇年を経、全財産を注ぎ込み、情熱を傾けてきた活動が、最も名誉ある形で世に認められたときだった。ところが、その幸せは長くは続かなかった。一九一四年には第一次世界大戦が勃発、その三年後の一九一七年には、栄誉を与えてくれた当のロシア帝国が、革命により倒れてしまったのである。

アンドレーエフ以外の奏者について付記しておく。B・S・トロヤノフスキー（Б.С. Трояновский, 1883～1951）は一九〇四年にアンドレーエフと知り合い、同年より一九一一年まで彼のオーケストラのソリストとして国内外で公演活動を行い、「皇帝のソリスト」の称号を得た。A・D・ドブロホートフ（生年不詳～1935）はトロヤノフスキーと同世代のモスクワの奏者で、ピアノ伴奏で公演活動を行い、活躍した。彼の手によって出版されたバラライカ独奏のための楽譜は、この時代のレパートリー拡大に貢献した。革命後に渡米し、同国にて死去した。N・P・オシポフ（Н.П. Осипов, 1901～45）は、一九一一年にトロヤノフスキーがアンドレーエフの許を去った後、「ニーカ〔ニコライの愛称〕・オシポフ」として、わずか一〇歳にして大ロシア・オーケストラのソリストとなった。

なお、アンドレーエフによるバラライカの近代化は、農村の「アンチープたち」の許までは届かなかった。結局のところ、改良バラライカは都市の文化だったのであり、農村の住民たちはごく一部を除き、この大騒ぎの蚊帳の外に置かれた。都市のインテリゲンツィヤたちは農民文化の研究を進め、舞台上演の道を模索してはいたが（たとえば、現ピャトニツキー記念合唱団はこの時代にピャトニツキーが創設した農民合唱団が基礎となっている）、それはあくまでも声楽に限ったことであり、バラライカを含む器楽は対象外だったのである。

このように革命前の三〇年間は、バラライカの近代化が行われた時代だったが、その中でアンドレーエフの果たした役割は極めて重要でかつ大きかった。彼の改良バラライカは、芸術音楽の要素を取り入れた都会的な編曲の加わった民謡と、当時都会で流行していた音楽とともに、都市住民の諸階層に広まり、一部の農村住民にも民衆啓蒙の一環として普及していった。彼は熱烈な音楽愛好家だった。そしてこの人物の魂は、この後もずっとバラライカに付き添っていくことになるのだった。

第四節　ソ連の五カ年計画とバラライカ（一九一七〜四五年）

都市の大衆音楽としてのバラライカ文化は、革命からの三〇年間で大規模な発展を見た。それを促した国策のコンセプトには一〇年ごとに特徴があり、一九二〇年代は「大衆に音楽を」というスローガンのもとに行われた啓蒙活動、三〇年代は五カ年計画に組み込まれた「国によって計画された文化」、四〇年代は戦争の影響を受けた、愛国心の表出として形成された「国民文化」であった。一方で、これまで注意を払われることのなかった農村の「アンチープたちの文化」には、少しずつ異変が起きていた。

アンドレーエフの最期、その遺志を継ぐ者たち

一九一七年の二月革命によって皇帝は退位させられ、ロシア帝国は崩壊した。皇帝の庇護を受けて活動していたアンドレーエフは一瞬のうちに支えを失ってしまい、ともすれば身の危険さえあった。「帝立大ロシア・オーケストラ」は、すぐさま「第一人民大ロシア・オーケストラ」と改名された。「第一」は最初に創設されたという意味、「人民」は主権者が皇帝から人民に代わったという意味である。彼は臨時政府に、これまでと同じように民衆の啓蒙を目的として掲げ、音楽活動を補助するよう求めたが、受け入れられなかった。その後の一〇月革命（新暦一一月七日）で、ボリシェビキが実権を握った。こ

の新しい政府は、アンドレーエフに公演活動と補助を約束した。これまでの活動が新政府に認められたのである。このとき彼の力になったのが、人民委員のA・V・ルナチャルスキーだった。翌一九一八年、アンドレーエフには民衆啓蒙に尽くした人物に与えられる称号が人民委員会議から授けられた。

一九一八年一一月、アンドレーエフは総勢三〇名の団員とともに、一〇月革命一周年の祝賀と赤軍兵士の慰問のため、内戦の地へ向かった。そして、北の都市ムルマンスクで肺炎を起こし、あえなくこの世を去った。伝えられているところによると、彼は観客も奏者もみな厳重な防寒具を着こんでいるような厳寒の状況下で、祝賀の熱狂からフロックコートでそのまま舞台に立ち、指揮をしたのだという。享年五七という、これからという年齢だった。

アンドレーエフを失ったオーケストラはその名を冠し、「アンドレーエフ記念第一人民大ロシア・オーケストラ」と改称し、レニングラード（現ペテルブルク）で活動を続け、一九二二年からはレニングラード・フィルハーモニー付属オーケストラとなった。これとは別に、一九二五年にV・V・カツァーンによってラジオ・テレビ委員会付属オーケストラが創設された。これら二つのオーケストラはのちに一九四二年、独ソ戦のために前者は解散、団員を後者が吸収し、「サンクト・ペテルブルク・ラジオ・テレビ委員会付属アンドレーエフ記念ロシア民族楽器オーケストラ」（現アンドレーエフ記念ロシア民族楽器オーケストラ）となった。

一方、新首都モスクワでは、アンドレーエフのかつての朋友B・S・トロヤノフスキーの登場という動きが出ていた。彼は、一九一九年にこれもかつての大ロシア・オーケストラの仲間であったドムラ奏者P・I・アレクセーエフとともに、「第一モスクワ・大ロシア・オーケストラ」（現N・P・オシポフ記念国立ロシア民族楽器オーケストラ）を創設した。

一九二〇年、新政府がオーケストラを国立化するにあたって、どれがほんとうの「国民的（ナロードヌィー）」楽器なのかを人民委員会議が特別審議会を開いて審議するという、奏者がお役所仕事に振り回される出来事があった。当時は、楽器編成の異なる二つの民族楽器のオーケストラがあった。三弦ドムラとバラライカから成る「大ロシア・オーケストラ」と、四弦ドムラから成る「弦楽器オーケストラ」である。前者はすでに述べた通りであるが、後者は三弦ドムラをヒントに、一九〇九年にS・F・ブーロフが製作した新しいドムラから成るもので、大小五種類あり、いずれも調弦がヴァイオリンと同じ五度音程だった。この編成では、芸術音楽の弦楽曲が再編曲なしにそのまま流用できた。審議会では、バラライカ奏者トロヤノフスキーと、四弦ドムラ奏者G・P・リュビーモフが激論を交わした。国民的楽器とは、前者の言い分によると、ロシア民族に特有で、民衆の中にある楽器でなければならず、アンドレーエフの功労によって民謡から交響曲までがすでにレパートリーになっているという。対して、後者は民族性よりも大衆性を強調した。四弦ドムラは三弦ドムラの別種であり民族性に関しては主張できないが、四度音程で調弦されるバラライカや三弦ドムラよりも、ヴァイオリン属と同じ五度音程で調弦されており、文化的な芸術音楽を一般大衆が習得するためには便利であるという。

結局、両方の編成に国民的楽器であるという決定が下され、いずれも国立オーケストラを名乗ることになったのだが、ここに含まれる問題はあまりにも大きかった。ロシア語の「ナロード」という語は多義語で、権威的な「人民」も、取るに足りない「庶民」も、曖昧な場合も、「ナロード」一語で表される。ここではオーケストラの国立化の話であるため、政策施行者側が話題にしていたのは「国民的楽器」と解釈するのが自然だろうが、単に「ナロードの楽器」というといずれの意味でも通じることになり、議論自体が最初から意味をなさない。政策施行者側が下した裁定もこの多義語の便利な使い方をしており、ロシアにはいかにもありがちな事例である。

ところが、当事者たちはそうはいかなかった。これは奏者にしてみれば、出自としてのロシアを向くか（ロシアの民衆性・民俗性・民族性を前面に押し出す）、出自は切り捨てて目標・手段としてのヨーロッパを向くか（ロシアという出自よりも、これからの文化事業としての大衆性の機能を重視）という選択だった。バラライカの演奏家には、「国民的楽器」の意味からロシアという根源的な要素が消されるのが耐えられなかった。一九世紀末から二〇世紀初めに「我がロシアの楽器」として急激な発展を遂げた民衆の楽器の文化は、それだけ集団意識に強烈に作用する生成過程を経たということであろう。この後も演奏当事者は「ナロード」の定義と方針をめぐってアンドレーエフ派とリュビーモフ派に分かれて激しい論争を繰り返していき、最終的には、バラライカと三弦ドムラはロシアで、四弦ドムラはペテルブルクやウクライナで発展していくこととなった。

熱い一九二〇年代と民衆のスター、トロヤノフスキー

ロシアの二〇年代は、国づくりの情熱に燃え、それが成功したかどうかは別としても、様々な議論の行われた時代であると言えよう。政府主導で、五線譜習得推進、政府推奨の音楽の普及（革命歌や労働歌）、音楽クラブの創設など様々な形の音楽の普及活動が、「大衆に音楽を（Музыку в массы!）」というスローガンを掲げて行われた。アマチュア音楽家たちを国が派遣した専門教師が無料で指導する「アマチュア

芸能活動」が始まったのも、この頃である。音楽雑誌では知識人が、大衆に聞かせる「よい」「文化的な」音楽について真剣に寄稿・討論したし、種々の音楽連盟も「手本になる」音楽の実験を繰り返した。また、ナリーモフの図面をもとにして一九二五年から工場でのバラライカの大量生産が始まり、第一次五カ年計画の全体的な増産志向に乗って、安価な楽器の生産台数が軒並みに伸びていった。これは「アンドレーエフ型」バラライカの形状への画一化と大量普及を促した。こうしてバラライカは、「文化の五カ年計画」の軌道に乗って発展しようとしていた。

ここで、トロヤノフスキーについて少し詳しく述べておこう。妻ニーナが「アンドレーエフはロシアの民衆に民族オーケストラを、トロヤノフスキーは民族独奏楽器をもたらした」と記しているように、彼はバラライカの近代化において、アンドレーエフとは別の意味で重要な役割を果たした。それは、独奏楽器としての奏法とレパートリー面での貢献だった。

話はさかのぼるが、一八九六年にドムラが登場したとき、バラライカには一本の弦で速い旋律を奏でる奏法はなく、全弦の上下の打奏が主奏法だった。そのため、オーケストラでは旋律はドムラが担当し、バラライカは三本の弦で和音を特定のリズムで刻む機能のみを持たされ、完全に伴奏楽器になってしまった。そんな中で、一九〇四年にペテルブルクに出てきたトロヤノフスキーは、一本の弦での下への打奏は親指で、上へは人差し指で行うというダブル・ピッツィカート（50頁参照）、俗に「トロヤノフスキー奏法」と呼ばれた奏法を実演し、バラライカをドムラと同じ機能を持つ旋律楽器＝独奏楽器へと様変わりさせた。

彼の演奏した音楽は、実に幅広かった。革命前は無伴奏で演奏していたが、二〇年代からはピアノの伴奏が入った。プスコフ県の貴族の家系に生まれた彼は、学生時代には正式に習いはせずともピアノで音楽を楽しんでいたほか、その奔放な性格から、幼少から民衆の中でバラライカを演奏し、名を馳せていたという。民衆の中で実際に鳴り響いている伝統伴奏曲や民謡を見聞きし、民衆の中で演奏するという意味では、彼は「アンチープたちの文化」の人間であり、同時に、芸術音楽の要素を取り入れる下地を持った人間でもあった。彼のバラライカ音楽にはこの二つが混在していたが、それこそが彼の魅力だった。彼の十八番は、民謡では《ウラル舞踊曲》、《月は輝く》、《クームシキ（娘たち）》、芸術音楽ではリストの《ハンガリー狂詩曲第二番》やサラサーテの《カルメン幻想曲》だった。

一九二〇年代のコンサートで語っていた彼の言葉の中に、次のようなものがある（自身のことを「私」でなく、三人称で表現している）。

「トロヤノフスキーはバラライカで、最も難しく真面目な音楽作品を演奏するが、その際それが全く簡潔に、明白に、各人にとって完全にわかりやすいものになるということが秘訣なのだ。バッハをバラライカに置き換えることによって、彼はいわばドイツ語をロシア語に翻訳するように、皆にわかりやすくするのである。トロヤノフスキーはヴァイオリンから出てきたバラライカ奏者ではない。彼は『ヴァイオリンのように響く』ことを強いて、バラライカを披露困憊させているのではない。そうではないのだ！　彼は、『カルメン』を簡単な、母語であるバラライカの言葉、どんな赤ん坊にもわかるような言葉で、私たちに向かって、バラライカに語らせようとしているのだ。」

「翻訳する」という考え方は、農民の伝統的な音楽を実際に聞いてきたトロヤノフスキーならではの発想であるが、彼の編曲にも演奏にも表れているように、単に音色を変換するというものではなかった。

彼にとっては、バラライカでの芸術音楽の演奏とは、芸術音楽の規範を通して理性的に作品を吟味した結果生まれてくるものというよりも、自分の見知った音楽の言語で感覚的に理解し表現するというものだった。回想記の中で、彼は「自分にとってのバラライカは、魚にとっての水のようなものだ」と語っている。バラライカは彼の人生にとって不可欠なものであり、その機能は、あらゆる音楽を受容し表現するための一種のフィルターだった。

トロヤノフスキーは一九二二年にモスクワを離れ、その後は「トロヤノフスキー一座」を率いて各地で公演活動を行ったため、信奉者もファンも多く、彼らへの影響力も強かった。元来伝統バラライカの演奏が盛んだったロシア南部とウクライナのドンバス地方、ハルキウ州、クリミア半島の公演の反響の新聞記事からは、特にその熱狂ぶりがうかがえる。スターリングラードでは、彼を審査員に招いて、バラライカ奏者のコンクールも行われた。かくして、かつての「皇帝のソリスト」は、革命後は民衆のスターとして一世を風靡した。

制度としての国営文化の始まり——白けた一九三〇年代

三〇年代になると、国の体制が整っていった。一九三三年に始まった第二次五カ年計画では、第一次計画を引き継ぎ、さらに大規模な民族楽器全般の大量生産が国主導で整備された。音楽中等教育機関にバラライカ専攻ができたのもこの頃で、特に「労働者進学校」と呼ばれた課程では、各アマチュア団体で優秀な奏者と認められ、推薦された者が学ぶことができ、さらに優秀な者は音楽専門教育機関に進学できた。その制度によりレニングラードで就学したのが、次の時代に双璧をなすことになった一九一〇年代後半生まれの、ウクライナのチヒルィン市出身のP・I・ネチェポレンコと、ロシア中部のニージニー・ノヴゴロド州出身のM・F・ロシコーフだった。

一九三六年にはソ連の各共和国で「民族楽器オーケストラ」が創設されることとなった。改良バラライカ同様、フレットを打った半音階楽器が考案され、規格統一が行われた。これを機に、「大ロシア・オーケストラ」は「ロシア民族楽器オーケストラ」に改称された。一九三九年には初めての全国規模の独奏コンクールである「全ソ連民族楽器公開審査会」が開かれた。また、バラライカの職業音楽家は演奏に登録制がとられるようになり、演奏の企画も内容も国の統制を受けることになった。三〇年代は、国が組織として着々と体系化していったという点では目を見張るものがあるが、二〇年代に見られたような、模索の状態ゆえの熱狂や興奮や議論は新聞にも雑誌にも見られなくなり、国の方針を讃える同じような論調の繰り返しで、出版物にはおもしろみが全くなくなってしまったことは否定できない。

このようなソ連的な枠組みに、革命前の寵児トロヤノフスキーは対応できなかった。一九三三年に五〇歳を迎えていた彼は、元来病気がちだったこともあって、演奏活動が思うようにいかなくなっていた。一九〇〇年代生まれのN・オシポフやA・S・イリューヒンといった奏者たちがモスクワの教育機関で教授活動で生計を立てる道を見つけていたのに対し、音楽教育を全く受けていなかった彼には行き場所はなかった。そしていくつかの機関をたらい回しにされた挙句、小さな仕事を細々と続けていくことになった。彼が妻ニーナに宛てた公演先からの手紙には、国の体制の変化に翻弄される英雄の苦悩がつづられている。ソ連の体制が築き上げられるということは、旧体制の価値観は必要ないということだった。だから、ロシア帝国の恩恵を受けた人物は、ソ連の枠組みに組み替えられるか、あるいは表舞台から抹殺された。一九四一年にアンドレーエフ記念オーケストラで、アンドレーエフの名前が削られたのも同じ理由からだった。

では、ここで同じ時代を「生き延びた」奏者について述べることにしよう。トロヤノフスキーが一九二二年にモスクワを去った後、モスクワの民族音楽界で頭角を表したのはかつての「ニーカ」ことニコライ・オシポフだった。彼はピアニストの弟ドミートリーと組んで、ソリストとして活動した。ニコライはペテルブルク音楽院のヴァイオリン科を、ドミートリーはカザン音楽院のピアノ科を修了していた。つまり、芸術音楽の高等教育機関から出発して、バラライカに取り組んだということである。ニコライがなぜ革命後にヴァイオリン奏者にならずバラライカ奏者になったのかは、記録が保存されておらず、不明である。

貴族出身のニコライは、農民の踊り歌や戯れ歌を農村で演奏することはなく、民謡自体あまり好まなかった。彼のレパートリーの大部分を占めていたのは、ヴァイオリンやピアノや交響楽団のために書かれた作品をバラライカとピアノのために編曲したものだった。芸術音楽に触れて育ったニコライは、民衆の音楽を聞いて育ったトロヤノフスキーとは正反対の音楽家だった。彼は、二〇歳年上のこの老兵の演奏を「芸術音楽にわらじで踏み込むものではない」といって批判していた。それを象徴する逸話がある。一九二八年、ソ連を代表する作曲家S・N・ヴァシレンコがオシポフに《バラライカ協奏曲三楽章》を献呈した。経緯には諸説あるが、真相は、バラライカ初の協奏曲となったこの作品を、楽器自体を知らないヴァシレンコは奏者と協力して書くよりなく、元来トロヤノフスキーに献呈される予定であったが、音楽教育のない彼とはうまくいかず、オシポフが引き継いだということのようである。交響楽団伴奏のこの協奏曲は、オシポフの切り札となった。彼は芸術音楽の教養をいかしたレパートリーと演奏によって名声を馳せるとともに、一〇月革命記念音楽中等専門学校（現シュニトケ記念音楽コレッジ）でバラライカの教鞭をとり、それらを子弟たちに伝えていった。

一九三九年に行われた全ソ連民族楽器公開審査は、バラライカの奏者を公式に職業音楽家とアマチュアに分けるきっかけとなった。上位入賞者には公演企画組織での基本給が割り当てられ、特定数の公演が約束された。コンクールは、単に優劣をつけるだけでなく、仕事獲得のための手段になった。トロヤノフスキーは、審査員として審査員席に座った。結果は、オシポフとネチェポレンコが一位を分けあい、総勢七人の入賞者が出た。プログラムには、サラサーテの《カルメン幻想曲》、クライスラーの《ウィーン奇想曲》、リムスキー゠コルサコフの《熊蜂の飛行》といったヴァイオリン作品や、ピアノ作品からの編曲でメトネルの《カンツォーナ・セレナーデ》、ヴァシレンコのバラライカ協奏曲第二楽章（ロシア民謡「夜よ」の主題による変奏曲）や、伝統伴奏曲の編曲作品である《カマーリンスカヤ》、《ウラル舞踊曲》（いずれもトロヤノフスキーのレパートリー）が多く見られた。ここからは、芸術音楽の作品の編曲がバラライカ独奏のレパートリーに急速に取り入れられたことがわかる。しかし、これらはバラライカ人口全体からするとほんの一握りに過ぎず、この時代に芽吹いたものが本格的に花咲くには、次の時代を待たねばならなかった。

なお、この時代のバラライカは今とは別の響き方をしている。弦は五〇年代まではガットか金属弦が用いられており、全弦の打奏の際、現行の低音弦二本のナイロン弦の柔らかい響きが全くないためである。演奏を録音した当時のレコードが数は多くはないが残っており、実際の音を聴くことができる。例えば、トロヤノフスキーは一九三六年に最初のレコードを出している。

一九三〇年代のロシア農村——コストロマ州ネレフタ地区を例に

この頃「アンチープたちの文化」は、どのような状況だったのだろう。一九三〇年代の農業の集団化と農民の強制移住は、農村の伝統的な音楽文化の破壊をもたらした。それ自体が失われてしまったところも多かった。だが、その影響をそれほど受けなかった農村にフィールドワークに入ると、事情は別である。著者が二〇〇〇年代初めの三年間でコストロマ州南西部のネレフタ地区で行った調査では、農村のバラライカ奏者たちの二〇年代終わりから三〇年代に始まる記憶を引き出すことができた。その結果を基に、農村のバラライカの文化を描いてみることにしよう。

この時代にバラライカを演奏していたのは若者で、主に男子だった。女子は楽器を弾いてはいけないという明確な禁止があったわけではなく、祖父祖母が女性の演奏をあまり好まなかったということらしい。子供たちは、兄弟姉妹や親類縁者や同年代の子供が弾くのを見て、だいたい一一歳ぐらいで楽器を手にした。当時の楽器は工場製で、大量生産型の楽器が農村にも流通していた。つまり、一九三〇年代にして、ようやく「アンドレーエフたちの文化」が「アンチープたちの文化」にたどり着いたのである。安価とはいえ、農村の住民にしてみれば娯楽の道具に一家に一台というほど金銭をかけるだけの余裕はなかったため、二～三の村（半径約七キロ四方）に三～五台あるのが平均的だった。そして、一台の楽器を少年少女たちは家族や仲間うちで使い回しにした。興味深いのは、楽器は全国統一規格の「アンドレーエフ型」だったが、調弦と奏法とレパートリーは「アンチープたちの文化」がそのまま残ったということである。

調弦は、「ドミソ調弦」が主流だった。基音は歌う人の声の高さか合奏する楽器に合わせたため、場所によっても人によってもばらばらだったが、最もよく出会ったのはシ－レ#－ファ#で、それより低い調弦のほうが多かった。対して、「ミミラ調弦」は、兵役に就いた男たちが行った先で覚えてきたものだった。ただし、「ミミラ調弦」は「ドミソ調弦」の下二本を調整して調弦するため、最高音弦の音高はラより低く、ソ#やファ#だった。

奏法は全弦の打奏と連打奏法が主で、まれに親指の下への打奏があった。全弦の打奏は、人差し指一本だけで行う場合と、非力な奏者では中指と薬指が加わって二～三本で行う場合があった。打奏の方向は特徴的で、基本速度では一様に下方向だけに奏され、速い音符が入るときのみ、下と上への交替が使われた。上下の打奏が混じれば、どうしても上奏は下奏に比べると力が弱くなるため、音が均一にはなりにくいものだが、基本的に力強い下への打奏だけでずっと響くのである。

農村のバラライカの弦は当時から現在に至るまで三本ともガットあるいは市販の金属弦であり、弦がないときには、その辺りにある鉄の線（ケーブルなど）や釣り糸などを何でもいいから用いたという。金属弦のバラライカの音をあえて擬声語で表現するならば、全弦の打奏は「じゃん」、連打奏法は「じゃらららん」ということになる。人の声に相応する音高の楽器の、下奏の強い音が「じゃんじゃんじゃんじゃん」と、よどみなく、同じリズムを保ちながら続けられていく。まさに「ブラブラの楽器」（74頁）ではないだろうか。

では、このような響きのする音で何を弾いたのか。ロシアの伝統音楽には、ナーイグルィシ（наигрыш）

♩= 120-124
Мар- га- ри- та, ты по- ча- ще вы- ши- вай бу- ке- та- ми.
При- хо- ди ко мне в бе- се- ду, на- корм- лю кон- фе- та- ми.

《マルガリータ》一部譜例。（著者採譜）

と呼ばれる数小節から成る器楽曲があり、簡単な節回しの歌か、踊りかその両方を必ず伴う（著者は伝統伴奏曲[用語]と訳す）。その伝統伴奏曲が、バラライカの伝統レパートリーである。コストロマ州では、バラライカの器楽パートは同じ節が繰り返されることが多いが、ヨーロッパ・ロシアの南部では、奏者が変奏の腕を競い合うという（ただし、ガルモニではコストロマ州でもどの場所でも、奏者は独自の変奏を用いる）。歌い手は、この伝統伴奏曲に乗せて決まった節の旋律に自分で歌詞をつけて歌う。この歌詞のことをロシア語でチャストゥーシカ[用語]という。例えるなら、奏者はカラオケであり、歌い手は自作の替え歌を歌うということである。譜例は、コストロマ州ネレフタ地区の伝統伴奏曲《マルガリータ》である。

さて、バラライカで演奏される音楽には大

きく分けて、道歩きの音楽と、踊りの音楽があった。

道歩きは、村から村へ移動するときに歌うもので、道歩き用の特別な音楽がある場合と、踊り歌を代用する場合とがあった。特徴的なのは、歩きながら歌うために、テンポが歩く速さになっていることだ。歌詞の内容は、性別によって異なった。男子は挑発的で勇ましい内容の、女子は恋愛のチャストゥーシカを歌った。道歩きの歌には、もう一つ重要な、新兵を見送る歌があった。これは、毎年秋の徴兵に取られていく兵士を見送る際に、彼らと彼らを送る友人たちが村中を練り歩いて歌うものであった。送り出した後も、家族や恋人の心は落ち着かず、その心情が歌われた。これらの歌詞は、ロシア民謡らしく大変直截で、胸を打つ。生命の危険があるところへ家族や友人を送り出さねばならない悲しみは、どの国でも同じなのである。

一方、踊りの音楽には、伝統的な農民の踊り（пляска）用と、一九世紀末にヨーロッパから入ってきた舞踊（танец）用の曲があった。ロシアの伝統的な踊りは、楽器の前奏で始まり、チャストゥーシカが歌われ、間奏が入り、またチャストゥーシカが歌われるという繰り返しで進む。チャストゥーシカが歌われている間、周囲は身体を揺らしながら聴き、間奏になると一斉に手を叩き、足を踏み鳴らして踊る。この踊りの技を競う場合もあり、それをロシア語ではペレプリャース（перепляс）という。音楽には、伝統的な《バールィニャ》、《カマーリンスカヤ》や、ロシア・ジプシーの曲である《ツィガーノチカ》などがあった。対して、舞踊のほうは、カドリーユ[用語]（quadrille［フランス語］）という四人組（男女の組が二組）で行う踊りが、大変な人気だった。舞踊はヨーロッパからロシアの都市部を通じて地方に伝わってきたものであるが、音楽はヨーロッパのものでなく、《月は輝く》、《土間よ》などロシアの民謡のほか、

《ツィガーノチカ》などが用いられた。カドリーユは複数部構成で、地区によって四～八部のところがあった。何部にどの曲がきて、舞踊の形がどのようであるのかは、村によって様々だった。カドリーユでは、みな踊りに専念し、チャストゥーシカは歌われなかった。

このような農村の音楽形態では、聴衆に向けてパフォーマンスが行われるのではない。器楽、歌（チャストゥーシカ）、舞踊が同時に行われ、皆がその総合的な行事に奏者、踊り手、歌い手として好きなような形で、対等に参加する。確かに他分野から独立して存在しているわけではないという点では、バラライカは「伴奏楽器」ではある。一方、芸術音楽のコンサート文化では奏者と聴衆がはっきり分けられ、奏者は聴衆に向けて演奏し、聴衆は聴くことに専念し、ソリストと伴奏者の間には主従関係が生じる。そこでは「伴奏楽器」は独奏に対して従属的・副次的なものである。アンドレーエフの同時代人がバラライカを「単なる伴奏楽器」と評し、蔑んでいたのは、あくまでコンサート文化の脈絡で捉えたものであって、その楽器が実質的に機能していた農村の文化的脈絡を考慮に入れたものではなかった。つまり、ロシアの伝統音楽とヨーロッパの芸術音楽では「伴奏楽器」の意味合いが異なるのであり、そもそも優劣のつけようのない話なのである。

三〇年代のコストロマの農村に戻ろう。バラライカが鳴り響いたのは、人が集まって歌ったり踊ったりして楽しむ機会で、ロシア語でグリャーニエという総称で呼ばれた。ニュアンスとしては、人数の大小に関係なく行われる、娯楽の会や集まりといったところである。

夏は、畑仕事の後、夕方から長く明るい夜を、若者たちが集まって過ごした。仕事の休憩に歌と踊りで気分転換する場合もあった。冬は、逆に長く暗い夜に、結婚相手を探す娯楽の集まりが毎日行われた。

これを特にベセーダと言い、年齢ごとに村の若者が分けられ、順番に各家を回った。一九三〇年代には女子はレース編みをするのが一般的であったが、その前の世代は糸車を持ち、糸巻きをしていたという。ベセーダでは、女子がそういった仕事をしているそばで、男子はからかったり、トランプをしたりして、仕事ぶりを見る。縄で仕切った観客席が設けられており、そこでは親族が控えていて、女子の仕事ぶりを観察していた。二〜三時間仕事をすると、歌と踊りが始まった。そこに登場するのがバラライカで、楽器が弾ける男子はとりわけもてたという。だから、その注目が欲しくて、男子は家で楽器を練習したそうである。バラライカの弾き方を教わるのも仲間からで、楽譜はなく、バラライカの左手の指のポジションを目で覚え、耳でその響きを覚えた。中には意地悪をして仲間が教えてくれないこともあったが、そのときは目と耳で「盗んだ」のだという。冬にはもう一つ、ベセーダのほかに、ヴェチェリーンカと呼ばれる娯楽の集まりがあり、こちらは休日に大規模に行われた。村で一番大きな家を借りて、他村からも若者を呼び、仕事抜きでひたすら歌って踊る。ヴェチェリーンカの場合は、集まる人数が多かったので、バラライカよりも大音量が出るボタン式アコーディオンのガルモニ[用語]が用いられることが多かった。娯楽の集まりでもてはやされる楽器として、高価とはいえガルモニが三〇年代には普及し始めており、バラライカは少人数で集まる際のみの楽器となりつつあった。

　ソ連の文化政策は、この農民の伝統的な娯楽の集まりをソ連的な行事に置き換えようとした。例えば、農村で集会を開かせ、「赤い夕べ」と名づけた。村ソヴィエト（地区の下位単位）では、公民館とクラブが建てられ、建設できないところでは教会が改造され、そこで社会主義宣伝の映画や芸能が行われることになった。ところがコストロマ州のこの地区では、そのような思想徹底のためのソ連的な体裁を取った建物は、昔ながらの娯楽のための集まりの場と化し、従来と同じことが新しい場所で行われただけだった。著者の調査したこの地区がとりわけ政策不徹底だったのか、少し地方に行くと概してこうなのかは、かなり大掛かりな現地調査をしないことにはわからないが。

バラライカは若者の娯楽の集まりの場で用いられた楽器であり、結婚して家庭を持つと、弾くのをやめてしまう人がほとんどだった。著者らが楽器を持って農村に入ったとき、七〇~八〇歳のかつての奏者たちは、その昔弾いていたという伝統伴奏曲を私たちの目の前で思い出して、披露してくれた。何十年かぶりに楽器を手にしたというのに。そのリズム、次々と飛び出すチャストゥーシカ、何より弾いている人の生き生きとした表情は、聴いている私たちに、まるで三〇年代にタイムスリップしたような感覚を起こさせた。バラライカは、彼らにとっては青春の思い出だったのである。

独ソ戦の時代とバラライカ

さて、一九四〇年代は、軍靴の音が高まる中で開けた。

農村では、変化が起きようとしていた。青年が戦争にとられていき、すでに兵役に出た者は帰ってこないため、バラライカを演奏する者がいなくなった。そのため、娯楽の集まりに少年が駆り出されたりすることもあったが、女子が楽器を手にとるようになり、結果的に女性奏者が増えた。現在のフィールドワークで女性奏者に多く行き当たるのは、女性のほうが男性よりも寿命が長いという理由もあるが、戦争という要因が働いているということが大きい。

当時の名手たちはどう過ごしたのか、簡単に述べておこう。トロヤノフスキーは妻と共にレニングラードに留まるしかなかった。疎開する費用がなかったのである。彼は軍の慰問に呼ばれ、バラライカを弾いて軍人を勇気づけた。終戦を迎えたとき、彼はロシア人が最も誇りにするうちの一つである「レニングラード防衛」のメダルを授与された。ネチェポレンコとロシコーフは指令を受けて、戦地に赴いた。銃ではなく、バラライカを持ってである。「私の武器はバラライカだった」とネチェポレンコは言う。彼らはそれぞれ北西前線とベラルーシで慰問にあたり、兵士の愛国心を鼓舞した。ニコライ・オシポフは、政府にバラライカ奏者としては初めて功労芸術家の称号を授与され、指令を受けて、戦争のため一時的にばらばらになってしまったモスクワの民族楽器オーケストラ（一九一九年にトロヤノフスキーとアレクセーエフが創設した）を一九四二年に再編成し、同様に音楽活動にあたった。そして、戦勝日の一九四五年五月九日にこの世を去った。四四歳という若さだった。ニコライ・オシポフの死後、弟のドミートリーが指揮者に就任し、翌年オーケストラはニコライの名を冠し、「N・P・オシポフ記念ロシア民族楽器オーケストラ」と改名されて現在に至る。

革命後のバラライカの名工としては、ナリーモフの死後（一九一六年）、後を継いだI・I・ガリニスと、モスクワのS・I・ソーツキーが挙げられる。いずれも一八〇〇年代生まれで、一九四〇年代まで生きた。彼らの楽器はナリーモフと並び、現在でも最上の奏者の手許にあり、演奏され続けている。

このように、革命から第二次世界大戦終戦までの三〇年間で、「アンドレーエフたちの文化」は社会主義国家ソ連の「国営文化」、「計画文化」の枠組みに「文化的な」音楽を標榜して組み込まれていき、戦時下では、ロシアを象徴する国民的楽器、民族楽器として、愛国心の鼓舞に使われた。一方で、「アンチープたちの文化」は文化政策の対象外に置かれ、ともすればその破壊の対象になった。三〇年代に文化政策で新たに創造・浸透させようと試みられた「見栄え重視」の「西欧風」「芸術的」民俗文化は、声楽と舞踊の分野で「歌と踊りのアンサンブル」を生んだが、器楽はあくまで伴奏として付属的役割を担うに過ぎず、実質的には放置され続けることとなった。こうして、制度に組み込まれたものが「表」＝書かれるもの、入らないものが「裏」＝書かれないものという構図が成立した。

第五節　ソ連的民族文化の発展（一九四五〜九一年）

バラライカの戦後の四五年間は、国からの順風が吹き、教育と演奏活動の体系化が行われた時代だった。「民衆にわかりやすい音楽を」と音楽家に民謡の要素を取り入れさせ、社会主義賛美のためだけの音楽創造を強いるきっかけとなった一九四八年のジダーノフ批判（マルクス・レーニン主義のイデオロギーおよびソヴィエト科学と相応しない言論や表現に対する、党中央委員会書記ジダーノフによる批判の意で、哲学、科学、文学、芸術分野での国のイデオロギー統制）は、芸術音楽界にとっては芸術の自由を奪うものとして概して否定的に捉えられているが、民族音楽界にとっては芸術音楽界の優秀な作曲家たちを取り込む好契機となった。東西冷戦も同様で、民族文化・民族芸術を庇護し発展させる強いソ連というイメージを与えるため、国の政策は民族音楽の発展を助長させる方向に向かった。ブレジネフ期には、日本にもソ連の民族アンサンブルやオーケストラが公演に訪れた。本節では、このソ連の民族音楽管理制度の全体を順に見ていこう。

アカデミックバラライカの制度化と発展

戦後の文化政策の際立った特徴としては、民族音楽の専門教育制度の展開がまず挙げられる。一九四八年、ロシアで初めての民族器楽専門の音楽高等教育機関として、モスクワのグネーシン記念音楽教育大学に民族楽器学科が開設され、バラライカ、ドムラ、バヤン〔用語〕（ボタン式アコーディオン）の三専攻が開講された。文化省は、戦前からモスクワで教育・出版活動を最も精力的に行っていたバラライカ奏者であるA・S・イリューヒン（A.C. Илюхин, 1900～72）を初代学科長に任命した。実績と高い教養により文化省からの厚い信頼を得た彼は、同学科の発展のための堅固な基礎を作った。この時点から民族音楽はピアノやヴァイオリンと同じように国の制度の中に組み込まれ、音楽小学校、音楽中等専門学校、音楽大学あるいは音楽院、大学院まで、専門教育が行われることになった。かくして、民族音楽は「学校で習うもの」となった。

ただし、新分野の民族音楽においては、教育法と演奏法は一九四八年以降統一や研究や錬成が行われ、ゆっくりと形を整えていくことになった。日本では高等教育を受けない限りはいかなる教員免許も得ることができないが、ロシアでは中等学校を卒業すれば初等学校の、大学を修了すれば初等と中等学校の教育資格が与えられる。この制度は多数の教育者の輩出に寄与する半面、規範が未形成だった時代の知識を伝達するだけという欠点を持っていた。高等教育を受けた者は初等教育の教師にはならずに演奏活動に従事するか、高等教育機関の教員となったため、最も進んだ技術を享受した者が初等・中等教育の現場におらず、そこでは高等教育のない教育者たちが、自分たちが習ったことを繰り返す状態が続いた。

肝心の指導要綱は初等から高等教育まで含めて、四〇年間で数回しか見直されなかった。そうなると結局は、あろうことか、高等教育の場で基礎を作り直すことになるのであるが、バラライカ科ではそれが常態化することとなった。このような状況下で突出した奏者が生まれる条件は、ひとえに個人の素質と努力ということになる。イリューヒンの弟子が匿名を条件に語ってくれたところによると、一九四八年の時点でイリューヒンの教育法は高等教育にはすでに時代遅れになっていたため、こっそりと別の人物に習っていたという。その人物というのが、ソ連崩壊に至るまでバラライカ教育界の実権を握ったP・I・ネチェポレンコ（П.И. Нечепоренко, 1916 ~ 2009）であった。

ネチェポレンコは戦後、レニングラード音楽院に復学し、当時は民族楽器学科がなかったために合唱団指揮科を修了した。一九五一年に文化省からオシポフ記念ロシア民族楽器オーケストラの副指揮者に任命されてモスクワに移ったが、翌年に退任した。スターリン勲章（現 国家勲章）第三等級を授与され、国営コンサート企画組織ゴスコンツェルトのバラライカ・ソリストとして国外公演活動をすることとなったからである。その後、一九五九年からグネーシン音楽教育大学で教育活動を始め、その後演奏と教育の二方面の活動を両立していくことになった。

かつてトロヤノフスキーがダブル・ピッツィカートを完成させたように、ネチェポレンコは、人差し指だけで一本の弦を上下に打奏するシングル・ピッツィカート（50頁参照）をすでに一九三九年の審査会の時点から実演していた（参考までに、オシポフはこれを試みはしたが、打奏の角度が悪く、楽音よりも指先がガード板に当たる雑音のほうが大きく響いていたという）。また、ギターからヒントを得た、いわゆる「ギター奏法」を編み出した。「ギター・トレモロ」、「ギター弾奏」、「ギター・ピッツィカート」

といった個々の名称で呼ばれるこの奏法は、一本の弦をはじく速いパッセージの演奏に適用された。これらの奏法の導入によって、バラライカはますます旋律楽器としての地位を強固にしていった。

ネチェポレンコのレパートリーには、リストの《ハンガリー狂詩曲第二番》や、サラサーテの《カルメン幻想曲》、《パガニーニのカプリス第二四番の主題による変奏曲》などの編曲作品や、ロシア民謡《過ぎゆく時間》、《カマーリンスカヤ》、《おお、夜よ》などの編曲作品があり、弟子はそれらを引き継いで弾くことになった。ヴァシレンコおよび、献呈作品のシシャコーフのバラライカ協奏曲は切り札となった。選曲の基本は、民謡を含む全音楽のうち「芸術的センスのあるよい音楽」であるといい、それが教育制度の中に組み込まれていった。

ソ連の体制では学校を卒業／修了すると、就職は国によって保証されていた。コンクールで入賞すると、一九五〇年代に機能し始めたゴスコンツェルト（外国公演専用）や、地方のモスコンツェルトやレンコンツェルト（国内公演専用）などで、公演活動が自動的に約束された（ネチェポレンコはその先駆けだった）。コンクールには、学生コンクールや大衆音楽コンクール、共産圏対象の国際コンクールなどがあったが、民族楽器界で最も権威ある「全ロシア民族楽器演奏コンクール」は、ネチェポレンコの弟子の世代が中心となる七〇年代に開催され始めた。第一回は一九七〇年にモスクワで行われ、以後五年ごとに開催されるようになった。この時代は政府の政策として、民族芸術をアピールするための外国公演が盛んになってきた時期だった。現在のロシア民族音楽界の大御所となっている、V・B・ボルディレフ、V・E・ザジーギン、A・S・ダニーロフ、M・I・センチュローフらは、七〇年代に全ロシアコンクールに入賞した奏者である。彼らは演奏活動とともに音楽高等教育機関で教育活動を行うという道を選んだ。八〇年代のコンクール覇者たち（A・I・マルチャコフスキー、I・I・セーニン、V・A・エリチクなど）も基本的には同じ道をたどっているが、学校教育活動に縛られず、自由な演奏活動をしている者が当時から多い。しかし、一九四八年以来の教育体制は、実質上定年退職がないロシアの労働制度が弊害となり、八〇年代には演奏者の過剰供給を迎えつつあった。

アカデミックバラライカのための音楽も、政策によって生まれた。伝統バラライカとの明確な差は、伝統文化では声楽が担っていた遅いテンポの叙情曲が、アカデミックバラライカではトレモロ奏法を用いて演奏され、その歌唱性が「ロシアのバラライカ」の特徴とされたということである。この傾向は、多声の伝統声楽曲をそのまま器楽曲として置き換えて編曲していたアンドレーエフの時代からあったが、特に五〇年代以降の作品や言説で顕著になっていった。

戦後のバラライカ音楽を担ったのは、モスクワのN・P・ブダーシキン、P・V・クリコーフといった、作曲家同盟から作曲や編曲を委任された作曲家である。彼らはオシポフ記念ロシア民族楽器オーケストラのために、ロシア民謡を主題にした、ロシア民族楽器オーケストラ伴奏のバラライカ協奏曲を書いた。モスクワのグネーシン音楽教育大学民族楽器学科では、開設と同時にYu・N・シシャコーフが作曲法の教鞭をとることになった。学生たちは編曲法と作曲法を彼に学び、彼が民族楽器のための作品を作曲するという体制が整い、これは彼の死まで実によく機能した。七〇年代には、ウクライナのK・A・ミャスコーフ、ロストフ・ナ・ドヌーのA・I・クシャコーフがロシア民謡の主題によらない音楽（協奏曲を含む）をバラライカのために書いた。彼らはバラライカ奏者ではなかったため楽器の特性を知らず、バラライカ奏者との協力のもとで作曲した。ソ連時代の作品で曲数の上でも演奏回数の上でも多いのはやはりロシア民謡の編曲作品で、特に有名なのはV・N・ゴロドフスカヤとA・B・シャーロフ（A.Б. Шалов, 1927～2001）である。モスクワ音楽院ピアノ科出身のゴロドフスカヤはオシポフ記念オーケストラのグースリ奏者であり、同団のソリストのA・V・チーホノフ（A.B. Тихонов, 1932～2014）のために多くの曲を残した。演奏法をネチェポレンコに師事したシャーロフはレニングラードのバラライカ奏者で、トロヤノフスキーに触発され、学生時代から民謡の編曲に携り、多くの功績を残した。七〇年代以降には、バラライカ奏者自身が作曲家教育を受けて曲を書くようになった。ウクライナのA・シューリマン、E・K・トロスチャンスキーや、モスクワのA・I・マルチャコフスキーは、楽器の特性を活かした作品を残している。

戦後の職業音楽家集団としての国立ロシア民族楽器オーケストラは、全部で五つあった。モスクワのオシポフ記念オーケストラ、中央国営放送付属オーケストラ、アンサンブル「ボヤン」、レニングラードのテレビ・ラジオ委員会付属のアンドレーエフ記念オーケストラ、ノヴォシビルスクのテレビ・ラジオ委員会付属のオーケストラである。

楽器製作においては、アンドレーエフの時代のナリーモフ以来、ガリニス、ソーツキーを除き、名工は多くは出現していない。社会主義のシステムが、職人の共同製作制度を阻んだからである。モスクワ州オジンツォヴォ地区シーホヴォ村は革命前からの楽器村だったが、ソ連でも一九二九年から制度に組み込まれ、楽器製作が行われた。革命前には楽器は数人で組んで一台を完成させるものであったが、ソ連では親方が子弟を雇うという個人契約を禁じた。それで手の込んだ楽器を作ろうとした職人は、工場に勤める傍ら、自宅でひとりでこっそり楽器を製作するしかなかった。それでも、自宅で製作した質の良い楽器を工場に収め、それを工場が仲介して販売するという形で、その隠れた労働の抜け道は構築されていったようである。ソ連時代の名工には、E・A・グラチョーフ、V・F・セルジャントフらがいる。

アカデミックバラライカでは、五〇年代から低音弦二本にまずナイロンの釣り糸を、次いでギターのナイロン弦を、高音弦には金属弦を用いるようになった。全弦の打奏で金属弦とナイロン弦の音が同時に鳴るという、現行のバラライカの独特の響きが生じたのは、実はそう昔のことではない。

さて、専門教育制度の立場からすれば、バラライカとはアンドレーエフの道こそが本筋であって、将来的には「バラライカ芸術」へと「発展」していかねばならず、アマチュア活動は「教育の対象」で、「発展させねばならない」人々の集まりであり、農村のバラライカの文化は芸術的価値の低いものとされる。だが、それに異を唱えた奏者もいた。ネチェポレンコの好敵手で、同時代人のM・F・ロシコーフ（М.Ф. Рожков, 1918～2018）である。ニージニー・ノヴゴロド市近郊出身の彼は、幼少より農村の伝統伴奏曲にもアマチュア音楽活動にも親しみ、能力が認められて推薦され、レニングラードに出てネチェポレンコに学んだ。しかし、「自分には自分の道がある」と、一九三九年の審査会にはあえて出場しなかった。戦時中はベラルーシで慰問活動を行い、戦後にグネーシン音楽教育大学で学んだ。その後、五年間は同大で教鞭をとったが、以後は教育活動を放棄し、演奏活動に専念した。学校の方針には賛同せず、民衆のための音楽を提唱、レパートリーには、民謡、歌謡曲、有名なクラシック作品を中心に取り入れ、ギター伴奏で、語り入りの独自の公演スタイルを確立した。ネチェポレンコが国外公演と国内での教育に努めたのに対し、ロシコーフは国内公演を軸とし、テレビや映画にも多く出演した。ロシコーフの農村での知名度は抜群で、奏者への影響力も大きく、「あのように弾いてみたい」とアカデミックバラライカの演奏スタイルを模倣した奏者に出会うこともある。

アマチュア芸能活動の充実

ソ連の大きな特徴の一つであるアマチュア芸能活動は、バラライカにおいては、地域の公民館や文化会館でのクラブ活動や学校や工場などの様々な単位でオーケストラが組まれ、国や州などからの公費で運営が行われるというものだったが、専門教育制度が整備されるとともにますます充実していった。学校側はアマチュア活動側に専門教育を受けた演奏者を指導者・団員として送って人材を、アマチュア活動側は学校側に仕事（活躍の場、聴衆、地位、職業音楽家予備軍）を提供するという仕組みである。両者は強く結びつき、世界でも類をみない独立した一つのシステムとして、ソ連崩壊まで機能した。

よく行われたのが、アマチュアのオーケストラが一堂に会するフェスティバルだった。職業音楽家はアマチュア音楽家のところへ出向き、「お手本」を見せる。その後コンサートを共同で行い、第一部はアマチュアの出番、第二部はプロの出番で、最後に共演して大団円とする。アマチュア音楽家は、名手たちとの交流（公費につき無料）で知識と満足を得ることができた。有名な教育者でも演奏家でも、教える際には肩ひじ張らずファーストネームで呼ばせることもあり、そのためアマチュア音楽家の中には相手が著名人であることが認識できていないこともよくあった。職業音楽家にとってはれっきとした教育・経済活動であるが、「仕事」でなく「助け」、関係は「子弟」や「契約」でなく「友達」と呼ばれた。「手本を見せ、教えてやらねばならない」という、アンドレーエフ以来のある意味貴族的な啓蒙思想が引き継がれているといえ、ロシアにおけるプロとアマチュアの関係の特徴を示す事象である。

アマチュア活動は戦後増加し、数値的には七〇年代にピークを迎えた。特に工場付属のオーケストラは、国や地域の補助に加えて工場が資金を提供していたため、よい楽器も楽譜も購入することができたし、よい指導者を招くことができた。アマチュア・オーケストラには音楽が好きな様々な職業の人々が参加しており、職業音楽家予備軍の子供たちもいた。七〇年代以降の職業音楽家予備軍は、初等・中等音楽学校に通いながら実地に学ぶことができたので、学校でも伸びが速かったという。

アマチュア芸能活動を含め、国はマネージメントのすべての過程を管理していた。聴衆は、公的機関が「よい音楽」「よい芸術家」をもたらしてくれるため、安心してコンサートに出かけることができたし、チケットは無料あるいは誰もが買えるような値段だった。企画する公的機関は、モスコンツェルトなどの公演企画組織から送り込まれてくる演奏者を配置していけばよかった。職業音楽家は集客やその他企画の心配をすることなく、音楽に専念できた。日本に家元制度があるように、ソ連には国営文化制度が存在した。それはソ連の国をあげての文化事業だった。

農村文化の衰退と「歌う民俗学者」の登場

さて、「アンチープたちの文化」、伝統的な農民の音楽は相変わらず、これまで述べてきた政策上の文化の外にあった。この音楽文化はこれまで通りの歌と踊りに加え、兵役でアマチュア活動に触れた男たちが農村に持ち帰ったレパートリーを取り込むことによって存在してきた。そのため戦後、軍で流行していたガルモニ［用語］がバラライカをすっかり圧倒してしまった。加えて、楽器が演奏されていた歌と踊りの集まり自体が、七〇年代のテレビという新しい娯楽の普及によって激減した。この現象はすべてのフォークロアに通じ、演奏機会の消失により、古い歌や踊りが消え去ってしまうという深刻な問題を引き起こした。特にバラライカは、ガルモニやギターの流行の陰に完全に隠れてしまったため、後継者もおらず、弾き手が亡くなればその伝統も失われてしまうという状況に陥った。しかし、文化省も教育科学省も、制度の外にあるこの伝統の保存には何の策も講じなかった。

一九三〇年代に政策により創設されたソ連的な「歌と踊りのアンサンブル[用語]」は、一九六〇年代に変革期を迎えた。行き過ぎた原典逸脱と見世物化に反発した民俗学者たちが、伝統回帰を唱え、独自路線を提示したのである。専門教育を受けた「歌う民俗学者[用語]」の関心の対象は声楽と舞踊であり、器楽はまたもやそれらの副次的な分野であり続けることとなった。興味深いのは、「歌と踊りのアンサンブル」の伴奏は音楽に編曲が加わっているため民族楽器学科出身の奏者が行い、「歌う民俗学者」の伴奏は民俗声楽や合唱団専攻の者が片手間に楽器を覚え、自身で行っていたということである。民俗器楽の専門家はおらず、コンサートでもバラライカが独立して披露されるようなことはなかった。これだけの大きな波が民俗音楽に押し寄せて来ても、農村のバラライカにはまだ届かなかったのである。

カザーチイ・クルーク（同団提供）

唯一その復活のきっかけとなったのは、一九八〇年のモスクワ・オリンピックだった。美しい飾り模様が施され、「モスクワ80」というエンブレムが入ったバラライカが、選手のお土産用に大量生産されたが、共産圏初のオリンピックを西側諸国がボイコットしたため、土産物は国内消費に回り、国の隅々まで流通した。その結果、一九三〇年代生まれの人たちでこれまで自分の楽器を持てなかった人たちが、五〇歳（日本の還暦と同等の重要性を持ち、盛大に祝われる）の誕生日のプレゼントとしてバラライカ「モスクワ80」を手にすることとなった。楽器自体の質はよくないが、奏者にとっては、それは若い頃の思い出なのであり、大変大切に扱った。二〇〇〇年代の農村へのフィールドワークではこのバラライカを持っている人がとても多くいたし、二〇二〇年代でもよく目にする。年をとった仲間同士で集まって、ついに手にした楽器で、若い頃弾いた伝統伴奏曲を弾き、チャストゥーシカを歌い、踊る。そこでは戦前の文化が再現されるだけでなく、今また新しく生産されているのである。

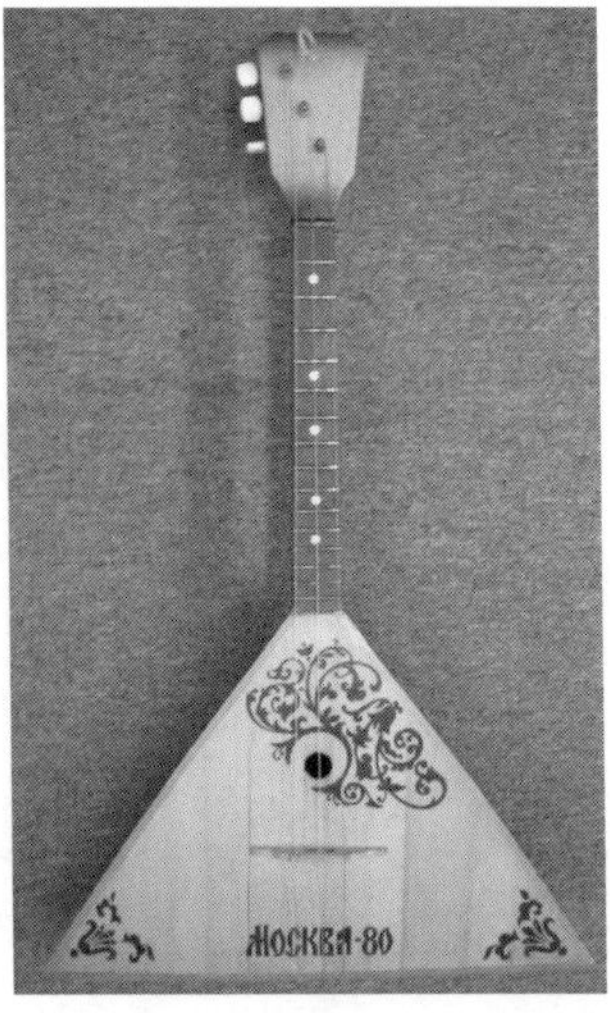

バラライカ「モスクワ 80」
（イリヤ・グローモフ提供）

ソ連的縦割り社会の言説

この節の最後にどうしても言っておかねばならないのは、ソ連の文化の制度化が分野の極端な縦割りをもたらしたということである。出版物はそれを如実に反映している。

「ロシアの代表的な民族楽器」としてバラライカが国外で宣伝されていた四五年の間、農村を調査・研究した学者はわずか三名だった。一人はプスコフ州で調査を行い一九六二年に『ロシア民衆のバラライカ』という著書を出版したF・V・ソコローフであり、この初めての本格的な研究は何度読んでも研究者に襟を正させるものである。もう一人は、ロシア極東のバラライカ事情を調査し、一九八二年に芸術学の学位論文をモスクワ音楽院に提出したV・K・ガラーホフである。莫大な量の奏者への聞き取り調査は、地道な努力を示すものとして、後輩の手本となっている。最後の一人は、音楽事典で「バラライカ」の項目を執筆している学者であり、モスクワ音楽院民俗音楽研究室の研究員であったA・S・コーシェレフである。ヨーロッパ・ロシア南部のバラライカの演奏事情を記した論文（一九八九年）と著書（一九九〇年）には、莫大な量の採譜もさることながら、地域ごとの特性や演奏の文脈を捉えるという方法論上のきめ細かさがある。この他、レニングラードの国立劇場音楽映画研究所（現ロシア芸術史研究所）は、一九六〇年代に大規模なフィールドワークを行い、その成果を一九六三年にA・K・ヴェルトコーフ監修の『ソ連の民族の楽器大事典』として出版した。同書が本書第一章で依拠した事典である。ロシア共和国の項目には、バラライカ全般の文化が掲載されている。ヴェルトコーフは著書『ロシア民族楽器』で、別途バラライカの起源とアンドレーエフの活動について記した。同研究所では一九八二年には、ロシア北西部のグースリやバラライカなど民俗器楽全般を対象にしたYu・E・ボイコの芸術学の学位論文が出ている。

アマチュア芸能活動は国の文化事業として行われたため、お役所的な事業報告か、自分の団体の活動報告が大量に残るのみである。ソ連内の他の民族共和国では各地域の報告をまとめた学位論文が教育学の分野で出されたが、ロシアの文化に関してはそれに相当するものがなく、一九七八年の社会学者G・F・ブリターノフによる、社会主義の音楽文化の形態を分析した音楽社会学の学位論文のみである。

一方、民族楽器学科では制度の充実とともに、他の分野に対して閉鎖的になっていった。ロシアでは、音楽の研究は本来、音楽学校の音楽理論科で教育を受けた芸術学者が行うものであるが、アカデミックバラライカが彼らの関心を引くことはなかった。そのため、民族音楽界は奏者が自前で歴史を記すようになった。バラライカ奏者A・I・ペレサダは、伝統バラライカを除外してアンドレーエフ以来の奏者をまとめ、『バラライカ奏者便覧』(一九七七年)を出版した。

一九八八年がアンドレーエフのバラライカ・サークル初演(一八八八年)百周年に当たるため、それに向けて、八〇年代にはアンドレーエフの活動やオーケストラに関する論文や出版物が多く出た。研究者の手によるものとしては、音楽学者G・N・プレオブラジェンスキーの一九一七〜四一年のレニングラードにおけるロシア民族楽器演奏文化を記した学位論文(一九八三年)のほか、文献学者B・B・グラノフスキー編纂のアンドレーエフの著作・書簡集(一九八六年)が挙げられる。いずれも古文書館に収められた膨大な史料の核心を余すことなく伝えており、学術的意義もさることながら、読者にもたらす知識ははかりしれない。バヤン奏者で音楽理論科でも学んだM・I・イムハニツキーは、民族音楽の発展を論じた芸術学の博士論文(一九八九年)によりキエフ音楽院で学位を取得し、強い理論的先導者となった。この時期にはまた、指揮者やバヤン奏者の手により、民族楽器オーケストラの歴史を記した一般読者のための概論書も盛んに出版された。E・I・マクシーモフ(一九八三年)、V・B・ポポノフ(一九八四年)、Yu・A・ヴァシーリエフ他(初版一九七六年、第二版一九八六年)などがあるが、執筆者の本業が研究者ではないため、事実誤認や閉鎖性を感じる記述も見られる。概論として学術的に瑕疵のない著書としては、博士論文の書籍化であるイムハニツキーの『ロシア民族楽器オーケストラ文化の起源』（一九八七年）が挙げられる。

こういった縦割り化は、職業音楽家のことは音楽大学民族楽器学科で、アマチュア活動家のことは文化教育大学あるいは民衆啓蒙中等専門学校で、農村の芸能のことは音楽大学の音楽理論学科か民俗音楽研究室で、といった具合に振り分けた結果起きたものだった。さらに、「各民族のことは各民族で」という国の方針のため、バラライカの研究はロシア人以外が行うべきものではないとされ、演奏でも外国人に門戸を開かなかった。自分の範疇外のことには無関心になるし、むしろそうであらねばならない、それが体制として堂々と成り立っていた。だから、近隣分野については驚くほど無知で、例えば、音楽大学のバラライカ科の教員や学生に「農村で現在バラライカが演奏されているか」と尋ねると、きちんと答えられる者はほぼ皆無といった形でその「効果」は表れていた。ソ連の縦割り制度は、ある意味自縄自縛の事態を招いたといえる。

バラライカの芸術文化は戦後四五年、国の政策の上に乗って発展してきた。しかし一九九一年、その社会主義国ソ連は、倒れてしまったのであった。

第六節　ソ連崩壊、混乱の時代へ（一九九二〜二〇〇六年）

ソ連の崩壊は、従来の制度の崩壊をもたらした。それは、国がこれまで計画的に築き上げてきた文化を根底から揺さぶるものであった。国が介入していた特殊な民族音楽のあり方はソ連崩壊後から徐々に変容していき、一九九八年の経済危機後に決定的な変化を見た。著者は一九九五年から状況を観察してきており（現地滞在も含む）、以下その結果も含めて記していく。

国営アマチュアの消滅と職業音楽家の迷走

社会主義から資本主義への国家体制の変化で最も早く打撃を受けたのは、アカデミックバラライカのアマチュア芸能だった。国からの文化活動への補助が徐々に少なくなったために、文化会館やクラブは閉鎖に追い込まれた。アマチュア音楽家は職業音楽家のコンサートの聴衆であり続けたが、経済危機以降のコンサートの有料化に伴い、その数も減っていった。だが彼らはその後、自分の子供たちを音楽学校に通わせるきっかけとなった。興味深いことに、大人に関しては自動的に消滅でも、子供に関しては環境適応が見られた。都市部で子供スタジオが徐々に有料化、私設化されていったのである。

一方で、ソ連時代に音楽学校の教師が団員となっていた地方のオーケストラ（大概は工場などの付属になっていた）は、ソ連崩壊後、存続の予算を得るために公立化（州立や市立）あるいは国立化した。ソ連時代には国立オーケストラは五団体に限られていたが、ソ連崩壊後、文化省は公立ベースでは財政の厳しい団体からの国立化の申請をすべて受理し、国立団体が乱立することとなった。この現象について、一九九〇年代当時、著者は「民族音楽の勢いが増した」という肯定的な文脈で研究者から説明を受けたが（外国人に対して精一杯体裁を取り繕いたかったのだろう）、実情は経済危機による公的資金の申請による増加だった。実際は、その公的資金もわずかな額であり、オーケストラ団員としては生計が成り立たず、他に職をいくつも兼業しなければならなかった。

音楽学校の教育網は、ソ連崩壊後しばらくは現状を維持していたが、一九九五年頃から変化が現れ始めた。まず、電気やガスの有料化に伴って、建物維持が厳しい状態になっていった。教師の給料はそれらの維持に回され、削られた。多くの教師が学校を去った。ソ連崩壊直後から物価は高騰する一方であったが、教師の給料は他の職業に比べるとずっと低かったためである。また、年金支給額が少なすぎ、定年後も労働を続けるというロシアの労働慣習にあっては、古い世代がソ連崩壊後もソ連時代真っ只中の主張を続けて職場に「居座る」こととなり、若い世代の出番が回ってこないのに失望した優秀な奏者も多かった。音楽学校卒業後、演奏はおろか楽器と関わることを一切やめてしまう者、外国人観光客相手の演奏を始める者、ショービジネスに転向する者、外国に移民する者が出始めた。しかし逆に、入学する学生数は増えていき、高水準の奏者が数多く輩出されたため、九〇年代中頃からいよいよ行き場所がなくなってきた。国営のコンサート企画組織（ゴスコンツェルトなど）はソ連崩壊とともに機能を停止したため、演奏活動をするには、ほぼ各州にある州立フィルハーモニー（音楽協会）に所属して重労働で安月給（ソ連時代は十分な給料だとされていた）の生活をするか、国内外の個人的な知り合いを使って公演を企画してもらうしかなくなった。これを裏付けるように、九〇年代に行われたコンクールの上位入賞者のうち、音楽活動を続けているバラライカ奏者は少ない。

そんな中、学校は将来的な欧米諸国との単位交換制度施行（ボローニャ・プロセス）を見据え、当面は外貨獲得を目的に、ソ連時代には決して受け入れることのなかったバラライカや他の民族楽器専攻の研修生あるいは正規生として、外国人に入学を許可するようになった。著者もこの制度を利用して留学した最初の外国人のうちの一人である（一九九五〜九七年）。ただし、研究、こと農村へのフィールドワークは外国人が自由気ままに行くことはできず、ロシア人の指導者が選んだ地域に行くしかなかった。民俗学は保守的、閉鎖的な分野だったのである。

一九九八年の経済危機は、ソ連崩壊とともに徐々に進行していた機能不全の事態にとどめをさした。バラライカを弾いて生計を立てるに十分な仕事というと、学校やオーケストラをいくつもかけもちする以外の選択肢はなくなった。スポンサーであった国の庇護がなくなり、今度は自分でそれを探さねばならないというので、音楽マネージメント学科が各音楽大学に開設されたが、間もなく閉鎖された。このようにして、「よい学校に行きコンクールで上位入賞すれば、卒業後の公演あるいは教育活動、それに伴う経済的・地位的優位性が国によって約束される」時代は終わった。替わりに、教育体系は閉じられた独自の経済制度となっていった。

役割分担の点から考えると、職業音楽家における演奏者、聴衆、企画者の三つの分権は、アンドレーエフ以来続き、ソ連の成立とともに制度化されて強固になったが、ここにきて聴衆と企画者が頓挫してしまった。残ったのは、演奏者ただ一つであり、彼らは自分で他二つを創造していくしかなくなった。教育体系はここで、かつての国とアマチュア音楽家と職業音楽家の相互依存関係のように、国に替わって聴衆（子供たちとその親類）を生み出し、自らが（学校、学科、個人単位で）企画者となる、あるいは企画者を育成するという「自前」の制度になりかわった。職業音楽家の演奏活動は、国の企画機関でなく、教育体系に依存するようになり、経済活動はこれを基礎として行われるようになった。この時期にはまた、経済力を持つ外国のアマチュア層を取り込んでいこうとする動きも顕著になった。

ソ連崩壊後の職業音楽家の音楽の傾向は「アカデミズム」と言われるもので、芸術主義とでも訳せよう。

つまり、ロシア民謡から離れ、芸術音楽の編曲作品や現代音楽を演奏することに価値を置くという姿勢である。民族音楽界の代表的な雑誌『ナロードニク』上では、「民俗／民族性を捨ててこそアカデミズムに至る」という論調が増えた。この信奉者にかかると、南北アメリカの「民俗／民族性」の表出であるジャズやタンゴは、当該地域の芸術音楽として高く評価され、民謡は「音楽的価値は低い」が、もし例えばフーガ形式になっていれば、それは形式がないものよりも「高等な音楽」ということになるという。また、アンドレーエフの時代の舞踊曲は芸術音楽ではなく、価値が低いという。要は、音楽が存在した場の社会的文化的脈絡は考慮に入れず、ヨーロッパの芸術音楽を基準にして、楽譜上でのみ価値判断を行っている。そして、楽譜上で優れた「難解な」作品が世の中で認められないという現象に対しては、世の中のほうが間違っていると主張する。

一九四八年以来民族音楽の中心地であったグネーシン音楽教育大学（現アカデミー）は、アカデミズム思想の代表的理論家のM・I・イムハニツキーを筆頭に、このような「アカデミズム」を強力に推進しているが、二〇〇六年の時点でバラライカ科には「バラライカは民謡から離れるべきでない」という声が強く、踏みとどまっている段階にあった。アカデミックバラライカは、楽器構造を原因とした演奏技術上の問題（芸術音楽が要求する水準の楽音を発するのが容易ではない）が大きく、バヤン、ドムラ、ギターが進んでいる「アカデミズム」への道をそのまま踏襲するのは難しいという事情があるのに加え、何より歴史認識や民族意識の問題が大きい。奏者たちには「近代化百年の歴史はヴァイオリンなど芸術音楽の模倣の歴史だったのか」、「ロシアの民族楽器ではないのか」という問いがあるためだ。もしかすると、バラライカはロシア民族楽器という呼称を使うことができる最後の砦なのかもしれない。

ソ連崩壊後の一五年間で特に目覚ましい活躍を収めた奏者は七〇年代生まれの世代で、大学在学中／入学直前にソ連崩壊を迎えた面々である。彼らは、教師の思い描くソ連的な安心して音楽活動に専念できるような環境でなければ実現不可能な音楽と、ソ連崩壊後の目の前の現実の間に大きな差があることをよく承知していた。そのうち、一際気概に満ちていたのが一九七〇年生まれのA・A・ゴルバチョフで、美しい音を出すことにこだわり、ギター奏法を中心とする超絶技巧を操り、芸術音楽の編曲作品や作曲家が書いたバラライカのための作品をレパートリーにし、公演と教育活動を精力的に行った。彼の大学在学時代に崩壊したソ連の目指したものをそのまま引き継いでいる最後の奏者とも言え、アカデミズム信奉者であり、二〇〇四年に若くしてグネーシン音楽アカデミー民族楽器学科の学科長となった。

苦境で模索する人たち

作曲する奏者が増え始めたのもソ連崩壊後からで、彼らはグネーシン音楽教育大学で作曲法と楽器編曲法の教鞭を取っていたシシャコーフの弟子だった。その先駆者は一九六一年生まれのマルチャコフスキーで、バラライカの腕もさることながら、ピアニスト顔負けのピアノ演奏の腕を持った彼は、バラライカの技術の見せ所に溢れた多くの作品を書き、協奏曲をはじめとしてバラライカ界に新しいレパートリーをもたらした。彼はネチェポレンコの弟子であるが、師が成し得なかった作曲という創作活動を成功させたことで、バラライカは新しい時代に突入していったと言える。その後に続いたのが、七〇年代生まれのモスクワとペテルブルクの奏者であるE・R・シャバリーン、E・B・ジェリンスキー、D・A・カリーニンらで（ジェリンスキーとカリーニンについては、著者とのインタビュー動画がある。322頁QRコード参照)、民謡、芸術音楽、ポピュラー音楽といったそれぞれの嗜好と方向性をもって作曲に臨んだ。その彼らに、弟子の世代となる八〇年代生まれのA・V・アファナーシエフが続いた。七〇年代以降生まれの奏者に特徴的なのは、バラライカで何を弾くべきかということを常に自問していたということだ。楽器の特性を熟知して書いた彼らの作品は楽器の可能性を引き出すことができ、その響きには説得力があるように思われる。ちょうどアンドレーエフが、当時流行していた器楽の形式でバラライカのための作品を作曲したのを思い起こさせる。

先行きの見えないこの頃の民族音楽専攻の学生や教員は、ともすれば無気力だった。「私たちは何のために存在しているのかと、鬱状態になっている」と雑誌に書いた教員もいた。他方、苦境を静観し、以前の価値観を押しつけるわけでもなく、「音楽が好きで、バラライカが好きならそれでいいじゃないか、そこから何か生まれてくればそれでいいし、何も起きなければそれはそれでいい」という意見の教育者もいた。学生にソ連時代と同じことを強い、鞭打つ教育者よりも、こういった教育者のもとからこそ、生産的でオリジナリティのある活動ができる奏者が育っていったのは、興味深いところである。そこに息づいているのは、バラライカへの愛着というあのアンドレーエフの魂なのかもしれない。

ソ連崩壊後、楽器製作もまた制度の破綻を迎えた。工場が機能しなくなり、職人たちは個人製作に移行した。新規参入者も出て、子供向けからプロ向けまで様々なレベルでの楽器の製作が行われるようになった。言い値取引が本格化し、楽器の値段は上がっていった。楽器を高値で買う多くの外国人愛好家たちの出現も、それに拍車をかけた。この時期のバラライカの名工には、軍の技術を駆使して一六台だけ楽器を製作したというM・A・クプフェル、楽器工場出身のE・N・ヴィノグラードフ、バラライカ奏者のV・V・グレベンニコフなどがいる。一方で農村向けのバラライカは、ルナチャルスキー記念楽器工場が操業停止した後、演奏ができる楽器としての生産は止まってしまった。

九〇年代以降のバラライカに関する研究動向について述べておく。一九九八年にグネーシン音楽アカデミーで、バラライカ奏者S・I・クリババの芸術学の学位論文が審査を通過した。アンドレーエフの時代から現代に至るまでのバラライカ芸術の軌跡を分析した、アカデミックバラライカの演奏者側から見た歴史の初の学位論文で、筆致はアカデミズムの理論的指導者であるイムハニツキーそのものである。二〇〇〇〜〇二年にはモスクワの国立芸術学研究所からソ連時代全体を通したアマチュア芸能活動の文化史研究の三巻本が出版され、ついに一般の音楽愛好家たちが時代を映す鏡として研究対象になったことが示された。芸術学や美学や哲学で学位を持っている学者たちが、縦割り社会を超えて文化という融合体を分野横断的に扱う文化学という学問が九〇年代から台頭してきたことは、注目に値する。一方、「アンチープたちの文化」＝民俗音楽の研究は、少なくともロシア人研究者は積極的には行っていない。バラライカ専攻の学生たちが農村の文化を研究していけばよいのにと思われるが、

ネレフタ地区フィールドワーク。夕立後に雨で道が埋まったため、車から降り、牛が草をはむ野原を突っ切って村に向かうキリューシナ先生と、バラライカを背負った著者（写真右）。渡るのが怖かった、村人手作りの橋（写真左）。（2003年）

パガニーニを演奏する耳とプライドをもってしては、農民の伝統伴奏曲を直視することはできないのだった。

その代わりに、正規留学制度を通じ、現地で調査・研究を行ったドイツの民族音楽学者ウルリフ・モルゲンシュテルン（ロシア芸術史研究所でYu・E・ボイコに師事）および著者（グネーシン音楽アカデミー大学院で演奏史をイムハニツキー、民俗器楽をT・V・キリューシナに師事、二〇〇〇～〇四年）の著書と論文がある（巻末文献参照）。ただし、民俗学が保守的な環境にあったことに変わりはなく、両者の場合は、指導に当たった教員がこの時代には珍しく外国の学説や研究の方向性に寛容だったことが幸いしたといえよう。なお、著者はイムハニツキーからアカデミズムへの発展図式の論文を書くよう指導されたが拒否し、革命後から一九四八年までの農村、アマチュア芸能活動、職業音楽家すべての層についての文化の歴史を横断的に書き、国立芸術学研究所で論文審査を受けたことを付け加えておく。

かくしてこの一五年間は、国の体制の変化のために、平たく言えば、今まで「かくあるべし」とされてきたものが、「何でもあり」に転じてしまった時代だった。

第七節　新時代、資本主義時代のバラライカ（二〇〇七年～現在）

二〇〇六年に刊行した拙著『民族楽器バラライカ』は、前節末に「これからどうなっていくのだろう」という文言をつけて締めくくることとなったが、当時は実際先の見えない状況であり、ポジティヴな意味での発展や将来的な生産性というものがまったく想像できなかった。しかし、実は時を同じくして、ロシア国内では変化が起きていた。ソ連崩壊後一五年を経ているのだ。既存分野の新環境への適応や、新分野の発生が起きてもおかしくはない。ただ、バラライカの伝統楽器としては決して長いとは言えない歴史において、二〇〇六年以降の変化はあまりに劇的だった。

奮闘するアマチュア音楽家の登場

二〇〇〇年代中頃以降、ロシアでは資本主義が生活や行動様式や意識の中に定着し始め、これまでにない大量で高速の情報伝達を可能にする手段であるインターネットが全土に普及し始めた。ソ連時代に少年期を過ごした世代（一九七〇年代後半から八〇年代生まれの世代）は二〇～三〇歳代を迎えていたが、開放的な空気の中、これまで自分が感じてきたこだわりを試してみようという者も現れた。

新時代の伝統バラライカの新たな旗振り役となったのは、制度上の専門教育を受けたのではないアマチュア音楽家である。彼らの専門は文学や工学であり、ソ連時代の（あるいはその流れを汲む）アマチュア芸能活動でフォークロア・アンサンブルに在籍していた経験を持つ者が少なくないが、音楽とは全く無関係の者もいる。共通しているのは、ＩＴに強いということ、自身が強くなくてもサポートを受けられる環境にあるということ、そして農村の伝統的な音楽や文化を心底気に入っているということ、社会主義の国営民族文化が「何だか不自然」あるいは「変てこ」だと思ってきたということだ。つまり、彼らは制度の隙間から出発したのである。

彼らの活動には、楽器の製作・販売・流通、農村へのフィールドワーク、演奏者に許可を取ったうえでの動画のインターネット公開、採録した音楽の実演、バラライカのレッスン、イベントの開催などがある。つまり、伝統バラライカにおいてこれまで国の制度では不十分だったことを、自前で行うのである。結果として、楽器が流通するようになり、情報がインターネットで誰でも見られるようになり、若い世代を中心に伝統バラライカで様々なレパートリーが演奏されるようになった。

　インターネット時代らしく、実際起きた変化のわりにこの新潮流の中心となった人物の数は多くなく、主要な関係者に話を聞けば大まかな全体像は見えてくる。本書第三章は、団体の代表者や著名な活動家一二人とのインタビューの和訳である。以下、全体の流れを記しておく。

　当該分野の先駆者はモスクワのエヴゲーニー・ハルラーモフ（一九八二年生）であるが、自身が語るのを好まない人であり、第三章に証言を加えることができなかったため、ここで触れる。本人が著者に個人的に語ったところによると、音楽専門教育を受けていたわけではなかったが、一五歳の頃からドミートリー・ポクロフスキー記念民俗アンサンブル（「歌う民俗学者たち」［用語］の最先鋒となった団体の一つ）に入団し、公演で各国各地を回るうちに、ロシアでも農村のバラライカの文化を都市の文化として広めることができるのではないかと考えついたという。二〇〇四年、ハルラーモフはモスクワで「３Ｄプロジェクト」を起動させ、博物館的楽器でもない、

３Ｄプロジェクトポスター（2008年）右端がハルラーモフ、右から３番目がクリューチニコフ。

社会主義舞台芸術でもない、生きた「3D」の音楽を都市で再現する試みを始めた。翌年、当時大学の同級生だったセルゲイ・クリューチニコフ（第三章＃1）が参加を表明し、ここに現在の「バラライケル」に至る二人三脚が始まった。

二人は当初モスクワのアングラ音楽空間でバラライカ演奏をしていたが、二〇〇八年に「古い農民の音楽（SKM）」という企画団体を立ち上げ、農村から老齢の奏者を招いてモスクワでフェスティバルを開いていった。この頃からYouTubeおよびロシアの最大手SNSであるVK（フコンタクチェ）でインターネット発信を始めていき、ペテルブルクのヴァシーリー・イヴァノーフや、リペツク州のヴラジーミル・ユーリエフ（＃2）と出会い、協力体制を敷くこととなった。二〇一〇年代前半は、現「バラライケル」とユーリエフが実質上の二大勢力だった。当時のクリューチニコフは試行錯誤を繰り返しており、フォークロアの専門家であるミハイル・ゴルシコーフ（＃12）から薫陶を受けた。

二〇一三年、ハルラーモフらはそれまで働いていた会社を辞め、クリューチニコフの故郷のウリヤーノフスク州で、バラライカ博物館と、楽器製造のためのバラライカ製作所「バラライケル」という二つの私企業を立ち上げた。楽器がきっかけとなり、チェリャビンスク州のドミートリー・カシューチン（＃3）、コストロマ州のマクシム・ヤーコヴレフ（＃4）、ペルミ地方のロマン・ホゼーエフ（＃8）が協力体制を敷くこととなった。なお、著者がハルラーモフらと知り合ったのも、バラライカ博物館創設がきっかけである。ソ連崩壊後に工場での楽器製造がストップしてしまった状況下で、「廉価で質のよい楽器を」をモットーにしたバラライケルの評判は鰻上りになっていった。民俗アンサンブル所属のプロの音楽家であるニコライ・スクンツェフ（＃11）も、彼らの楽器を高く評価する一人である。バラライケルの楽器の宣伝要員としては一九九〇年代生まれのダニイル・ヴォロンコーフとアンドレイ・ドガードフの二名が起用されたが、彼らは農村の伝統伴奏曲だけでなく外国のポピュラー音楽をバラライケルのバラライカで演奏、ウェブ上やイベントで発信していき、新たな若者層の支持を獲得した。

二〇一〇年代終盤、「何でもあり」というバラライケルの方向性に異を唱えて伝統回帰を提示し、モスクワでマクシムがニコライ・チェレーギンと共に「バラライカ伝統サークル」を結成した（#5、6）。彼らも「歌う民俗学者」の流れを汲むジュニア・アンサンブル出身である。サークルには伝統レパートリー寄りの愛好家が集まったが、突如伝統文化に目覚めて修復家として活動を始めたパーヴェル・コルバンコーフ（#7）もその一人だった。KTIには支部が創設され、ペテルブルク支部はセルゲイ・チェルヌィショーフが、ペルミ地方はロマン・ホゼーエフが支部長を務めることになった。

こういったプロ顔負けのアマチュアの一連の活動は、二〇一八年の「第四回全ロシア民俗学者コングレス」頃から、保守的な民俗学界でも評価される動きが見え始め、アマチュア音楽家・研究家と協力関係を築く教育機関も出てきた。民俗器楽の研究と演奏は、新たな段階に入ったといえよう。農村のバラライカは依然として衰退傾向にあるが、記録し、周知し、演奏を引き継ごうという試みが、愛好家によって真摯に行われている。それは制度上での仕事でも、ロシアでは日常的な「形だけのノルマの消化」でもないし、原動力になっているのは職務上の高慢な使命感でも、傲慢な啓蒙思想でもない。結局のところ、彼ら愛好家の活動もまた伝統の伝達のれっきとした一形態なのであって、専門教育を受けていない／専門機関に属していないからといって、切って棄ててよい種類のものではないだろう。

学校教育、アルヒポフスキー、楽器製作

学校教育の中のアカデミックバラライカの規模はソ連時代に比べると格段に縮小しているが、国の制度が健在であるため、その中で発展を続けている。奏者の演奏レベルは上がり続けており、今や、アンドレーエフやトロヤノフスキーの作品は音楽小学校の教材となっている。学校の中にいる限り、学業、コンクール、コンサート、公開レッスンや活動報告をこなしているうちに一年が過ぎてしまい、著者が観察する限り、多くの場合、「分野自体が行き詰っている」という感覚を共有するには至っていない。ただそれでも、「これではまずい」、「何か新しいことをしなければ／したい」という奏者は、相変らず少数派であるがおり、自分の信念に従って地道に活動をしている。研究は相変わらず多くはないが、O・V・シャブーニナの大ロシア・オーケストラを軸としたアンドレーエフとフォミーンの研究が出ている。彼女の二〇一九年の芸術学研究所での学位論文審査では、「専門家が少ないため」、外国人である著者にも批評依頼が来たのは何とも複雑なところである。

なお、日露関係として特筆すべきは、二〇〇四〜〇九年に日本からロストフ音楽院（ロストフ州、ロストフ・ナ・ドヌー市）にバラライカ専攻の正規生として、東京のバラライカ奏者である北川翔が留学を果たしたことである。父北川つとむが留学を試みた一九八〇年代はソ連時代であり、モスクワのグネーシン音楽教育大学への入学が許されなかったことと比べると、時代の差がはっきりと感じられる。A・S・

北川翔（本人提供）

ダニーロフに師事した北川は、二〇〇八年には国際コンクールで優勝を勝ち取る快挙を遂げた。

さて、二〇〇〇年代は学校の教育制度が根本的な大変革を迎えた。相互単位交換を目的にし、欧米の制度との整合性を図ったボローニャ・プロセスにより、ロシアの学校教育は二〇一一年に新体制に移行した。ソ連時代以来五年間の大学教育で修士号が取得できていた制度は、欧米に合わせ、学士課程（三年）、修士課程（二年）に替わった。その準備期間であった十年間は、教育現場で多くの混乱を生んだ。演奏においては、バラライカの教育に欧米との整合性を持たせるという方針と、莫大な量の書類の作成にかかる負担が、教員の反発を招いた。

制度改革にはプラスの面もあった。新制度では、民族音楽学が専攻名としても学科名としても用いられるようになった。グネーシン音楽アカデミーには、かつての民俗音楽研究室を基盤とし、二〇一二年に民族音楽学学科が開設された。自由な空気の中で、専攻を横断する学生も出てきた。ニコライ・スクンツェフ（#11）は初等教育の専門はバラライカとギターであったが、二〇一〇年以降の中等教育はフォークロアの劇場を専門とし、完全にフォークロアに移行した。ヴァレンチーナ・コスチュコーヴァ（#10）は大学までは民族楽器と民俗合唱団、二〇一二年入学の大学では民族音楽学を専攻した。一九八〇年代にセルゲイ・チェルヌィショーフ（#9）が民族楽器学科にいながらフォークロアを目指して舐めた辛酸や、二〇〇〇年代初めに著者が民族楽器学科にいながらフォークロアも視野に入れて研究を進めようとした際に経験した奇妙な苦労は、今や過去のものになってしまったということであり、大変喜ばしいことといえよう。

資本主義時代のバラライカには、アマチュア音楽家の奮闘のほかにもう一つ特筆すべき現象がある。

それは、アカデミックバラライカのアレクセイ・アルヒポフスキーの躍進と活躍である。彼はグネーシン音楽教育大学の民族楽器学科出身のバラライカ奏者であるが、無伴奏での演奏でレパートリーに大きな革新をもたらした。音響装置を付け、人工フラジョレットを多用した瞑想風の演奏は、バラライカとは無縁だったロシア人の聴衆の耳には、現代的なサウンドを持った、「忘れられたロシアの民族楽器」として受け入れられた。アルヒポフスキーに関しては、第三章でアマチュア奏者たちに特に質問をしてあるので、そちらを参照されたい。アルヒポフスキー以外の民族楽器学科出身者は、当然のことながら同じ路線で売り出すことはしておらず、試行錯誤を重ねている（#10）が、その多くは苦戦しており、新たなグループが出ては消えるということが繰り返されている。

楽器製作に関しては、アカデミックバラライカでは職人の個人製作が定着し、新しい世代の製作者が出てきている。現代のレパートリーが要求する楽器の音の響きは年々変わってきており、このような変化に従来思考の世代は反応、対応できず、活躍しているのはフョードロフ兄弟、ナウーモフ兄弟、イヴァン・ベロウーソフ、アレクセイ・セレブローフ、フセヴォロド・ロージンなど、八〇年代以降生まれの職人だという。確かにナリーモフの時代からすれば音域も広がり、奏法も格段に多様化しており、楽器自体の進化が要求されるだろう。特筆すべきはバラライカ奏者兼職人が増えていることで、第一章で述べたトルクメニスタンのドゥトールの文化で「奏者は究極には自分で楽器を作るものである」とされているのが思い起こされる。

伝統バラライカはバラライケルがほぼ独占状態だが、近年ではバラライケルもアカデミックバラライカ市場に参入し、製作方法を模索しており、これまで両極にあった文化が近づき、影響し合うようになってきている。また、アンドレーエフ以前のバラライカの復元楽器を製作、販売する動きもある。

フォークロアと国の制度

フォークロアの研究と実践に関しては、二〇一六年に歴史的に因縁のあるロシア・フォークロアセンターとロシア民族芸術館を、文化省が一つの組織として統合するという信じがたい出来事があった。ロシア民族芸術館は一九三〇年代の文化政策で創設された「見栄え重視」の舞台芸術推進の全国組織で、フォークロアセンターはそれに反対した一九六〇年代の「歌う民俗学者たち」の流れを汲み、一九九〇年にモスクワに創設された研究組織である。現在は「ポレーノフ記念ロシア民族芸術館」として、伝統文化への予算が文化省から一手に降りる大きな組織となっているが、方向性の異なる二つの組織が合併したため、課題は山積みである。形式的には民族芸術館が母体となっており、フォークロアセンターはその下部組織という位置づけであるが、研究・運営に関してはフォークロアセンター側が大幅なテコ入れをしているようである。著者は現地で経過を見ていたが、この統廃合は、国が見栄え重視の舞台芸術フォークロアを選択し、正統の伝統音楽を葬るという思想的な理由で行われたのではなく、フォークロアセンターが設立されていたモスクワ市中心部の土地を接収するために、「フォークロアと名のつくものを一つ所にまとめた」というのが真相である。本件については、文化省側の民衆伝統文化への無理解を示す出来事として、民俗学者からは現在も非難の声が絶えない。

これに関連してか、近年、これまで器楽に対しては無関心だった民族芸術館の支部や、公立機関の文化担当の部署は、ここへ来てようやくバラライカにも目を向けるようになった。概して、その従事者はその地域の文化事情を一手に引き受け、調査研究、成果発表、その後の音楽実践を仕事として執り行い、その職務に対し高い誇りを持っている。日本でいうと教育委員会の地域文化担当部署に近い。ただロシアの場合は、地域や人にもよるが、制度側に往時の啓蒙主義なり強権志向が見え隠れすることがあり、しかも啓蒙されている側というのがモスクワを含む外からの研究者だったり、当の農村の奏者だったりすることがよくある。彼らの主眼となっているのは、フィールドから聞こえてくる声に耳を澄まし、証言を集め、筋道立てて民族誌を書くことよりも、制度が求め、認めるものをフィールドからとってきて形にすることである。さらに言えば、制度に組み込んだ時点で、「組み込んだ人が」ともすれば「フィールドそのものよりも高いところにいる」。研究者からはそのような話をよく聞くし、著者自身もそのような目に遭ったことが何度かある。これがロシアの制度の内情であり、常態というものなのだろう。だから、バラライカにとっては、このような制度側の「文化」や「保存」などの大義をこれまで押し付けられなかったことは、却ってよかったのかもしれない。

かくして、教育制度が存続する限り、細々とでも存続するアカデミックバラライカはともかく、ロシアの資本主義の「奮闘するアマチュア」の文化は、社会主義時代の利点を保持しつつ、短所を修正しつつ、より自由な発想と環境で発展している。ここにあるのはロシア人のナショナリズムや排外主義や、政治が押し付ける愛国主義の発露としてのビッグワードを散りばめたような音楽ではなく、集団性や制度の隙間から発した、個人としての娯楽を求めるもっと軽い、言うなれば、ノリである。伝統伴奏曲なるものを弾いてみたい、習ってみたい、みんなで軽く音楽活動をやってみたい、流行歌やツヴェターエヴァの詩にメロディーをつけたものを弾き語りしてみたいなどなど、個人の欲求はさまざまである。それを構えることなく実現するのが現在のバラライカであり、これまでロシア人に経験のなかった「計画的でない」「管理されていない」資本主義の文化が生成され、勢いをもち、他の既存の社会主義の文化もそれに引きずられているというのが、現時点のバラライカの文化の現状である。日本からすると、目新しいことなどなく、ごく普通のことに見えるが、旧社会主義国からすると「道なき道」、「先行き不安」なのだと、セルゲイ・クリューチニコフは言う。

ロシアの現在（二〇二〇年代）は、世代間格差が顕在化し始め、ソ連世代と資本主義の世代がどう折り合いをつけるかが争点となっている。伝統バラライカの文化において著者が観察する限り、若い世代は確かに上の世代の保守的な思考を批判はするが、「伝統とは灰を保存することではなく、炎を伝えることである」という言い回しを用いて、独自の道を貫いていっている。時代の特性だろうか、若い世代のほうが明らかに選択肢を多く知り、持ち、運用し、役者が上であるように見える。次章では、彼らのひたむきな生き様や率直な語り口をご覧いただきたい。他方、制度側にいる年長者の中にも、若い世代をただ批判するのでなく、その声を聞き、取り入れ、反映させていく努力をしている人たちがいるのが見える。ロシアは両極を併せ持つ国であり、元来家父長制の国でありながら、「老いては子に従え」を心がける国でもある。このような非常に生産的な文化がこれからも発展していくことを祈りつつ、本章を閉じることにする。

アカデミックバラライカの調弦、譜、奏法

ミミラ調弦（三弦二音）
親指で低音弦二本を一気に押さえるため、実質二声

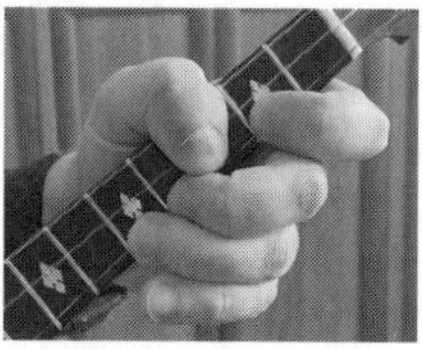

記譜には五線譜を用いる。（譜例は民謡《思い出しておくれ》トロヤノフスキー編曲）

基本は二声（たまに三声△→主旋律（高音弦）以外の音は一つ。旋律に集中しやすい。
※部分は、低音弦二本のみで弾く（ナイロン弦のため、独特の響きがする）

19 世紀末は識字率が低く、楽譜が読めない人のために様々な数字譜や数字 + 五線譜が考案され、用いられた。譜例は数字譜で、上から、一弦、二弦、三弦、打奏の回数。歌と一緒に弾く。（シャーシン独習本 1909 年、ミミラ調弦）

АХЪ ЗАЧѢМЪ ЭТА НОЧЬ

Ахъ!	за-	чѣмъ	э-	та	ночь	Такъ	бы-	ла	хо-	ро-	ша,	Не	бо-	лѣ-	ла	бы	грудь	Не	то-	ми-	лась	ду-	ша.
0	3	7	5	3	7	0	3	7	5	3	2	2	3	5	3	2	5	2	3	5	3	2	0
5	5	5	5	5	5	5	5	5	5	5	4	4	4	4	4	4	4	4	4	4	4	4	5
5	5	5	5	5	5	5	5	5	5	5	4	4	4	4	4	4	4	4	4	4	4	4	5
2	2	2	4	2	6	2	2	2	4	2	6	2	2	2	4	2	6	2	2	2	4	2	6

Полюбилъ я ее,
Полюбилъ горячо,
А она на любовь
Смотритъ такъ холодно

Не понравился ей,
Моей жизни конецъ.
И съ постылымъ на зло
Не пошла подъ вѣнецъ

Не видала она
Какъ я въ церкви стоялъ,
Прислонившись къ стѣнѣ,
Безутѣшко рыдалъ.

Звуки вальса неслись,
Веселился весь домъ
Я въ коморку свою
Пробирался съ трудомъ.

И всю ночь на пролетъ
Я все думалъ о ней
Каково будетъ ей
Безъ милаго жить вѣкъ.

現代レパートリーの二大奏法の手のポジション

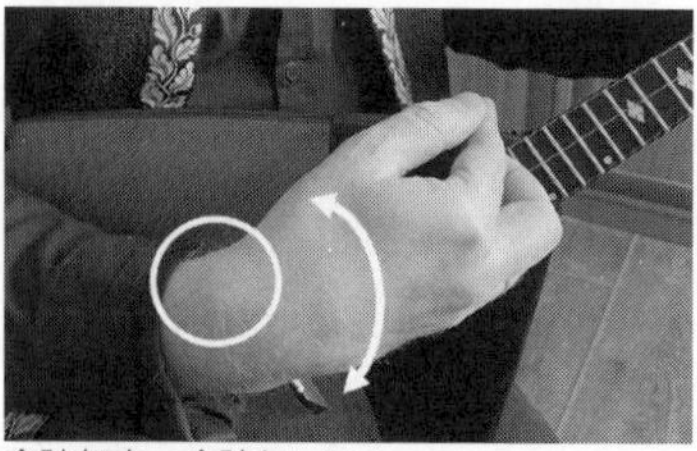

全弦打奏、全弦トレモロ
親指と人差し指をしっかり固定する。濡れた手の水を切る要領で、手首を軸に弦を上下に打奏 。

ギター奏法
手首の位置を固定し、各指のみではじく 。

（写真提供 エヴゲーニー・ジェリンスキー）

伝統バラライカの調弦、譜、構え

ドミソ調弦
（完全に三弦三音）

ミミラ調弦もある→

農村文化には楽譜なし。目で指の位置を記憶。
研究書では五線譜表記。（譜例は伝統伴奏曲《マルガリータ》柚木採譜）

常に三声 → 主旋律 (高音弦) 以外の音は常に二つ。

現在の都市型文化では、タブ譜、数字譜、数字＋五線譜が用いられる。手書き、エクセル作成など様々あり。譜例はタブ譜。（写真提供 ドミートリー・カシューチン）

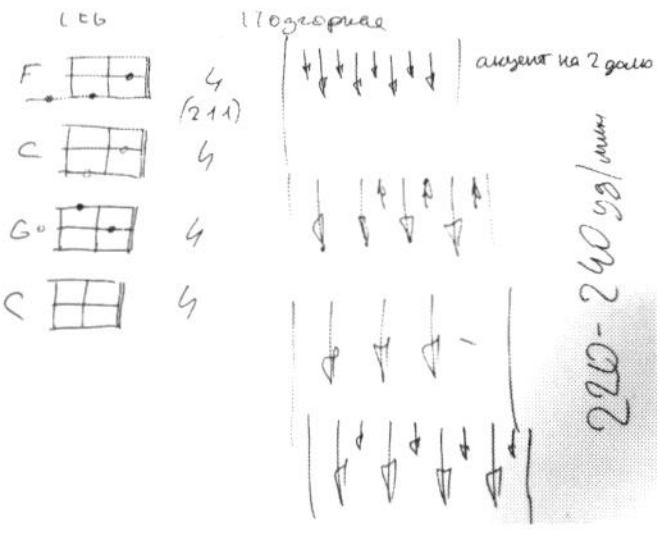

Сербиянка (Цыганочка)

	0	1	2	3	4	5	6	
1	G	G#	A	A#	H	C	C#	
2	E	F	F#	G	G#	A	A#	4 раза
3	C	C#	D	D#	E	F	F#	
	0	1	2	3	4	5	6	
1	G	G#	A	A#	H	C	C#	
2	E	F	F#	G	G#	A	A#	4 раза
3	C	C#	D	D#	E	F	F#	
	0	1	2	3	4	5	6	
1	G	G#	A	A#	H	C	C#	
2	E	F	F#	G	G#	A	A#	4 раза
3	C	C#	D	D#	E	F	F#	
	0	1	2	3	4	5	6	
1	G	G#	A	A#	H	C	C#	
2	E	F	F#	G	G#	A	A#	4 раза
3	C	C#	D	D#	E	F	F#	
	0	1	2	3	4	5	6	

楽器の構え
水平に構える。歩きながら、立ったまま、座っての演奏がある。楽器に紐を付け、首からかけることも多い（弾かないときはぶら下げておく）。座っても構えは変わらず。
（写真提供 マクシム・ヤーコヴレフ）

第三章　制度の隙間で奮闘する人たち

＃1　セルゲイ・クリューチニコフ～始まりの文学者

Сергей Ключников　一九八二年生まれ。バラライカ博物館館長（ウリヤーノフスク州ウリヤーノフスク市）、「バラライケル（Балалайкеръ / Balalaiker）」楽器製作会社共同代表。（二〇二一年五月八日録画）

まさかバラライカをやるなんて思いもしませんでしたよ。バラライカの製造業だなんて。

――もともとウリヤーノフスク州のお生まれで、大学でモスクワに上京されたんですね。

ウリヤーノフスク州センギレイ市出身です。大学は、ショーロホフ記念モスクワ国立人文大学です。教育大学ですね。教員養成のための学校です。だから文学の専門というわけではないです。大学での職業資格は、書類上はロシア語と文学の教員ですけどね、特に先生になるために勉強をしようとはしなかったし、先生をやったこともないです。そうだ、あと、金物修理工四級の免許を持っていますよ。音楽教育は、残念ながら受けていません。だからときどきそれを欠点のように感じることがあります。

音楽家や音楽の基礎理論がわかっている人と話をしているとき、何のことを言っているのかわからないことがあるのでね。

——以前お会いしたときは、銀行にお勤めでしたが……。

ええ。ロシアの教育系の大学に入学する若者っていうのは、男でも女でも、バラ色の夢の中というか、現実世界で起きていることが全く見えない状態にいるわけなんですよ。専門が人文系だと、住んでる世界がちょっと違う。こぎれいで、理想化されて、ロマンチックな世界にいる。それが、卒業すると別世界。教員っていうのは仕事がないわけで、それでいろんな方向に行くわけです。大学を出てから学校で教え始める人や専門を貫く人は、そんなにいないです。多くの場合は、専門がいろいろ混じったことをやってますよ。会社の広告部門のコピーライターとか。雑誌の割付とか校正とか。

私の場合は、大学の卒業証書をもらって境界線を越えたとき、わかったんですね。自分には特に抜きん出た能力も知識もない。あるのは、基礎的な学問の心得が少しだけ。文書を作成するのは、まあできる。それから、バラライカが弾ける！　こっちもほんのちょっとだけですけどね。それで、こういうのを駆使して何とかしようってわけでしょう。どういう方向で行こうかいろいろ考えたんですが、ちょっと変わった分野を見つけました。銀行です。

銀行っていうのは、教育大学で五年間学んだことからも程遠いで

す。銀行はそれなりに結構厳しいし、ものすごく感情的に抑圧されているし、まあ、毎日ストレスを受けるような状態ってことですが、そこでの仕事はものすごく意識を変えてくれるんですよ。もし社会勉強したいんだったら、銀行で働くんですね。そしたらいろんなことがわかるようになりますよ。もしかしたら人生を学ぶよい学校かもしれません。あと、交際術もね。まったく知らない人たちと話をするわけですから。するとね、ちょっと広い視点で世界を見られるようになるんです。だって、毎日、何十っていう歴史を見るわけですよ。人間の歴史を。事業がうまくいっている人たちがいて、その人たちの周りで物事が回っていっている、その様を目の当たりにする。で、その人たちと話をして、実際にその秘訣を見ることになったりするんですけど。そんなわけで私は何年か銀行で働いて、間近で見てきたわけです。そういう人たちが何をやっているか、どうやって成功したか、そもそも何のためにやっているかってことを。

ロシアでは特になんですけど、みんな何らかの専門を少しずつ勉強するんです。それから、それとは全然関係ない職に就く。私だって、まさかバラライカをやるなんて思いもしませんでしたよ。バラライカの製造業だなんて。だいたいそれって何だかね……。もしそんなことを言う人がいたら、その人はちょっと頭がおかしくなってしまったんじゃないかって、以前の私なら思っちゃったでしょうね。こんなふうに人生ってのは、運命か、あるいは人知の及ばないものの力が導いていくほうに向かっていくってことなんですねえ……。

——あなたの相棒エヴゲーニー・ハルラーモフさんについてお話しください。

知り合ったのは随分前で、大学のときです。同じ大学で、彼はジャーナリズム学部で、私は文学部。

確か三年のときだったかな、サークルのフォークロア・アンサンブルで一緒に活動し始めたんですよ。ちょっと変な名前で、「ヴェレセーニ」っていうんですけど、そんな言葉は今でも知りませんよ。造語です。で、彼とつるみ始めた。アンサンブルであちこちのイベントに参加したり、そのうちフィールドワークに行ったりするようになりました。いくつかおもしろい場所に行き当たりましたね。ロシアの伝統文化、伝統音楽が今でも残っている場所です。伝統的な音楽への関心という共通のテーマが、私たちを互いに引き寄せ、結び付けたんですね。私たちはその音の響きに共に興味を持って、お互いに影響を与えながら今までずっと一緒にやってきています。

　大学を出た後、彼もまたＩＴ産業という全く畑違いの分野に行きました。プログラミングを勉強して、サイトの運営をやり始めました。これもまた意図的な選択だったと思います。この人にも自分自身への問いがあったんでしょう、自分が伸びていくためにはどういう道を行くべきかという。だから、全く分野の違うものを勉強し始めたんだし。ゴーリキーのいうところの、いわゆる「世界に向かって」、あるいは「人に向かって」ですよ。そういう名前の中編小説があるでしょう（邦訳「人々の中で」）。というわけで、エヴゲーニー・ハルラーモフはそこに向かって行ったたってわけです。あの頃は、私たちはお互いにお互いのやることを見ていましたよ。どっちの何がうまくいってるか、何をやってる

バラライケル社の広告より。左はエヴゲーニー・ハルラーモフ

かって。

私たちを結び付けた分野に潜在的な可能性があるということは、二人ともちゃんと理解していました。表にははっきりと出ていないだけで、伝統的な音、その響きへの関心は皆さんあるものなんですって。私たちは仕事とは別に音楽の活動はやっていました。ロシアだけでなく世界の伝統音楽の音が、その日の当たらない深い地中から出て、広い聴衆に気軽に受け入れられるようになるためには、どんな場でどんな形式が必要なのか、観察していました。あの頃からずっと、今もですが。

――あなたが学生時代に所属していたアンサンブルについて話してください。

確かあれは、大学三〜五年のときだったと思います〔ロシアの大学は五年制〕。その後もちょっと参加しましたかね。二〇〇三〜〇五年でした。楽しかったですねえ。きれいな女の子がたくさんいたし、男はおもしろいのがたくさんいた。だから、ただ集まってどこか出かけたりして、みんな一緒に楽しくやっていました。歌をちょっと歌って、演奏もちょっとして。まあ、どれもこれもちょっとずつね。その意味ではよくある学生サークルだったんですけど、レパートリーはちゃんとした伝統志向でした。正統的な音の響きを大事にしていました。これは指導に当たられた先生たちのおかげですね。いろんな伝統文化を教えてくれました。私たちは北ロシアのヴォログダ州、南ロシアのドン川の中流域と上流域に連れていってもらいました。そうしてロシアの地方の様々な伝統音楽の音の響きを聞いて、正統な方向、つまり自然な音の響きのあり方を保とうしていました。いわゆる「アマチュア芸能活動」ではなくて、フォークロア・アンサンブルだったですね、大学レベルでやるところの。

顧問は、スヴェトラーナ・ソローキナ＝スボーチナ先生でした。今はポクロフスキー記念アンサンブルにいらっしゃいます。歌も演奏もうまくて、ほんとにポジティヴな方です。先生が私たちに道をつけてくださったんです。ロシアの様々な地域の様々な様式を見せてくれて、私たち自身が判断できるようにしてくれたんです。どれが自分に近いか、どれに興味があるか、どれがあまりおもしろくないか、この先どれを掘り下げていくか。

——あなたは当時もうバラライカを弾いていたのですか。

ええ、歌と踊りの伴奏をほんのちょっとだけでしたけど。あと、当時としてはちょっと異例だったんですけど、楽器だけで演奏することもありました。ロシアのフォークロア・アンサンブルでは、楽器っていうのはなぜか二義的な扱いをされるんです。脇役ですよ。楽器の存在はあるにはあるんですけどね。でも、私たちのアンサンブルでは、器楽はちょっと普通よりステータスが上だったんですよ。

そういえば何かの公演で、独立した器楽として二人で演奏するという出し物がありましたよ。伝統伴奏曲を演奏して、二人で掛け合いをするんです。二人で弾きはするんですけど、一人ずつそれぞれの演奏を見せていいわけです。おもしろかったですね。少なくとも、私にとってはとても貴重な経験だったと思います。

——そういう形態というのは学生側、指導者側のどちらの希望で出てきたのですか。

ちょうどうまくかみ合ったんですね。先生は、学生に興味があるのがわかって、やりたいことをやらせてみようと思ったんじゃないですかね。学生としては、コンサートでどれか一曲をそんなふうにやって、いいところを見せようってわけで。

——フィールドワークのことをお話しくださいますか。

最初のフィールドワークは大学一年のときでした。文学部の学生全員がいろんな分野に分けて実習に派遣されました。図書館や古文書館での調査に回った人もいましたが、特にタフな学生はもっと遠くに、フォークロアのフィールドワークに行かされました。タフなというのは、勉強するのが好きで元気な学生ってことです。文学部の学生は勉強できますからね、ほとんどみんな遠征に出ました。私たちが派遣されたのは北ロシアで、ヴォログダ州ウスチュジェンスキー地区でした。そこに行って、フォークロア実習で忘れられない数週間を過ごしました。

私はそこで初めて見たんですよ、こういう音に興味を持つ人たちを。そういうのを詳しく研究して、深く理解して、いろんな角度から見て評価しようとしている人たちがいることがわかった。私は強い衝撃を受けましたね。だって、こっちにしてみれば、子供の頃も、若い時分も、年長の人たちが集まって、誰かがバラライカを弾いて、誰か歌うっていうのは日常の光景なんですよ。私の記憶の中ではね。それが突然、別の州に来たら、同じものを見ているのに、そこにはプロの人たちがいて、それを研究しているわけですよ。そのとき見たのは、ショフ・ヴォローフというノヴゴロド州のプロのフォークロア・アンサンブルだったのですが、彼らは本格的に研究をしていて、農村のガルモニ奏者やバラライカ奏者の話や演奏を丁寧に聞いて録音していたんですよね。

そのとき初めて、そういう脈々と受け継がれてきた音を使って、何かもっとおもしろいことができるんじゃないかって、ひらめいたんですね。

文学部ですから、フィールドワークの対象は口承文芸で、民話や昔話やおとぎ話といったジャンルです。でも私たちは、それと同時に器楽も採録しました。儀礼や、民俗誌も。それは単なる基礎実習というようなものではなくて、複合的で、大学生がやるにふさわしい、教育目的のフィールドワークでしたね。やり方を叩きこまれましたよ。ここは旧教徒の村だ、何を聞くか、どんなふうに立ち居振る舞いをしたらいいか、どういう方向に話を進めたらいいか、旧教徒が村の自分のテリトリーに入れてくれたんだから、どのように接すればいいか、それから、特に、話の中で何をとっかかりにしたら、話し手の話やこちらが知りたいことを十二分に引き出せるか。そんなことを教わりました。で、みんなそれぞれ自分のやりたいことをやっていました。

多くの学生にとっては、あれは楽しい旅行だったですよね。すごくいい思い出ができたし。まあ中には、そのときの体験を基に今もフォークロアに関連したことをやっている人もいるけどね。

――あなたはバラライカをおばあさまから習ったんでしたよね。

私が一七か一八のとき、夏に遊びに行って、ふと興味が沸いて聞いたんですよね、楽器のどこを押さえたらいいかって。で、祖母がここを押さえろと教えてくれた。そのときから少しずつ、祖母の弾いているのを聴いたり、一緒に弾いたりしてきました。どういう奏法を使っているか、見たりしてね。祖母の伝統を引き継ごうとしています。祖母はこの近くに住んでいます。ウリヤーノフスク市から五〇キロ離れたところにある、小さな村です。今でもちょっと弾くことがありますよ。

――初めて弾いた伝統伴奏曲を覚えていますか。

《ポドゴールナヤ》です。ここでは《ポドゴールナヤ》というのはオールマイティの節回しで、すべてがそれから始まって、それで終わるんですよ。バリエーションが利くから、ここじゃ一生弾き続けるんです。メロディーを思いついたり、忘れてしまうこともあったりするし、新しいものを入れたりとかして、いろんなことを付け加えたりしながら。それが最初の曲でしたよ。

——現在の活動はどんな感じですか。

順調にいっています。活動の方向性は二つあって、バラライカに特化した楽器の製造がメインで、アカデミックバラライカ、伝統バラライカ等、いろんな種類のバラライカを出しています。二〇一五年から、もう七～八年やっています。もう一つは、社会貢献としてのバラライカ博物館です。だいたい十年ぐらいかけて伝統バラライカを収集したんですが、それを基にしています。人員はメインの楽器製造のほうが多くて、二〇人。それとは別に、三人が博物館を担当しています。

——伝統バラライカのレパートリーについてどうお考えですか。どういうのを弾いてよいか、だめか、どんなふうに弾くべきなどなど。

おもしろい質問ですね。いろんな答え方ができると思いますが……。私の意見は簡単で、概して楽器では何でも弾けると思います。ほんとに何でもいける。それは弾く人の個人的な経験によるでしょう。特定の音の環境、たとえば都会としますよ、そこで育った奏者にとってはその環境が自然なのであって、もちろんその経験を引き継いで、楽器で再現しようとするでしょう。その人が伝統的なバラライカを手にしたとしたら、自分が慣れたもの、自分に向いているものを演奏するでしょう。それは、ごく普通の話ですよ。世界の伝統楽器の奏者を見てみると、みんなそんなですよね。たとえばマウリ族がギターを手にしたら、自分たちがもともと弾いていたものを弾くだろうし、カルパート地方のルシン人がサックスを手にしたら、自分たちが伝統楽器の笛で演奏していたものを演奏するでしょう。

同じように、若い都会の人が伝統的なバラライカを手にしたら、同じように、自分が耳慣れたものを弾くでしょう。ポピュラー音楽とかね。いいんじゃないですか。自分がいいってのを弾いたら。もっと古いのを弾く人もいるでしょうよ。私などは古いのが好きですね。古いのはなじみがあるし、だいたい理解できますよ。ポピュラー音楽というのは、私はもうナンチャッテになっちゃいますね。小編成で一緒にそういうのを演奏することはできるのですが、ナンチャッテですよ。私にとっての自然な音というのは全く別物なので、そういうのには向かないんです。

だから、バラライカでもどの楽器でも、好きなものを弾いてくださいよ。自分の心が惹かれるもの、自分の感情が沸き起こるものを、何でも。これ、大事なことだと思いますね。もし自分が演奏したいと思っている音楽が、心の中に感情を呼び起こすことができるんだったら、それでもう十分。それを演奏すればいいし、制限をかけることは全くないですよ。

――いや実は、私はレパートリーのことでよくそういった議論を目にすることがあるもので……。

どんどん議論したらいいと思います。最終的には何らかの結果を生みますから。議論の後に生まれるんですよね。ジャンルとか、音楽の方向性とか、いろいろね、やったらいいんですよ。それって自然なことです。

バラライケル社一同。Musikmesse 2019（モスクワ）にて。

私もよく見ますよ、「こういう音楽だけを弾かなきゃ」「これ以外はだめ」っていう人。ほんと「これだけを」「往時の貧しい農民の音楽を」っての。いいんじゃないですか。必要ですよ、そういうのは。そういう人たちってどんどん貴重になっていってますよ。数自体そんなに多くないし。音楽って、時間の中に埋没してしまって消えていくでしょう。ジャンルに対する、弾く音楽に対するそういう厳格な姿勢ってのは、とても大事だと思いますよ。私はそういう人たちっていうのは、何というか、その、立派だと思います。

でも、それは楽器が何らかの制限を受けていいということではないです。バラライカも、他のどの楽器もですが、ジャンルの板挟みに遭ったとき、分野そのものが守りに入ってしまう。一時停止して、もう時代についていけなくなるんです。私たちがやっている楽器の製造の経験を基に言うんですけどね、バラライカに限らず、あらゆる楽器、フォークロアでも一時停止が起きてしまうと、つまり、ジャンルの枠組みへの人工的な制限、意図的な制限が出てきてしまうと、もうおしまいです。楽器は簡単に、すごく狭い世界の聴衆の中に閉じこめられてしまう。で、そこで消えちゃいますよ。そういう道理です。

七弦ギターとバラライカのデュオ。2010年。
（セルゲイ・クリューチニコフ提供）

だから私たちは、伝統バラライカのことをやり始めたとき、すぐに若い人たちに注目しました。今ある場所から楽器を引っ張り出すことができるようなね。彼らは新しい考え方をしていますから、この楽器に対する自分なりの新しい見方や、新たな要望が出てくる。これ、とても大事ですよ。単なる要望というのではなく、「分野そのものにかかわる新たな要望」ですから。私たちは彼らの言うことを聞いて、製造に関する新たなヒントを得るんです。技術的にどうするかとか、楽器を構造的にどうするかとか。こういったことは何でも取り入れていかないとだめです。結果、そのこと自体が楽器を生き返らせるし、命を吹き込むんです。

楽器演奏の新しい方向性から目を背ける人たちは、残念ながらあまり自覚してないんです。実際にはそういう厳格な見方こそが、楽器を滅ぼすことになるんだって。

――アカデミックバラライカについてはどのようにお考えですか。

とてもすばらしい楽器ですよ。以前は全く興味がなくて、それは私たちの楽器と並行して存在する「物体」でしかなかったですがね。どこかにあるにはあって演奏されていたんだけど、そういう方向性には何の共感も興味もわかなかった。私たちがこんなふうに楽器を深く理解して製造に関わるまでは。

よく見ると、アカデミックバラライカって異色の楽器ですよ。構造がユニークだし、どれほど多くの文化が層になって堆積していることか。私たちはだいたい楽器をどうやって作るかということを知らなかったですから、バラライカ製作のプロのいろんな職人さんのところに行ったんですよ。そしたら、それはとてもユニークなもの、文化の層が堆積したものだということがわかった。そのことには演奏家自身も気づいていなかったりします。演奏家は練習曲や音楽作品の演奏の仕方は知っていても、自分の楽器のことはすごく大まかにしか知らないです。深く楽器を理解するとか、楽器の起源や歴史的基盤を研究するとかはしていない。でも実際は、楽器はいろんなものの宝庫、記録の宝庫なわけで。

アカデミックバラライカという楽器には、ロシア人の国民性がはっきりと反映されています。こんな楽器ができちゃうのは、おそらくロシアだけですよ。ここで、我が国で、私たちの手や頭や意識によって、我が国固有の、独自性の強い楽器になったんです。ほんの十年前ですが、私はこんなことがわかっていませんでした。こんな話はできなかったと思います。この楽器はとても深いですよ。

でも、この楽器の独特でユニークなところと、この楽器で演奏されているレパートリーの間で、ちょっとアンバランスを感じることもあります。私にはそれが今のところどうも結びつきません。楽器本体はおもしろいですよ。でも、アカデミックバラライカの〔クラシック音楽などの〕レパートリーは、全く自分の身体が受け付けないといいますか。

楽器の話を続けますね。私たちはアカデミックバラライカを通じて、その構造や生産工程の特性を理解して、その多くを実際のところ伝統バラライカの製作に活かしています。つまり、実際は、私たちはプロの作った楽器を「覗き見して」、その後そこから考え方を「盗んで」、伝統バラライカの製造に援用しているというわけです。つまり、プロセスとしては補完しあっているということですが。

伝統バラライカは、あるときぱたんと生産が途絶えて、やる人がいなくなって、消えてしまっていたのです。店からも工場生産の流通経路からも、消えていた。楽器はそこで終わって、それ以上発展しなくなってしまった。でも、アカデミックバラライカのほうは専門教育用の楽器として、発展を続けていた。こっちは弾く人たちがいて、それを支える国の教育・公演制度もあって、いろんな方法で楽器が生き延びることができた。国の制度のおかげでね。そして、楽器の構造が改良・複雑化されていく土壌を作った。

私たちは今それを覗いてみているというわけです。すごく勉強になりますよ。

――アレクセイ・アルヒポフスキーについてはどのようにお考えですか。

彼はとてもすばらしい音楽家、演奏家だと思います。彼にはとりわけ優れた資質があるんです。他の奏者とは違って、バラライカの楽器の構造を理解しているんですよ。常にいろんなことや歴史を知ろうとして、調べたり、職人に聞いたりしています。この部品は何のためにあるのかとか、なんで資材がこういう厚さなのかとか。そして、自分の演奏を進化させるために役立てようとしている。楽器に対するそういう誠実な興味の持ち方というのは、驚きだし、尊敬するし、すごいですよ。音楽的な才能は言わずもがなです。彼が作り出す、驚異的な、色彩豊かな音も、楽器から絞り出されるようなね。

彼にはもう一つ特筆すべき点があるんです。現時点では、彼の音楽はとても内的なものです。彼個人の音楽家としての、人間としての、深い内的経験によるものなんですけど、まだその後継者を生み出せていないですよね。彼の直感的な音楽のようなものを試みで演奏している人もいるにはいますが、そういう方向性の音楽はいまだにできあがっていないです。だから、そっちが発展していってくれればいいなと思っています。まあ実際どう名前をつけていいかわかりませんけどね、アカデミックバラライカの範疇の外の、直感的な音楽とでもいいましょうかね。

実際に話をしたことがあるんですが、頭がいいし、繊細な人ですよ。彼は今のアカデミックバラライカが行き詰っているのをよくわかっている。殻に閉じこもってしまっているのがね。若い血がとても少なくて、規模がどんどん縮小していって、ジャンルの方針が楽器を圧迫して、命の火を消そうとしている。「その境界線を越えたい、その循環系から出たい」と言っていました。今やもう達成したと思いますけど。それから、「もう今は音符とかスコアから解放されて、直感的に演奏している」とも言っていました。これは伝統バラライカの演奏の実地の話になるのですが、奏者というのは直感的にというよりも、一連の運動のように、手のポジションを覚えて演奏するものです。即興というのは、そういったいくつかのポジションを使ってやるんです。どのフレットを押さえたらいいか、どこで和音を合わせたらいいか、どこで弦を強くはじいたらいいか、直感的に捉えながら。音楽がより豊かになるようにするために。私には、アレクセイはだいたいそんなアプローチをしているんじゃないかという気がします。

バラライカがいろんな面を見せていくのは、いいと思います。多様で、予想もしないようなね。それって、ほんとすごいですよ。そういう演奏家が増えるほどよくなっていくでしょう。バラライカ全体だけでなく、民族音楽にとっても、国にとっても。

#2 ヴラジーミル・ユーリエフ〜伝統文化に魅入られた舞台俳優

Владимир Юрьев　一九八一年生まれ。舞台俳優（リペツク国立劇場専属）、バラライカ愛好家、フォークロア収集家（リペツク州リペツク市）。インターネット上では愛称を用い、ヴォロージャ・ユーリエフと表記することが多い。（二〇二一年八月二〇日録画）

これは私の音楽というわけではなくて、私たちを通じて、世代を通じてあるものです。

私はヴラジーミル・アレクサンドロヴィチ・ユーリエフといいます。アルタイ地方バルナウール市出身です。南西シベリアですね。母もアルタイ地方、父は西シベリアのノヴォシビルスク州S村出身です。

舞台と映画の俳優です。アルタイ国立芸術文化大学を修了しました。在学中はオペレッタ劇場で働いて、その後アルタイのビーイスク市のドラマ劇場、今はリペツク州リペツク市（ロシア中部）の国立L・N・トルストイ記念芸術劇場に所属しています。本業は俳優ですが、それ以外に伝統音楽に取り組んでいて、弦楽器、たまに吹奏楽器をやっています。自分のために、伝統文化の世界を開こうとしています。

音楽の専門教育は特に受けていないです。それで、ビーイスク市で働いているときに社会人教育で音楽小学校〔用語〕に通い始めました。二五歳か二七歳ぐらいだったと思います。楽譜をきちんと勉強して、演奏との関係を理解したくなって、大人になってから音楽小学校に三年間通って卒業したのです。

学科はフォークロア学科でした。科目はソルフェージュのほかに、伝統音楽に関連した授業がありました。そのとき私には専攻の楽器がなかったし、楽器も持っていませんでした〔民俗音楽専攻は声楽科のみで、器楽科がないため〕。小学校の民族楽器オーケストラでは、バス・バラライカを弾いていました。でも、専門でやっていたわけではないです。音楽小学校でしょう、じゃあその大きいバラライカを弾きますよ、ってなっただけで。生徒はみんな子供で小さいですが、私は大きいですから！　あと、フルートもやったし。グースリも弾きました。

——フォークロア・アンサンブルへの参加は？

私が参加したプロのフォークロア・アンサンブルは、リペツク州に二〇〇九年に引っ越してきたときに出会った「ヴォスクレセーニエ」です。主宰のクリスチーナ・イヴァーシチェンコ先生と知り合って入団し、リペツクの伝統文化について少しずつ知るようになりました。

——バラライカを始めたきっかけは？

バラライカですか……。弾けるようになるまでは、長い道のりがありましたね……。

子供の頃、夏休みはいつもノヴォシビルスク州S村の祖父のところで過ごしていたんですよ。祖父は私にアコーディオンを弾いてくれました。若いころはガルモニを弾いていたんだそうですが、私は聞いたことがないです。祖父は大祖国戦争〔独ソ戦のこと〕に出征したのですが、戦争が終わったときにドイツ製のトロフェイのアコーディオンを持って帰ってきて、アコーディオンで歌や伝統伴奏曲を弾いてくれました。そこにバラライカもあったんです。祖父はそんなに教えてくれなかったですね。ちょっとやり方を見せてくれて、へえおもしろい楽器だな、三角形かと思って、それで終わりですよ。

その後、大人になって、大学を卒業して、ビーイスク市に移ってから、年齢は二二～二三歳かな、バラライカをやってみようかと思うようになりました。ビーイスク市の劇場で壊れたバラライカを見つけたんですけど、ほら、これこれ〔手に持って見せながら〕、こいつですよ。棹の上の部分、ヘッドが壊れていたんですよ。舞台裏に放置されていて、ほこりをかぶっていました。それで修理したんです、できる限り。紐を巻いて、それで弾いていたわけです。

調弦はミミラ調弦にしていました。それから、何かの本でドミソ調弦というのがあると知って、やってみました。こちらの調弦のほうが私には弾きやすかったです。以前ギターをやっていたのでね。団地内の公園で集まってギターの和音をちょっといじってみるぐらいですけど。年長者のギターというと七弦ギターですが、私の若い頃といったら一九九〇年代で、住んでいた町にあった唯一のギターは六弦ギターでした。当時の都市の文化でね、ギターの伴奏で歌を歌うんですよ。ロシア・ロックとか、パンク・ロックとかね。多くの人がそういう音楽を聴いていたと思います。私もそのうちの一人で、同級生とバンドを組んで、弾いたり歌ったりしました。自分で作った歌や、もちろん当時の流行歌も。でもこれは若い世代での話ですよ。

そんなわけでドミソ調弦のほうが私にはなじみがあったので、バラライカもその調弦でやり始めました。とはいえ、レベルはアマチュア、初心者でしたけど。当時私が理解できたものを、やれるだけというレベルですね。私にとっては特にこれといった思い入れのある楽器ではなかったです。当時私は吹奏楽器のほうに興味があったんですよ。フルート、リード楽器、ジャレイカ、その他もろもろね。

その後、仕事の都合でここリペツク市に引っ越してきてから、二〇〇九年ですが、中央市場で音楽家たちと出会うことができました。皆さんは日曜ごとに集まります。初めて市場に行ったとき、見たら、おじさんたちが立ってガルモニを弾いているんですよ。近寄って行って、話しかけて、知り合いました。

それで次の日曜日には、このバラライカを持って行ったんですよ。そしたら、そこに年配の人が座っていて、「おっ、バラライカか、ちょっとよこしな」って言うわけですよ。しばらく調弦をして、ぱっと音が合ったと思ったら、じゃ弾くか、です。でも弾くのを聞いても、この地方の伝統伴奏曲はよくわからないわけです。それから、次の日曜日、その次の日曜日というふうに、中央市場に行って、その人に習っていったんです。

それがラージンさん、私が最初に習ったバラライカの先生でした。ご自宅にお邪魔して教えてもらいました。ビデオにも撮って、私は何とか覚えようとしました。もう亡くなりましたが、とてもよい音楽家でしたよ。ご冥福をお祈りします。この方も、出征した人でしたね。で、ラージンさんのほかにもいろんな人が市場にはやってきていました。日曜日に周囲の農村から市の中心部に集まってきていたんですよ。グーセフさんとか、N村のベーレズネフさんとか。

私は多くの音楽家、バラライカ奏者たちとまさにこの中央市場で知り合いました。それからその人たちの家に行って、習って、録画して、そして少しずつこの伝統文化の中に入り始めたんです。そして極めて興味深いことに、私は伝統に飲み込まれてしまった、つまり伝統が私を引き込んでいったのです。

今やバラライカは私にとって一番重要な楽器になってしまいました。自分で分析するには、吹奏楽器は好きですけど、でも、バラライカは……。まさにそれを通じて生きた伝統文化に接し、理解できたから（私なりに理解しようとして努めて）触れることができたからだと思います。まさに、その奏者、私の先生たちとの交流によって。私は伝統伴奏曲や、節回しを聞くたびに、ああこれはラージンさんの節回しだな、これはグーセヴァさんの節回しだな、これはベーレズネフさんの弾き方だと思うわけですよ。それは私にとってはとっても大事なことなんです。こんなふうにバラライカをやり始めて、続けているというわけです。

——つまり、すべてがかの有名な「ガルモニ市場」から始まったというわけですね！〔ユーリエフ氏はリペツク市の音楽文化を紹介する際、よく「ガルモニ市場」という語を用いる〕

ええ、そうです。当時はバラライカをほんとうにちょっとだけ、自分の知っている伝統伴奏曲をちょっとだけしか弾けなかったです。ラージンさんがあのとき私の楽器を手に取って演奏し始めたときは……。私はすぐには理解できなかったんですよ。何を弾いているんだろうと思った。それから二人、三人、四人、五人とやってきて、当時は五人のバラライカ奏者を集める

中央市場にて。ガルモニの伴奏で歌い、踊る（上）。撮影協力者のドミートリー・マドヴェエンコ（ガルモニ）と共演（下）。

ことができたんです。ただ、彼らは楽器を持っていなくて、私の楽器で演奏しましたけど。私はあれですっかり……魅了されてしまいましたね。それでその後はバラライカとか、ガルモニとか、いろんなものを調べ始めましたよ。それは全部、この中央市場（「ガルモニ市場」）から始まったんです。

――フォークロアのフィールドワークはどうなんでしょう？

最初のフィールドワークは、もしそう名づけることができるとすれば、私の祖母のところです。祖母はバルナウール市〔アルタイ地方〕に住んでいます。一昨日九三歳になりましたよ。

その祖母が確か八〇歳のときだったと思います。大きなお祝いでしたから祖母の従妹たちがやってきたんですが、祖母と四人で自分の村の歌を歌うわけですよ。アルタイ地方のM村の。びっくりしました。その頃は私も少しずつロシアの伝統音楽というものを理解しようとし始めた時期だったんですが、それが、自分の親類縁者がまさにそれを歌っているわけでしょう。パートにきちんと分かれて、かなり上手に。シベリアの伝統音楽です。私はとっさに、持っていた録音機で録音したんですよ。

それから五年経って、また同じように集まりました。私はちょうどビーイスク市の音楽小学校でソルフェージュを勉強していた頃でしたので、教材にそれらの歌を選んで、おばあちゃんたちがパートに分かれて歌っているのを聞いて、楽譜にしようとしました。少しはうまくいきましたかね。

その後、ここリペツク市に移ってきてから、奏者との交流を通じて、少しずつ自分でも楽器を習得しようとし始めました。そのときはまだ自分で機材が買えなかったので、友人にビデオカメラを借りて少しずつ録画し始めました。後で見るために。だって、奏者にお話を聞くでしょう、で、家に帰ってきたら忘れているわけです。細かいことや演奏のニュアンスは、一度で聞いて覚えるのは難しいです。

そうしてひたすら録画をしていったんですが、それがたまって結構な量になりました。すると、わかってきたんですね、何を聞いたらいいか、何についての話をしたらいいか、いつ、何のために、ということが。奏者と一緒にいることでフォークロアの実地というものがわかってきたんですよ。自分が経てきた道は最良の道ではなかったと、今は思います。時間を無駄にしたし、聞き落としたことがたくさんあるし。最初の頃の聞き取りは、具体的な聞き方をすればよかったのに、わかっていなかった。少しずつ、できる限りのことをしながら、知っていったんですね。

アンサンブル「ヴォスクレセーニエ」の人たちとフィールドワークに行ったこともありました。主宰のイヴァーシチェンコ先生も一緒に。先生は声楽メインですので、私も声楽曲の採録の経験を得て、いい勉強になりました。そのほか、サンクトペテルブルク音楽院やモスクワの人たちと一緒にフィールドワークをやりましたね。隣のヴォロネジ州のガリーナ・スィソーエヴァ教授〔ヴォロネジ芸術音楽大学。民俗声楽の権威〕とも、一緒にフィールドワークに行く機会に恵まれました。

それからは、少しずつ研究対象を移していきました。最初はバラライカ、次にガルモニ、次は別の分野といった具合に。フィールドワークのときに全員から器楽を採録できるわけではないでしょう。たとえば、楽器は弾けないけれども、年中行事のことを詳しく話せるお婆さんとかがいるわけですよ。お祭り、儀礼、伝統的な遊び、伝統的な料理、人形の作り方……。伝統的な生活の中で生まれ育った人たちと話す話題を見つけることはできますよ。話題には事欠かないです。

惜しむらくは、こういう知識が私に元々なかったということです。一一年前ですか、もしあのとき今持っている知識があったら、もっとたくさんの情報を記録することができたのにと思います。

私は今もフィールドワークには出かけています。幸いなことに、まだ奏者が存命なのでね。バラライカもガルモニも。作業は進行中ですよ。カメラも買ったので、録画できますし。Zoomもありますし。車を出してくれる友人や仲間ができましたし。フィールドワークにはみんなで一緒に行きますね。

――どういう場所に行かれたのでしょう。

リペツク州が一番多いです。それから、祖母のいるアルタイ地方。あとは、父の故郷のノヴォシビルスク州のS村です。小さい頃は多くの時間をそこで過ごしたので、自分でもとても興味があったんですよ。今はもう縁者は誰も残っていませんけど、一人、ヴァーリャおばさんという、私の祖母の兄嫁がいます。フォークロア・アンサンブルで歌っていて、古儀式派の人です。歌をたくさん知っているし、昔の生活や文化のことを知っています。

私が採録目的でおばさんの話を初めて聞きに行ったのは、五年ぐらい前でした。その頃はリペツク州を一通り回って、南ロシアの伝統文化の概要はつかんでいたのですが、それがノヴォシビルスクではまったく異なるわけです。成り立ちが全く違う。音楽も、儀礼も。私はリペツク、親戚がノヴォシビルスクとアルタイ地方に住んでいるのでどれも繋がりがある場所ですが、それぞれまったく別の歌い方をするわけで。私はロシアの伝統のこの豊かさと多様性に驚くというか、ほんとに感心してしまうんです。

というわけで、私はロシア全土に行ったわけではないです。行ったのは三か所。シベリアの親類のところ、アルタイ地方とノヴォシビルスク州、それからリペツク州。リペツク州の近隣のヴォロネジ州、タンボフ州、リャザン州もありますが、ちょっと行ったぐらいですね、実際は。

――現在の活動についてお聞かせください。

リペツク州のフィールドワークを一通りやってみたら、録画や写真がたまりました。半年とか、一年分ですけど。だいたい二〇一〇年のことですかね。当時私はインターネットを見て勉強していたんですが、正直なところあんまり資料がなかったんですよ。録音録画があるにはあったんですが、リペツク州の伝統文化については何もありませんでした。

それで、私が持っている録画や写真が誰か他の人にとってもおもしろいんじゃないかと思って、VK〔ロシア最大手SNS〕の自分のページにアップすることにしました。その後、VKでセルゲイ・クリューチニコフと知り合って、彼の「古い農民の音楽」というグループを知りました。グループでは伝統音楽の奏者の録音録画をアップしていたので、これはと思って閲覧しましたよ。セルゲイの勧めで、今度はリペツク州の奏者をこのグループで紹介しようということになりました。それでリペツクの奏者の写真のアルバムを作って、録画もアップするようになりました。

それから、YouTubeに「リペツク州のフォークロア」というチャンネルを開設しました。それで少しずつ動画をアップしていきました。全部アップしたわけではないですよ、うまくいったといえるようなもののみです。誰か興味を持った人たちが見て、交流を持つことができるようにと思ってのことでした。動画で何かを見つけて、VKで私に質問をくれる人もいましたし、反響があるわけですから、誰かにとっては必要なのだと思いました。そんなに多くはないですけど、いるにはいるわけです。ここに住んでいない人で、興味を持っているという場合、ここには来られるわけではないし、自分の目で見ることはできない。でも、録画を見ればわかるでしょう。

これは基本的に私にとってもいいことでした。資料はどんどん多くなっていく。外付けハードディスクがありますけど、いつかは寿命が来る。でも、インターネットにあげれば常時アクセスができる。

それから一年か半年か経って、ドミートリー・パラモーノフ〔グースリ奏者・研究者・製作者〕がメッセージをくれました。「ヴォロージャ、なぜVKにリペツクの伝統文化の独立したグループを作らないんですか。ぜひやったらいいですよ」と言うんです。「役に立ちますよ。もしそういうグループがたくさんできたら、集めて一つの大きなグループにしましょう」と。私には本業がありますからね、こういうことは時間をものすごく食うので躊躇したのですが、その後、できるできないは別としてやるだけやってみようかなと思ったわけです。誰か助けてくれるかもしれないし、何とかなるかもしれないと。そして、VKに「リペツク州の伝統文化」というグループを作ったんですよ。

そうしたら、実際とても便利だということがわかったんです。音楽をやっている人だけでなくて、伝統文化の他の分野のものもアップできるからです。遊び、料理、衣装、年中行事、祝祭日の儀礼など、つまり伝統文化全般について情報を体系化することもできます。奏者ごと、村ごととか。資料や本のスキャンとか楽譜を貼り付けて投稿するとか。VKのグループがとても便利な様式になっているということがわかったんですよ。それに、VKはこういうのを助けてくれる人が出てきてくれるし。

というわけで、私には主に二つの場があるということになります。一つはYouTubeのチャンネルの「リペツク州のフォークロア」、それから、VKのグループの「リペツク州の伝統文化」です。

――バラライカの関連で、学会でも研究発表をなさっていますよね。

私の最初の研究発表はリペツク州で無形文化遺産目録を作ろうかというときに開かれた学会でした。小さな報告をしました。それから、あなたが声をかけてくれたので、それを機にバラライカの演奏文化を体系化することができて、第四回全ロシア・フォークロアコングレスの民俗音楽セクションで発表しました。その他、ヴォロネジ州芸術大学民族音楽学学科のスィソーエヴァ教授のところ、ペテルブルク音楽院、モスクワでも何か所かで報告をしました。

バラライカにとどまらず、他の楽器に関しても話があって、今はリペツクのジャレイカ〔リード吹奏民俗楽器〕に関する文章をまとめようとしているところです。リペックではジャレイカに関する証言が多いんです。楽器の合奏の話もまとめて、何かの集まりで報告しました。

ここ二年はオンラインで学会などが行われていますね。私は仕事があるので、出向いて発表なんてできるはずもないのですが、オンラインの場合はできるでしょう。たまには。私は音楽教育も民族音楽学の教育も専門教育は受けていないですから、まとめるのは難しいですし、レベルはアマチュアです。だからできる限りのことをし、知っている限りのことをお話しするだけですけどね。

――伝統バラライカのレパートリーについてのお考えをお聞かせください。

言うなれば、わりと自由です。だって私が誰かに禁じたりとかはできないでしょう。私は自分については何か言えるんですけど。他の人が何をどんなふうに弾くかっていうのは、彼ら個人の問題です、音楽をやる者として、人間として。伝統的な音楽、現代的な音楽、いずれの立ち位置にしても。でも、たまに私も義憤に駆られることがあって、インターネットに毒舌コメントを書き込んでしまって、後になって、何でそんなことやってしまったんだろうって思ったりすることがありますが……。

私は伝統的な伴奏曲を弾くのが好きです。私には伝統音楽の構造や形式を理解するのがとても難しかったんですよね。なぜ、何のためにそうなっているのか、これとあれとでどう違うのか。概要をつかむ

ガルモニの名手コロリョーフ氏との共演。養蜂農家で、後ろにミツバチの巣箱が見える。
（撮影ドミートリー・マトヴェエンコ）

のに一年ぐらいかかりました。《マターニャ》と《ストラダーニエ》の違いとか。私はそういうのを弾くのが好きなんです。ここには自由がある。とても厳しい枠組みや定式がある反面、その中では自由なんです。つまり、装飾音とか、リズムとか、和音の交替とか、それらはほんとうに驚くほど美しい。私とガルモニ奏者のコロリョーフさんが演奏している録画を見て、私たちの劇場で働いている人民芸術家のミハイル・レンコさんが言っていたのですが、どれだけ見ても同じことをやっていて、ひたすら循環していて、まるでレース編みのようだと。実際、感覚としてはそうなんだと思います。私はこういうのが好きなんですよ。だから弾いています。好きじゃなかったら、弾いていないです。

それが気に入らない人はいるんでしょうし、その人たちには必要ないでしょう。私が見るところ、その最たるものが音楽の学校などでアカデミックバラライカを学んだ人たちですが、彼らは深く理解していないんですよ、旋律性も、変奏の規則も。彼らはただ、よさげな二つ三つのまとまりを弾いているだけですね〔変奏曲としてという意味〕。それではその伝統伴奏曲が持つ本質や生命は表せないでしょう。

農村の多くの音楽家たちは簡単に弾きます。一つ、二つ、三つの節回しで。でも、そこには生命がある。演奏しているとき、思うわけです、私に教えてくれたおじいさんたちを思い出しながら、この音楽を演奏してきた人たちがあって、今私があるのだと。これは私の音楽というわけではなくて、私たちを通じて、世代を通じてあるものなのだと。先人たちには別の伝統伴奏曲、別の装飾法があったかもしれません。でも、意味は、中核をなすものは、引き継がれている。この点が私は気に入っているんです。

一方では、私は現代の歌も弾きますよ。ギターの和音をバラライカに移して、焚火のそばとかで。文献学の人たちとフィールドワークに行ったときや、友人たちと魚釣りに行ったときにね。現代の歌だって歌いますよ、ツォイ、ピャートニツァ、昔流行っていたり、今流行っていたりするグループの。そういうのを弾いてもいいと思いますね。一緒にやれて、楽しければ。つまり、私にとっての第一義は、音楽は人々に喜びをもたらすものであるべきだということです。弾いている人にも、聴いている人にも。聴くほうには喜びの度合いは少ないかもしれないですが、弾くほうには確かなところですね。

でも、その際に私たちが忘れてはならないのは、何を、なぜということです。つまり、伝統的なレパートリーというのはやはりあるべきだということです。だってもし現代曲ばかり弾いていたら、このドミソ調弦ならではの技術は失われる、正しくは、身につかないでしょう。伝統的な伴奏曲を弾くことで身につくであろう技術が、身につかなくなります。

そこは天秤のようなもので、どっちも必要なんですが、誰も禁じてはいないし、音楽は発展していくものでしょう。芸術ですから、それぞれ寄与するものがある。でも、この伝統的なものと新しいものとのバランスはね、自分のセンスで保っていかないといけないでしょう。そして、自分のセンスというのは磨いていかないといけない。どうやって磨くか。質の良い、ほんものの音楽で、です。ほんものの音楽というのは、伝統的な音楽でもある。伝統音楽にはすばらしい奏者がいますし、芸術音楽には奏者と作曲家がいる。自分のセンスはどちらからでも磨いていかないといけないと、私は考えますね。

――正統性についてはどうお考えですか。

正統性というのは私にとってある種の尺度ですね。たとえば、イヴァーシチェンコ先生採録のアーカイヴでN村のスキーペルスキフ夫妻の《ストラダーニエ》を聴いてみると、強さ、深さ、先へ先へ進もうとする力がすばらしいんです。それから、V村のプロートニコフさんの演奏には何と繊細な装飾が施されていたことか。和音なんて二種類ですよ。《マターニャ》を演奏するときだって、二つしか機能していなかったですね。三つではない。でも、何という豊かさ。何とおもしろい工夫。何という即興性か。

私にとっては正統性というのは、尺度であって、私が手本にするための基準です。これは、プロフェッショナリズムやヴィルトゥオーゾ[用語]（名手）というよりもむしろ、私にとっては文化の層の豊かさといいますか。誰かに習ったという話をしてくれるのは一人だけではなくて、各村に一〇人、二〇人いるわけでしょう。彼らの後にも彼らに習った人がいるわけで。そしてそれが積み重なっていく。それがあるから、頭一つ分抜けた奏者が生まれるんでしょう。ガルモニでも、歌でも同じように。つまり、正統性というのは文化を育んできたわけです。

伝統文化というのは私にとっては……すべてですね。残念ながら、消えつつありますが。特に都市部では。農村部でもどんどん変わっていく。口承文化はなくなっていくわけです。まあ、どうなるか様子を見てみましょう。今、都市部で若い人たちが出てきています。こういうのを専門的にやっている人が。農村部ではそんなに多くないですが。別の形でもいいので、何とか続いていけばと願っています。

――アカデミックバラライカとその文化についてお聞かせください。

すばらしいと思っていますよ。すばらしい奏者がいるし、学校で音楽を演奏する勉強をしている。でも私にとっては、そんなに近いものではないですね。私はあんなふうには演奏できない。あのミミラ調弦で演奏しようとしたことがありましたが、どうもうまくいきませんでしたね。もしかすると、その調弦で演奏する伝統音楽の奏者に会ったことがないからかもしれません。別の理由があるかもしれません。

私は民族楽器オーケストラというものに、どうしてもこれといった魅力を感じないのですよ。私にとっては音楽においては誠実さが何よりも大事なのですが、民族楽器オーケストラはソ連の作曲家の遺産を忠実に守っているだけで、そこには心があまりないように感じます。惰性でやっているだけというか。

悪くは思っていないですよ。皆さん演奏されているわけだし、プロフェッショナルに、ヴィルトゥオーゾに。ああすばらしいな、この人たちがいてよかったと思うこともありますよ。楽譜文化の伝統を脈々と受け継いでいっている人たちがいてくれて。

――バラライケル、アルヒポフスキー、ＫＴＩ（バラライカ伝統音楽演奏サークル）についてはどうお考えですか。

皆さんそれなりの成功を収めていて、ファンもいる。だから、それぞれにうまくいくことを祈っています。

アルヒポフスキーにコメントをするなんて、個人的には畏れ多いのですが。すばらしい、ヴィルトゥオーゾですよ。そこの中央市場のおじいさん奏者たちはいつもすばらしいって言ってますよ。私が唯一何か言えるとしたら、作曲家としてですかね。彼の作曲作品をいくつか聞いたんですけど、すばらしいですよ。でもそれらは技術的な意味で繰り返しで終わっていますよね〔繰り返しが避けられる伝統音楽の基準からからすれば、退屈だと見なされるという意味〕。私のアマチュア視点からするとってことですけどね。

――伝統の伝達に関して将来への課題としては、どういうふうにお考えでしょうか。

演奏するのが好きな人、教えるのが好きな人がいるわけでしょう。それはいいと思うんですよ。ただ、まっとうな録音を聴かないといけないと思うんです。大きなアーカイヴを作って、地区ごと、具体的な奏者ごとにね。伝統音楽の奏者のもとで習得したいと思っていた人が習得できるように。その「伝統音楽の奏者のもとで習う」というのが、実際のところとても大事なんですよ。

私も三～四年前にビデオレッスンを考えていましたが、まだ完成していません。ゼロから始めて習得できるようにしたいんですけど、それにはやっぱり、伝統音楽の奏者の演奏をとにかくたくさん聴くことが大事だと思います。だから、それをどんなふうにレッスンに盛り込んでいこうかと考えているわけですよ。習う人に伝統音楽の奏者の演奏を聴いてもらって、そのリズム構造、律動感を覚えてもらうには、私の演奏ではなくて、伝統的な要素を覚えてもらうためにね。これはとても大事な点なんです。

――バラライカ奏者の方々へのメッセージをお願いします。

我が親愛なるバラライカ奏者の皆さん！　私はあなたがたがいて、音楽を演奏してくださっていることがとても嬉しいです。音楽をもっともっと演奏してください。伝統音楽というのはすばらしいものです。それは私たちを繋げてくれるものです。皆さんが新しいもの――技術的な新しさ、気持ちの上での新しさを見つけられますように！　また、新しいすばらしい奏者たちや人々と出会えますように！　でも、一番大事なのは健康です。皆さんが健康でありますように、皆さんの身近な人たちや親族の方々が健康でありますように！　喜びとともに音楽を演奏してください！

#3　ドミートリー・カシューチン～伝統にスキルを活かすITエンジニア

Дмитрий Кашутин　一九七七年生まれ。バラライカ愛好家。IT専門家として、現在伝統バラライカ愛好家の間で最も流通している和音の記譜プログラムをエクセルにて考案。バラライカ・グースリ演奏サークル代表（チェリャビンスク州チェリャビンスク市）。（二〇二一年五月一六日録画）

今は私がその伝統をおばあちゃん、おじいちゃんに返しているというわけです。

私はチェリャビンスク市（ウラル山脈東麓）生まれで、専門は通信技術、ITです。音楽教育はバヤン［用語］の初等教育を受けました。でも、音楽学校に通い続けようとは思いませんでした。退屈な練習が始まって、家に帰って母に「疲れちゃった」と言ったら、母は「そう、ならもういいよ」ということになったんです。それきり音楽とは兵役まで縁がありませんでした。

私の二度目の音楽との出会いは、軍でした。ギターに出会ったんです。兵役から帰ってきて、私は自分で音楽をや

ってみたくなって、ギターを買って、ストリートミュージシャンになりました。ストリートが私にギターを教えてくれましたよ。ギターは六弦ギターです。父の世代はギターというと七弦ギターだったんですが、もうロシアでは演奏されていません。

――フォークロア・アンサンブルに参加したことはありますか。

ええ。私は兵役の後、随分仕事を探しました。何をしていいか、自分でも決めかねて。友人たちが教育大学の関係者だったので、私もいつも大学近辺にいたんですが、あるときドアに電算研究員募集という求人が貼りつけてあってですね。行ってみたら採用されたんです。おかしなことに、コンピューターの専門教育なしで採用です。就職を希望しただけで。希望者がそんなにいなかったんでしょうね。軍ではタイプライターを覚えました。十本の指でキーボードを打つわけですが、そこではテキストをたくさん打つ必要があったので、タイプライターができる人材として採用されたというわけです。そこで新たにコンピューターのことを勉強し始めました。実質上、訓練生として採用されたんですね。

あるとき友達が、医療関係の展示会で知り合いが「伝統的な歌」を披露すると教えてくれました。「伝統的な歌」を歌う人がいること自体に、私は驚きました。で、面白半分で行ってみました。そこには若い女の子と男の子が二人ずついて、歌っている内容は現代のことだったんですが、何だか変な歌い方をしていました。コミカルで、何重唱かになっていた。驚きましたよ。何だこれは、この現代社会に伝統が生き残っていて、ちゃんと機能しているぞ、と。それで彼らと知り合って、伝統文化や歌や音楽をやっている、大学付属のフォークロア・アンサンブルがあるということを知りました。

それで、アンサンブル「オコーリツァ」に職員として大学生と一緒に参加することになりました。職場はその教育大学の電算研究室でしたから、仕事と趣味の場が同じ場所になったというわけですね。

――アンサンブル「オコーリツァ」主宰のアナトーリー・ズィリャーノフさんはどういう方ですか。

アナトーリーはチェリャビンスク州チェバルクリ市〔二〇一三年に隕石が落下した地〕の農村出身で、おじいちゃんとおばあちゃんに育てられた人です。つまり、ほんとの田舎の人ですよ。子供のころから民謡を歌っていて、ガルモニもバラライカも弾いていた。それから州の中心地であるチェリャビンスク市の文化アカデミー〔旧文化教育大学〕の合唱団科を出て、民俗音楽の学科の先生になったんです。

教育大学では主要科目以外に補助的な科目のようなものがあって、それでアンサンブルをやろうということになったのだそうです。「オコーリツァ」は音楽が専門でない人や学生を集めたので、「実験的な」アンサンブルと言っていました。アナトーリーはガルモニでもバラライカでも、よく《カマーリンスカヤ》と《バールィニャ》を弾いていました。チャストゥーシカ〔用語〕も長調でも短調でも弾いていました。

――あなたがアナトーリーさんから最初に習ったバラライカの伝統伴奏曲を覚えていますか。

最初は《シンチェチューリハ》でした。《カマーリンスカヤ》のウラル地方での呼び方で、《セナトーリハ》とも言います。歌に出てくる人の名前です。この曲、おもしろかったんですよ、がっちり型にはまった後世のチャストゥーシカとは違っていたから。同じ長調のチャストゥーシカはほんとにがっちり型にはまっていて、一行に音節数が四四四四なんですよ。でも、《カマーリンスカヤ》の構成はもっと複雑だった。私はなんでこんなに違うのか、理解しようと思ったんです。それで、《カマーリンスカヤ》にしたんでした。

――アンサンブル「オコーリツァ」はどんなフェスティバルに参加したのですか。

近場だと、エカチェリンブルク市の「ドミートリーの日」フェスティバルですね。近いですから、定期的に。ロシア西端のプスコフ州プスコフ市の「プスコフの真珠」フェスティバルにも行きました。

フェスティバルでは、民俗音楽の専門家に見ていただくことができました。それも州規模でなくて、全国規模の。モスクワのナターリヤ・ギリャーロヴァさんに教えていただきました〔話し手本人は、それが著名なモスクワ音楽院教授だとは認識していない〕。そういえばセミナーでおもしろいことがありましたよ。彼女は私たちアンサンブルの指導をしたんですが、私たちに歌を歌うように言ったんですね。それで、私たちは踊り歌を歌うことにしました。いつものように、立ったまま。彼女は私たちの歌を聞いてから、尋ねるんです。「皆さん、これはどういうジャンルの歌ですか」、「踊り歌です」、「なぜ突っ立っているんです？」……つまり、踊り歌をなぜ突っ立って歌っているのかというわけです。で、私たちがその歌を動きながら歌い始めたら、歌がね、変わったんです。全く別物になった。リズムによって、身体の動きが現れたからです。フェスティバルへの参加はほんとうにためになりましたよ。朝から晩まで、一晩中、歌と踊りをやって、各地から集まったいろんな団体と交流ができましたから。ナターリヤさんのような専門家ともね。ほんとに、音のクオリティ向上に役立ちました。間違いを指摘してもらえたし。

もう一つ思い出しました。アルカイムという都市のことは聞いたことがありますよね。え、ないんですか。まあ、あんまり知られていないか……。チェリャビンスク州南部の古い都市で、馬での交通路の中継都市の一つだったんですよ。そこでフォークロアのフェスティバルが開催されたんです。

私たちは「州の南部を馬で移動の一週間コース」という観光ツアーを見つけました。遠い祖先がしていたような馬での移動なんて、私は初めてでした。ステップを行くのは、実はとても退屈なんです。ほんとに地形は全然変わらないし、まさにロシア民謡の《果てもなき荒れ野原》です。私はもうアンサンブルにいたし、馬での移動の際に歌うコサックの歌を知っていたのですが、その歌はほんとうに移動の際に役に立ちました。私たちの案内人はカザフ人だったのですが、彼らも気に入ったんでしょう、私たちがステップを行きながら、歌を歌っているのが。同行者もいつしか一緒に歌い始めました。難しい歌ではないですから、すぐに覚えられます。自然にね。つまり、私はそもそも歌が生まれた状況を感じたわけです。それが何のためにあるのかということを。すぐにわかりましたよ。「長い歌（プロチャージナヤ）」[用語]という言葉の意味が。あれは馬の歩みのリズムに合わせてるんですね。

つまり、いろんなものの条件が揃って、コサックの歌がその文脈の中で理解できたんですよ。あれはすごかった。ウラル地方はコサックの住んでいる地方ですから、コサックの歌が多いです。アンサンブルで活動しているときは、コサックの歌をもちろん歌いますよ。私たちが建物の中で輪になって突っ立って歌っていたときは、テンポやリズムの実感がありませんでした。でも、馬に乗っていると、どんなふうに、何を、なぜというのがすぐにわかるんですねえ。そういう状況で作られた歌ですからね。

――そういったフェスティバルで、おもしろい発見がありましたか。

ウラル地方には、移住者が多いんですよ。ロシア全土からの。ウクライナ、ロシア西部、モスクワ……。ウラル地方に移住してきた人たちは自分がいた場所の文化を持ち込んで、それが定着しているんです。私たちはウラル地方で定着しているウクライナの歌を歌ったのですが、フェスティバルにやって来ていたウクライナの若い人たちによると、それが純粋なウクライナ版と合致するということがわかったんですよ。ここにはもともとの形が保存されていたということですね。とてもおもしろかったです。

――フォークロアのフィールドワークに行ったことはありますか。

先ほどの乗馬ツアーのときに、行きました。ツアーの起点はチェリャビンスク州南部で、カザフスタン、バシコルトスタン共和国と接している場所でした。だから、チェリャビンスク州には、カザフ人もバシキール人も住んでいるんですよ。そんなところに居合わせたものだから、私はガイドに聞いたんです。年長者で伝統音楽をやっている人はいないかと。彼らは一人のおばあさんを紹介してくれ、おばあさんは口琴を演奏してくれました。口琴は北方民族やバシキール人のものだと思っていたのですが、ロシアの伝統文化の中にもあったんですよ。でも、ガルモニのような、より複雑な構造をした楽器によって淘汰されたんです。伝統音楽をやっていて、後になってからわかったのですが。

それから、州内のチェバルクリ地区にも調査に行きましたね。カドリーユ[用語]を見せてもらいました。農村での踊りのあり方、どこで、何の楽器の伴奏で踊ったか、歌はどんなだったか、わかるような形でです。そういうカドリーユを踊りのサークルに持って行ったとき、私たちはもうわかって踊るわけですよ。文脈がわかっていると、音楽も踊りも変わります。より完全なものになるんです。理屈がわかって、命が吹き込まれたっていうかね。

——フィールドワークでバラライカに行き当たったことはありませんでしたか。

州南部で出会った先ほどのおばあさんは、バラライカと口琴を演奏してくれたんですよ。おばあさんの弾いてくれたあれは、ドンブラでなくて、確かにバラライカでした。思うに、ルナチャルスキー記念工場があったでしょう、そこが廉価な楽器を大量に生産したので、農村にものすごく普及したんですよ。そしてそれが現在まで残っているってことです。今、がらくた市に行けば一九世紀末の楽器を買うことだってできますよ。一九世紀末、二〇世紀初頭の木製の弦巻きのついた、近代化初期の楽器をね。

バラライカはロシア人だけの楽器というわけではないです。近接する地域の民族も使っていますよ。バシキール人も、カフカス諸民族も、バラライカで自分のところの伝統音楽を弾きますよね。

――その後はご自身で伝統文化サークルを立ち上げて、特にバラライカに取り組まれたのでしたね。

はい。私はアンサンブル「オコーリツァ」には二〇〇一～〇五年の五年間いて、その後リーダーの女の子たちが卒業してしまって、解散しました。それで、二〇〇六年に伝統文化サークル「ウラリスカヤ・ヴェチョールカ」を共同主宰しました。十年続きましたね。

フォークロアの声楽では声だけあればいいので他には何も必要ないんですが、舞踊は楽器弾きが要ります。踊りの会を催して、もしガルモニ奏者が来なかったら、踊るための音楽がなくなります。生演奏で踊るのが私たちの流儀ですから。だって、録音だと、弾き手と踊り手の間に対話がないでしょう。フェスティバルの踊りの会なんか、常に生演奏でしたよ。ガルモニ、バラライカ、ヴァイオリンの奏者がいて、踊りの伴奏がすべて生演奏。その方針を変えたくなくて、生演奏で踊るというのが大原則だったんです。

でも、演奏者は街にはとても少なくて、伴奏が問題になりました。街には踊りたい人がたくさんいたんですが、演奏する人は足りなくて、それで私たちもだんだん器楽、踊りという文脈に特化した演奏を勉強するという方向に傾いていきました。それでそのときに私も

「ヴェチョールカ」にて。歌も踊りも演奏もこなす。

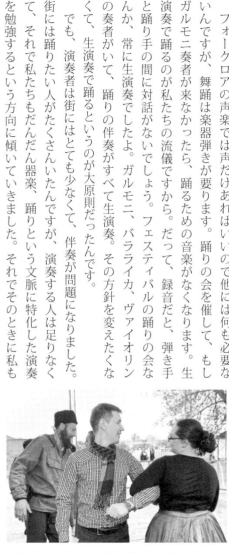

バラライカを弾くことになりました。私はそもそも歌と踊りから始めたのでして、バラライカはそんなにがっつりとはやってなかったんですが、これをきっかけに伝統伴奏曲のことを調べ始めました。とはいえ当時は、水準は実用第一主義というか、ただリズムを刻んでいただけでしたよ。とりあえず踊れるかという程度でした。

私たちは、まさにかつて行われていたような伝統的な文脈の中で演奏を習得していきましたね。楽譜を見ながらでなくて、単なる楽曲としてではなくて、まさに目の前で踊っている人の伴奏として。こっちが楽しく弾くとね、踊るほうもおもしろくなるんですね。

ギターに比べるとバラライカは演奏しやすい楽器です。三本の指で何とかなる、弦は三本だし。作りが簡単なんですよ。さっきの《カマーリンスカヤ》をものにしたのは、一週間ぐらいですかねえ。伝統伴奏曲の仕組みを覚えるでしょ、で、踊りが三〇分続くから三〇分弾き続けるとね、もう違う弾き方をしちゃってるんですよ。より軽く、単純に。手が疲れないように、がちがちにならないようにするために。それから、長い間弾き続ける経験をすると、即興をしたくなるんです。同じ和音の交替が続くと、聴いているほうもおもしろくなくなるんですよ。それで何か省いたり、付け加えたりするようになります。同じ和音だけど、別のポジションで弾くとか。すると音楽が自然に複雑になっていきます。三〇分もずっと同じことやりますかってんです。即興が始まるのは、こういう連続性の中でこそなんですよ。ガルモニや別の楽器の奏者と共演するときは、今度は奏者同士の対話が出てくるし。

――バライケルの人たちとはどういうふうに知り合ったのですか。

確か二〇〇七年だったと思うんですが。もう「ウラリスカヤ・ヴェチョールカ」で活動していた頃でした。伝統伴奏曲をもっと知りたくなったんですが、当時はYouTubeが一気に発展し始めた頃で、インターネットで伝統伴奏曲の検索をしたら、YouTubeでバラライカを弾いている人がヒットした。今は削除されてしまっているんですが、その動画では、田舎の家の壁と土台があって、そこに若い男が出て来て、変な曲を弾き始めるんです。とにかくひたすら繰り返される。セルゲイ（クリューチニコフ）とエヴゲーニー（ハルラーモフ）が二人でバラライカを弾くんですが、トランス音楽のようでした。実は兵役前まで、私はＢＰＭ二二〇とか二三〇とかの速いリズムに力点を置いた電子音楽にすごく凝っていまして。で、動画ではトランス音楽の速さで伝統楽器を弾いているんです。しかも音楽はひたすら繰り返されるわけで。伝統的な楽器で現在の踊りの音楽をやるというのが、私にとっては驚きでした。

モスクワに出張に行ったとき連絡を取ってみたら、とっつきやすい人たちだということがわかって、それでエヴゲーニーと個人的に知り合いました。彼らのサークルに行って、レッスンを何回か見学しました。彼は私の間違いを指摘してくれました。楽器の持ち方とか、なぜ左手の抑えが楽に行かないかとか。弾き方を修正してくれたんですよ。彼らの、バラライケルの楽器を弾いてみましたが、断然弾きやすいということがわかりました。農村で使っているルナチャルスキー記念工場で大量生産されたお土産用のバラライカよりもね。あれは早い話、演奏のために作られたものではなくて、外見だけのものですね。

エヴゲーニーと知り合った後、私の左手の動きが滑らかになりました。どうすればいいかわかったので、楽器が弾きやすくなりました。大きな音が出しやすいし、実際出るし。新しい伝統伴奏曲も習って覚えました。以前の弾き方から随分変わりましたよ。楽器を変えたら、クオリティが変わりました。弾く技術もね。より経験のあるバラライカ奏者と知り合ったおかげです。

――バラライケルの活動についてはどうお考えですか。

すばらしいですよ。ジェーニャ・ハルラーモフ、セルゲイ・クリューチニコフ、ダーニャ・ヴォロンコーフ、アンドレイ・ドガードフ……。アンドレイとダーニャは一緒に演奏していて、動画がたくさんあるでしょう。ダーニャは特に8biT（チップチューン）〔日本のゲームボーイのBGMなど〕の音楽をバラライカでばりばりやってるし。ジェーニャ（ハルラーモフ）にもすばらしい動画がありますよね。

彼らにとって楽器というのは、いろんな色合いを持っているものなんですよ。彼らのバラライケル楽器製作会社は、自分が弾きやすい楽器を見つけよう、作ろうというところから始まっているんですよね。それで、伝統的なレパートリーの演奏がしやすいような楽器ができた。棹が細くて、共鳴器が大きい楽器ですよ。彼らの楽器はフォークロアの奏者たちに高く評価されていますし、チェリャビンスクにはバラライケルの楽器が多いです。私もバラライケルを使っています。弾きやすいですから推奨します。

――最近の活動についてお話しください。

二〇一六年から、伝統音楽の教室の「トラジーツィヤ」〔伝統の意〕を始めることにしました。伝統音楽からは遠い人たちが、バラライカやグースリをやってみたいと思ったときに来られるようにね。私は自分自身がやってきたように、自分の教室でもやることにしました。歌をパートに分かれて合唱をして、カドリーユを踊る、つまり歌と踊りですね。私はバラライカを弾いて踊りの伴奏をしました。それからこの教室のために、VKにグループを作って、教室で学ぶ子たちのために資料をアップしていきました。歌詞、ビデオ、録音、踊りの図、伝統伴奏曲の音源などです。伝統音楽の勉強をゼロから始める人たちには、バラライカの和音の図、リズムの図がどうしても補助的に必要になりますので。

そうこうしているうちに、教室に来ている人たちからもっと楽器をやりたいという希望が出てきました。最初はバラライカで、少し後にグースリも入れました。それで、教室は楽器教室になってきたわけです。それが二〇一九年から始まった、今のバラライカ・グースリ演奏サークルです。最初の教室の「トラジーツィヤ」の興味が文化全般、歌、踊り、衣装だったとすると、今のサークルは音楽、それも伝統器楽に特化した教室といえます。

前の教室に来ていたのは若い人たち、一六〜一八歳ぐらいかな。もっと下の人もいた。今のサークルのほうは、三〇歳を過ぎた人たちで、四〇歳、五〇歳の人たち。そういう人たちに教えています。すでにお孫さんがおられる方もいますよ。なぜと聞くと、孫に弾いてやるんだとおっしゃるんです。伝統というものが以前はおばあちゃんやおじいちゃんたちから私に伝えられたのだとすると、今は私がその伝統をおばあちゃんやおじいちゃんたちに返しているというわけです。

――バラライカの記譜のプログラムを作成しようと思ったのはどうしてですか。

単に、バラライカを教えているうちに、和音をどのように勉強したらいいかという問題に突き当たったんです。インターネット上には当時、ペンの手書きのハ長調の図があったんですが、バラライカはいつもハ長調なわけではない。それに調弦だって、ドミソ以外に短調調弦もあるでしょう。

私が最初のプログラムを出したとき、セルゲイ・クリューチニコフに別の調のも今後できるのかと聞かれました。それで考えて、一つの和音をいちいちすべての調で記すのはうまくない、それだと莫大なスペースが必要になるので、無駄を省くために、調を選べて変えられる、和音をいろんな調で表示できるプログラムを作ろうと思いました。それでどうやってプログラムを書こうかと結構長いこと考えて、試行錯誤を重ねたのですが、私はエクセル〔表計算ソフト〕を扱って随分仕事をしてきたので試しにそれを使ってやってみたら、うまくいきました。しかも、私がほしいと思っていたものができました。楽器の調やその他の表示を変えることができるし、それにエクセルなので、オンラインで共有することができます。特別なプログラムをダウンロードする必要はなく、ただファイルをダウンロードすればいいですから、私は共有扱いにして、プログラムへのリンクを公開しました。その他に、友人がギター用のアンドロイドアプリを作ったときに、バラライカ用のも加えてもらったのもありますね。

――レッスンもオンラインでされていますよね。

それはコロナ禍という状況に強いられてです。教え子のためにビデオを撮りました。でも、公開範囲を限定はしませんでした。私が最初にインターネットでバラライカの伝統伴奏曲のレッスンを探していたときのことを思い出してね。でも、当時の他の人のレッスンには視覚的に訴える工夫がなくて、それが気に入らなかったんですよ。和音の図がなかったんです。もしかすると、私がこういったものを視覚的に捉えているからかもしれませんが。

だから、私のレッスンでは見やすいように補助教材を使っています。ギターの和音指南だって、みんなそれぞれの撮り方をしているでしょう。私がいいと思ったのは、補助的な絵や、図や、アニメーションがあるものです。奏者の手元を、別途図で視覚的に示してくれるような。私にはそれがよりわかりや

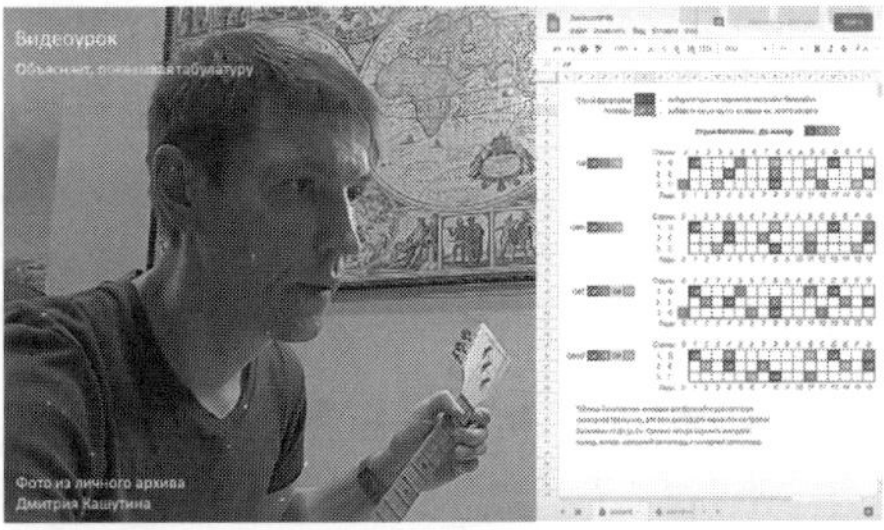

自分で製作したタブ譜を使ったビデオレッスンの様子。右に図を示し、左画面で実演する。

すいと思ったので、自分のレッスンでも視覚的な工夫をしようと思ったんです。

――アカデミックバラライカとその音楽文化に関してはどう思いますか。

ヴァシーリー・アンドレーエフが創ったアカデミックバラライカとロシア民族楽器オーケストラは、私にとっては、コンサート音楽の形式を表現した伝統音楽の進化の一環です。西欧の音楽の伝統を新しい種類のロシアの音楽に作り替えて、アカデミックバラライカという新しいジャンル、新しい形式を作ったんですね。アカデミックバラライカをやっている音楽家は専門教育を受けた人たちで、私にとっては全く別の、独立したジャンルの音楽です。西欧とロシアの音楽の混交ですね。すばらしいと思いますよ。彼らには自分のレパートリーがあるし、伝統があるし、聴衆がいるし、曲を作る人がいますよね。

――アレクセイ・アルヒポフスキーについてはどのような考えをお持ちですか。

彼はもともとアカデミックバラライカの人で、そのちょっと先を行っている人です。電子音楽の要素を入れて、エレキギターのピックアップを使って、ギターの奏法の効果を使って、自分にとっておもしろいと思えるような場所を見つけた。その結果できたものが、聴衆の意表をつくことになったんですね。こんな単純な楽器が、こんなに複雑に、いろんな音を奏でられるのかと。これはまさに楽器の近代化のおかげなんですけどね。バラライケルもピックアップを使うし、音も増幅しますが。アルヒポフスキーは、私にとってはバラライカ音楽のストラディヴァリで、唯一無二の、伝説の人です。この楽器は単純なものに見えるけど、そうではないと楽器を新たに開示して見せたんです。それに、彼は自分の活動で楽器を広く知らしめているわけでしょう。すごい人だなと思います。

――伝統的な正統派の音楽はどう思われますか。

好きだし、尊敬しているし、実際に演奏しています。独立したジャンル、伝統音楽の種類の一つとして、正統派の音楽には親近感と敬意をもっています。正統派の音楽というのは、形式がごちゃごちゃしていて、非常に理解が難しいものです。ましてや、演奏するのは。でも、趣旨はおもしろいんですよ。勉強したり、習得したりしようとすると、長時間の演奏をしないといけないというところが。いくつかの楽器を入れたアンサンブルで演奏するときは、特にね。

——あなたの教室の音楽の方向性はどうなっていますか。

伝統音楽、弾き語りの人たちの音楽、それからちょっとだけロック音楽ですかね。

——バラライカのレパートリーに関してお考えをお聞かせください。

うまくいくのは、リズム的に音域的に楽器に適合する、あらゆる音楽ですね。たとえば、弾き語りのシンガーソングライターの人たちの音楽でも、静かなリズムのものはバラライカでうまく弾けます。ロック音楽で、いわゆるスローとか叙情歌とか言われている歌も、バラライカでとてもいい感じに響きます。どんなジャンルの音楽でも、この楽器ではうまく響きますよ。

もっとレパートリーを広げる考えもあります。ちょっと電子音楽のほうに向かうんですが。まだ模索中で、いろいろやってます。もっとも、ダーニャ・ヴォロンコーフ（バラライケル）はもう８ｂｉｔの音楽をバラライカで弾いていて、すごくいい組み合わせだと思います。伝統楽器による、現代音楽の演奏の一形式として、選択肢のうちの一つですね。

その辺の人にバラライカは誰がうまいかって聞いても、「うちの隣のミーシャおじさん」なんて答えは返ってこないって。それが現実だって。

#4 マクシム・ヤーコヴレフ〜ロシア性を追究するウクライナ人プログラマー

Максим Яковлев　一九八二年生まれ。バラライカ愛好家、レジャーサークル「イグレッツィー」および同付属バラライカ教室代表（コストロマ州コストロマ市→モスクワ）。（二〇二一年八月一九〜二〇日録画）

マクシム・ヴァレーリエヴィチ・ヤーコヴレフといいます。出生地は、聖なる都市ムィコライウ（ニコラエフ）。ウクライナ南部の、オデーサ（オデッサ）とクリミア半島の間にある街です。コストロマ市（ロシア中部）には二〇一四年に移住してきました。私たち夫婦はウクライナ人なんです。コストロマの地元民にしては元気過ぎますって。二〇一四年はマイダン革命が起きて、周辺がきな臭くなっていって怖かったんですよ。そんなとき、コストロマの親戚がこっちに来ないかと言ってくれたので、思い切ったんです。

私はプログラマーとしての専門教育を受けて、ほぼこの分野で仕

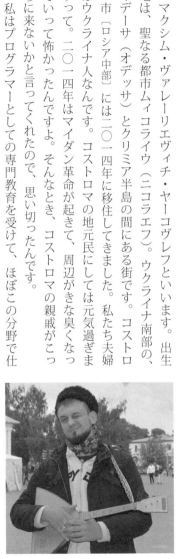

事をしてきました。一五年ぐらい。商売をしたこともありましたが、五年ぐらい。それ以外はコンピューターの仕事ですね。

音楽の専門教育ですか。それは正式に音楽院とか天文学院とかの大層な場所とか、講座とかで音楽の教育を受けたかということですか。いいえ。私にはそういうのはないです。基本的に独学です。

――バラライカをどのようにしては弾き始めたか、教えてください。

私たち夫婦は二〇一三年からロシアの文化にかかわる仕事をやっていまして。文化というのはいろんなものの集積で、単純なものじゃないじゃないですか。私たちは子供の運動遊びの企画から始めて、あれこれいろんなのをやってみているうちにバラライカが届いて、それでやってみたいと思うようになったんです。ほんとにたまたまだったんですよ。まあもしかしたらそうなって当然だったのかもしれませんけど、でももし仮に十年ぐらい前にね、将来私がバラライカを弾くことになるだろうなんて言われたら、爆笑しちゃってたと思います。バラライカを始めたのはコストロマでしたね。二〇一四年からコストロマにいますので、バラライカは二〇一五年。

まだウクライナにいた頃、友達が誕生日のお祝いにバラライカをプレゼントしてくれたんですよ。古い、チェルニヒウ（チェルニゴフ）楽器工場のバラライカでね。乾燥で表面が剥がれて反っていて、弾くなんてとんでもなくて、ただ置物になっていただけなんですけどね。二〇一五年に母がそれをコストロマに持ってきてくれて、私はそれを地元のギター職人に預けて、できる限りの修理をしてもらったんです。貼り直して、下塗りをして、ニスを塗ってくれましたよ。今思えば、特別すごいことをやってくれたというわけではないですね。もしかしたら経験が足りなかったのかもしれないし、楽器がそんな状態だとせいぜいそれぐらいしかできなかったのかもしれない。だってチェルニヒウ工場のバラライカですからね、もともとビミョーなもんですよ。レベル的には「並み」ってところです。音はね、そりゃちゃんと調整しないとだめですよ。

とにかく楽器自体が微妙だったけども、それで何とかやり始めましたね。まあでも、その一年か二年か後に、モスクワの「生きた伝統」フェスティバルに行って、そこでバラライケルのバラライカを買いましたけど。

――チェルニヒウ工場のバラライカ！　私は本で見たことしかないです！　それも名前だけ。

私はウクライナ出身でしょ。ウクライナでは、ほとんどがチェルニヒウ工場製。ウクライナの地元の。ロシアのルナチャルスキー工場の楽器よりも安かったと思います。ほとんどの人たちはウクライナのほうのを買ってましたよ。二種類しかなかったんですけど、一つは三本弦の小さなバラライカ、もう一つはサイズがそれよりちょっと大きい、複弦の三コースで六本弦〔マンドリン[用語]のように弦がペアになっている〕のバラライカ。私の最初の楽器は六弦のほうでした。

――なぜあなたはバラライカを選んだのですか。

実のところ、特にバラライカを選んだというわけではないです。

第一に、バラライカは誕生日プレゼントで、自分からではなかったんです。プレゼントがそうなったのは、私たちがロシア文化に関することをやっているからです。ロシア文化って言ったら、やっぱり「熊、ウォッカ、バラライカ」〔ロシアでロシア文化のステレオタイプを示す言葉。ときに自虐的に使う〕でしょ。

第二に、現時点で民俗楽器は三つ弾くんですが、グースリ、ガルモニ、バラライカですね、まあ、いろんな笛の類は別として。一つ楽器をマスターすると、ほかの楽器はやりやすくなるんです。演奏する曲は変わらないのでね。つまり、次の楽器をやるときには「音楽を覚える」んではなくて、「楽器の弾き方を覚える」んです、技術的なことを。だから、私が特にバラライカを選んだというふうには言えないわけで、単にバラライカは他よりも頻繁に、長い時間演奏するってことです。

――伝統伴奏曲はまず何を弾いたか、覚えていますか。

正直、覚えてないです。ウクライナ語の言い回しに「今日は昨日と同じ日じゃない」ってあるんですけどね。今は、YouTubeでいろいろあるでしょう、バラライカの情報は。伝統伴奏曲に、ビデオレッスンに。人も多くなったし。でも、私が独学で始めた頃っていうのは、YouTubeにはマクシム・ストレリツォフの「ヴァトルーシャ」っていうチャンネルぐらいしかなかったんですよ。彼のチャンネルには一番情報があって、動画が十ぐらいあった。カリーモフのところにもいくつかあったね。それから、アカデミックバラライカの人たちの動画がいろいろあったよね。それぐらいでしたよ。伝統伴奏曲は《ルースコヴォ》、《バールイニャ》、《ツィガーノチカ》、《ポドゴールナヤ》があったぐらい。

その頃のことで覚えているのは、私はとても下手だったということ、どうしたらいいかわからなくて右往左往していたということですね。

――ヴォロージャ・ユーリエフのチャンネルも参照されたんでしょう？

ヴォロージャは今でこそ「リペツク州のフォークロア」というチャンネルがあるけど、ほんとに最近のことでしょ、ここ三年ぐらい？　二〇一五年って、彼はＶＫに動画をアップはしていたけれども、ＶＫって、具体的に情報がどこにあるか知っていないといけないんですよね。その頃、私たちはフォークロア業界ってのを知らなくて、まったく関わっていなかったんで、わからなかったですね。

――フィールドワークには行ったことがありますか。

何度かコストロマ州内に行ったことはありますね。バラライカを弾くというおばあちゃんの情報を得て、出向いたんですが。話はしましたが、収録するには至らなかった。おばあちゃんの楽器が古くて、調弦できなくてね、まあ、楽器のせいだけではなかったですけど。おばあちゃんはとても歳の行った人でね、ものすごく驚いてしまって。何だか人が大勢やってきて、ビデオに撮ろうとかしてるわけでしょ。どうにかこうにか《ルースコヴォ》を弾いてくれましたけど。弾き始めて、うまくいかないところがあっても、こっちはわかるわけでね、それで、ただお話をして過ごしました。二回目のフィールドワークはガルモニ奏者のところに行きました。収録はちょっとしましたね。それぐらいです。

だって、田舎のおじいちゃんのところにただ行くのは意味がないですよ。それに、私たちはフォークロアの資料を集めて研究することや世に出すことを目的にしているわけではないですし。今はインターネットには情報があふれているわけで。好きなだけ持って行って、煮るなり焼くなり好きなようにしろってことで。私たちは、フィールドワークはしないですね。

――コストロマ州のどの地区に行かれたのですか。私も調査地はコストロマ州だったので。

何と言ったかな、サマローコフスキー、サマーコフスキー〔そういう名前の地区はない〕？ コストロマ州にはフォークロアの収録が一番多い地区があって、私たちはそこに行ったんです〔該当の地区は一つではない〕。ガルモニ奏者のほうは町だったんですけど、もう忘れちゃった。三年ぐらい前かな。YouTube の「イグレツィー」のチャンネルでちょっとビデオを公開したと思いますよ、ガルモニ奏者のほうは。

　私たちは外の人間で、彼らには自分の用事があるわけで。一～二時間、公民館にいただけですよ。公民館はいい感じの場所で、ガルモニ奏者のおじさんが三人来て、弾いてくれました。演奏してくれたのは、主にソ連時代の歌でしたね。伝統伴奏曲とかフォークロアはほぼ全滅状態で、弾いてくれたのは《バールニャ》ぐらい。それも変わり映えのないやつで。それより、いろいろしゃべりましたね。

　たとえば、友達の結婚式の話。その人の女友達の父親はシャリヤ地区〔コストロマ州北東部〕出身の人で、地元では《ドヴォーエチカ》という伝統伴奏曲を弾くんだそうで。彼はそれをバヤン［用語］で弾くわけです。聞いたことのない伴奏曲でしたね。そういう曲を聴いて録音してって、おもしろいとは思いますけどね。これはいわゆる「フィールドワーク」ではなくて、単に「田舎の人が」「そういう話をしてくれた」ってことなんですが。私たちはこっちのほうがメインですね。

　こっちにはこっちの特性があって、私たちは各地のフェスティバルによく行くんですよ。そこで職人や手工業者や別の州の人たちと行き合います。農村に住んでいる人、祖父母や両親が農村に住んでいるって人もいますよ。そういう人たちがいろいろと話をしてくれるわけです。私たちはフィールドワークには行かないって言ってますけどね、行ってることにもなりますよね。つまり、生きた交流があるってことです。でもそれは、フィールドワークというものとはちょっと肌合いが違うってことですかね。

――フォークロア・アンサンブルに参加したことはありますか。

　それって、私たちがフォークロア・アンサンブルのような組織の一部だったことがあるかどうかってことですよね。いいえ、ないですね。フォークロア・アンサンブルは、バラライカで伴奏をしながら、活動をサポートしています。イベント企画者として。そういう参加の仕方はしています。

——アカデミックバラライカの文化についてどう思いますか。

まあ、いいんじゃないの。関わらないしね、ほとんど。たまーにYouTubeのうちのチャンネルにくる人たちがいますけど、インターネット上でありがちな暴言を吐いて終わりになりますね。彼らとしては何かをしようとしてるんだろうけど。彼らはやってきて、私たちの弾き方がおかしいと言うんですよ。それがすべてですね。それが彼らの側からの関係性。それで私がどうかって……。あっちは弾きたいように弾けばってんです。あっちには自分たちの歴史があるんで、こっちは何もできないですよね。

こっちは実質、三本の弦から出る音が三つとも違うバラライカでしょう〔140～141頁参照〕。国には忘れられていただけなんで。それは単にそういう歴史的経緯があるからってだけの話。私たちはね、自分にできる限りのことをやろうとしているんです。こういう三本弦の楽器があるということを、多くの人に知ってもらうために。

——バラライケルについてはどう思いますか。

いいと思いますね。そもそも私は彼らの楽器を弾いてるし。SNSはどれもフォローしてるし、メンバーとつきあいはあるし。二〇一六～一七年ぐらいにモスクワに行ったときに知り合ったんです。セルゲイ（クリューチニコフ）の家に行って、弦を選びましたよ。

——KTIについてはどうですか。

いいんじゃないですか。よくやってると思いますよ。もちろんあそこは独自の方針があって、私もすべてに同調するわけではないですけど。バラライカを全体的に発展させていっているのはいいことですよね。私はあの人たちとはちょっとだけしか会ったことがないんですよ、モスクワになかなか行けなくて。練習会っていうのに行きたいんですけど。彼らはいいことやってると思いますよ、自分のこだわりを突き進めていっているよね。彼らの活躍を祈っています。

――アルヒポフスキーについてはどう思いますか。

まあ、いいんじゃないですか。生演奏を聴いたこともありますよ、ずっと前だけど。いいと思いましたよ。とか言いながら、うちのチャンネルにはアルヒポフスキーへの憎悪で作ったビデオがあったりもするんですけどね。煽情的な。

わかっておかないといけないのは、アルヒポフスキーは確かにすごい人なんだけど、彼は「唯一無二」の人だってこと。その辺の人に聞いてみたらいいですよ、誰がバラライカがうまいかって。答えが返ってくるとしても、アルヒポフスキーが関の山だって。誰の名前も出ませんよ。「そういや、うちの隣のミーシャおじさんがバラライカうまくてさあ」とか、「お母さんがいつも弾いてたし、私も云々」ってことにはなりませんって。だって、バラライカは忘れられていて、打ちのめされているでしょ。

ロシアでは歴史的な経緯がいろいろあって、結果、どこにでもある民衆の楽器がエリートの楽器になっちゃった。バラライカを弾けるようになるためには、音楽中等専門学校とか音楽小中学校とかに行かなきゃならなくなった。社会人だと三年か。私も言われたことがありましたよ。「三年だよ、学校に来てくれれば、アカデミックバラライカをばりばりやれるようにしてあげるよ」って。それって実質、エリートの楽器ってことでしょう。面倒くさい。楽器を手に取って十分で三つ和音を覚えて、《袖に記した血液型》〔ツォイのヒットソング〕をジャカジャカやるなんて、ないわけ。で、バラライカを弾く人がいなくなった。出て来たのはアルヒポフスキーと、彼の同類。そりゃ、これは悲しいことなんだけど、どうにもならないですよね、それが現実なんだから。

——現在の活動状況を教えてください。

YouTube にレジャーサークル「イグレツィー」のチャンネルを持っていて、いろんなものをアップしています。フォークロア、伝統関係、随想、テーマはたくさんありますね。でも、多分、チャンネルはバラライカのおかげで知られるようになっているんですよね。私は曲の和音指南とか、短いビデオレッスンをしょっちゅうアップしているし。

始めたのは二〇一七年か一八年だったと思います。フェスティバルの話に戻るんですが、そこで他の人がどんなふうに弾いているかを見ていると、弾けてないんですよ、全然。あるいは、弾けるけどほんとにちょっとだけっていうかね。でも習う場所がない、習えたらいいのになあって、たくさんの人が言ってるのに。状況は我がコストロマと同じなんですよ。習う場所がない。

それで、オンラインスクールを開こうということになった。で、今は YouTube にチャンネルがあって、ＶＫにはオンラインスクールがありますよ。オンラインスクールは、最初から初級と中級の二つのレベルのコースがあるんです。オンラインスクールでレッスンすると、バラライカをほんとに上手に弾くことができるよ

スズダリのフェスティバルにて。他の音楽家たちと交流する。

うになりますね。奏法は全部やるし、正しく、速く、きっちり弾くことができるようになります。フェスティバルだと演奏のレベルがイマイチな奏者がいちゃうんでね。

——フェスティバルはよくあるんですか。

コロナ騒動以前は、フェスティバルの最盛期といったら夏でしたね。夏は土日にはいつもどこかに行ってますよ。つまり、夏には一〇～一二回フェスティバルがあることになりますか。あと、春と秋の人が動き始めるころに土日はいつも出てますね。それがよくあると言っていいかどうかはわからないけど、あれば行ってますね。インスタにもＶＫにも上げてますよ。おもしろい人たちがいれば、撮ってアップしてますよ。

来ている人と交流したりもします。「お前これ弾ける?」、「弾けるよ!」って、私が弾いて、その人が歌うとか。次は一緒に歌うとかね。誰かと行き合って、あっちとこっちで教えあいこしてってのが、好きですね。そういうの、すごくいいですよね。

ロシアではフェスティバルが行われているのは国定公園などですね。伝統文化に関心のある人、歌や伝統伴奏曲をよく知っている人が集まれる場所。市場やフェスティバルで行き合うでしょ、それで文化交流があるわけですよ。

——そういうフェスティバルというのは誰が主催するのですか、州や何かの協会ですか。

一口には言えないですけど、企画する人たちがいますよ。私たちは中央連邦管区の中で動き回っているんで。モスクワ、ヴォログダ、ヤロスラヴリ、イヴァノヴォ、スズダリですね。何か催しがあるところにはどこでも行ってますよ。来週の土日は「世界のグースリ」っていう催しに行こうかなと話してます。今はコロナ禍でいろいろ難しいですけど。呼ばれれば行くし、おもしろそうだと思ったら行くし。

ヴォログダは手工業がものすごく盛んな土地でしょう。レースとかすごい有名じゃないですか。それ以外にもたくさん手工業があって、それをまとめるような組織がある。そこが「手工業の声」っていう催しをやってます。他の都市も同じような感じで。ヤロスラヴリだと、「生きている陶器」というフェスティバルがあって、歌と踊りのアトラクションの会をやるし、いろいろですよ。フェスティバルが大規模になると、よく市が入ってきますね。

――レパートリーについて、どんなのを弾く必要があるか、だめか。お考えをお聞かせください。

何でも弾けますよ。自分がいいと思うものを弾けばいいと思いますね。バラライカって、結局は道具でしょ。私の考えでは。伝統ものと現代ものがあるわけで。思うに、バラライカを弾くには伝統ものをよく知っていないといけない。バラライカという楽器とその歴史への敬意を持つという意味でね。つまり、伝統ものは知っていないといけないし、弾けないといけない。でも、現代のツォイとかナウチロソフとか、弾きたいっていうこともあるわけでしょう。部外者にとっては、伝統文化ってのはそんなすごいもんでもない。伝統伴奏曲ってのは、どっちかっていうと瞑想用でしょ。

だから、自分が弾きたいと思うものを弾いたらいいんじゃないですかね。それはその人の問題であって、私がどうとか言えることじゃないです。

――フォークロアの正統性についてはどうお考えですか。

うーん、難しいですけど。結局のところ、よく言うじゃないですか。「伝統の保存というのは、灰を保存するのではなくて、火をつけることだ」って。つまり、伝統っていうのはどのみち変わっていくんです。私たち自身が変わっていくでしょう。私たちの生活、生活環境も。もし何かがうまくいっていて、傍からもそう思えるんだったら、それでいいじゃないですか。やりたいようにやったらいいんですよ。

正統性っていうのは、とても複雑な問題なんですよ。理想ってのはないからね。たとえば、トヴェーリ州の《ザヴィードチカ》っていう伝統伴奏曲だと、いかようにも弾けるわけ。バラライカだとあんまり差が出ないんだけど、ガルモニだとほんと様々なんですよ。旋律もね。奏法も違う。じゃその人たちのうちの誰かが間違えて弾いてるかっていうと、それは違う。弾きたいのを弾けばいいんで。

正しいとか正しくないとか、だめだとか言ってる人たちっていうのは、要するにそれで生活してる人でしょう。それが生活の糧だから、そういう考え方になるんでしょう。ただ好きでやっている人たちに対して、私がだめだとか、こうしろとか言えますかね。好きなようにしたらいいんですよ。ただし、まったく間違った弾き方をしている場合は、それを言う必要がありますけどね。出典を示して。で、その人が修正して、ありがとうって言ってくれるってんだったら、指摘する意味はありますよ。でも、その人が自分なりに弾いているってときは、どうぞご自由にってこと。

ひとつ補足したいんですが。楽器を独学でやろうとするとね、大概は、自分なりに自分だけのために自分だけを基準にしてやってしまうんですよ。すると、他の人のために弾くときに要求されるレベルとは別のものになっちゃうんです。対して、舞台や踊りの伴奏というのは、自分の演奏を他の人たちがどういうふうに受け止めているか、直視せざるを得ないもんです。だから、そういう場で弾くと、演奏レベルがぐっと上がります。フェスティバルでよく見かけるんですけど、多くの人はそんなこと考えもしていないです。観客なしにひとりで弾いていて、自分はすごいと思ってる。それが一緒に弾こうって段になると、途端に覚束なくなってミスが出始めるんですよ。さっきの正統性の問題にも繋がるんだけど、その人は正統だと思っているのかもしれないけど、他の人と一緒にやると、それを繰り返すことができないとか、バリエーションが効かないとかなるわけね。そういうのいろいろ見ましたよ。

――イベント企画や多くの人たちとの交流のあなたの経験値の高さにまず驚くのですが……

成り行き上のこととはいえ、二〇一三年に始めたから今年でもう八年でしょ。週一～二回やれば、イベント主催のコツはそりゃ自然に身につくでしょう。飛行時間のようなもんです。別に普通ですよ。

私たちはバラライカを生活の中に取り入れていくという方針なんですよ。この楽器を使ってゲームやダンスをやるんです。つまり、バラライカというのは音楽をやるための楽器というよりも、人の流れを整理する楽器といいますかね。ダンスで演奏するときは、リズムや速度を全体的に調整することができます。同じように、子供たちが飛んだり跳ねたりするときも、バラライカは場の流れを作ることができるんですよ。全体の速さとか、彼らの動きの激しさを変える助けになる。これがバラライカを生活の中に取り入れるということですよ。自分相手に弾いているというのと、自分の周りに人がいてその音楽を伝えているというのの違いですよね。

これはアンドレイ・カリーモフの方針なんですけど。私がこういうことを始めたときにYouTubeで見つけた人たちがいたって言ったでしょう、あの中の一人ですよ。彼は子供と大人に対して、バラライカ戦略的に使っているわけ。バラライカに興味を持った人たちっていうのは、アンドレイのおかげでってのが多いってことです。ロマン・ホゼーエフ（本章＃8）も。

それじゃ、今度はこっちが質問しましょう。「ロシアのバラライカは絶えつつあるのか、それともまだ生きているのか」、どう思いますか。

私は自分の答えを言いますね。ロシアのバラライカは可もなく不可もない。もちろんある種の発展はあるにはあるけど。私たちみたいなのが出て来たからね。YouTubeにしても、教室にしても、役立つものだし、今必要なものですよ。今までこんなものなかったでしょう。

でも、このコロナ騒ぎですべてが悲しいことになってきている。もう二年目で、フェスティバルがまったくなくて、人の交流がなくなっているでしょう。それから、そういうところでバラライカを弾いていた人たちっていうのは職業でやっていたんで、それが収入になっていたんですよ。人前で演奏したり、人に教えたり、人を動かしたりしてね。それが今はだめになっちゃった。コロナのせいでいろんなものが修正を迫られてる。私は今までプログラマーとして働いていましたし、これからもそうなんで、コロナはそう影響することはないんですけど、私の知り合いの多くは、やめてしまっていますよ。ようやく生計を立てているんですから。フェスティバルも、教育関連の行事もない。みんな他の分野に移っていきますよ。だから、バラライカの状況っていうのはどうもよろしくないと私は思いますね。

でもオンラインっていう選択肢がありますから、どうしても習いたいっていうんだったら、いつだってできますよね。だから、全部が全部だめになってしまうってことはないとは思いますが。全部オンラインになってしまうのはだめだなと思いますよ。対面のほうがそりゃいいですよ。価値が違う。

#5　マクシム〜伝統バラライカを追いかけるカーレーサー

Максим　一九七九年生まれ。二〇一八年から活動している「バラライカ伝統サークル（ＫＴＩ）」（モスクワ）の創始者。マクシムは名であり、姓は本人の希望により非公表。（二〇二二年五月一九日録画）

私たちのモットーは「バラライカを一家に一台！」です。

私が生まれたのはサハ共和国、現ロシアではヤクーチヤといいます。モスクワから九千キロ離れたところにあります。今の居住地はモスクワです。両親が専門家としてモスクワに招聘され、一九九二年に移ってきました。

私は学校では美術と経済の専門教育を受けました。音楽の専門教育は受けていません。音楽小学校で一年だけピアノのクラスで学んだのですが、もう三〇年以上前のことで、弾いた曲も覚えてないです。ピアノが気に入らなかったんですよ。私は身体を動かすことが好きで、じっとしているような子じゃなかったんです。

――スポーツは子供のときからやっているのですか。

ええ。六歳のときからね。ヤクーチヤは何しろ冬の寒さが厳しいですから、

どんな子供でも二〇から二五キロある防寒具を着ないといけないです。重くて暖かい靴、重い毛皮、手袋、帽子、服なんか三重です。それが日常という環境で育ちました。毎日それだけの重さのものを着て動き回るというのは、楽なことじゃないです。〔日常生活自体が体を鍛えているようなものだということ〕

最初は体操をやって、モスクワに引っ越してきてからは、格闘技をやっていました。三二歳のとき、多分始めるのには限界の年齢だったんだと思いますが、カーレースをやり始めて、ヨーロッパに住みました。ほぼ六年、フランスのチームでロシアの国旗を背負ってやってきました。悪くない結果は出しましたよ。あれはスポーツで、趣味ですね。バラライカと同じ。バラライカは職業ではないですよ。別に職があって、こういう趣味があるというわけです。

――バラライカはどうやって始めたのですか。

若いときに、若者のフォークロア・アンサンブル「ヴェトカ」に参加して、有名な「ナロードヌィー・プラーズニク」〔用語〕や「カザーチイ・クルーク」〔用語〕のメンバーに習う機会に恵まれました。活動の一環としてフィールドワークに連れていってもらって、バラライカはそこで覚えたんです。すっかり夢中になってしまいました。

「ヴェトカ」は、若手では一番有名なアンサンブルでした。アンサンブル自体は私が参加する前から

カーレーサー時代。フランスにて。

ありましたけど、ピークは一九九〇年代初めから終わりまでかな。ちょうど私が参加していた頃です。今は当時の参加者は方々に散って、別のフォークロア・アンサンブルの指導者になっています。実技も、声楽、器楽、舞踊の教育法も衣装もハイレベル、つまりすべての文化要素において非常に高い水準を誇っていました。一九九七年に、アンサンブルはミュンヘンで行われた国際民族学フェスティバルに参加しました。フェスティバルとは言いながらコンクールだったのですが、優勝しました。

アンサンブルでは、私は舞踊をやっていました。楽器伴奏はバラライカのほかに、半音階ガルモニ、トヴェーリ地方とヴラジーミル地方のラッパをやりましたよ。そのほかにも、グドーク[用語]、ハーモニカ、数え上げたらきりがないですが、基本的なものばかりです。

——ＫＴＩ共同代表のニコライ（本章＃6）さんとはどうやって知り合ったのですか。アンサンブルでですか。

知り合うとか、そんな構えたものではなかったです。アンサンブルに新人がやってくるとね、何も聞かないんですよ。「ほら」と楽器を渡されて、「やれ」って言われるだけ。うまくいけばそれをやるってことだし、だめなら他のをやってみろということです。私が最初にそうやって見知った人たちの中に、ニコライがいたんですよ。彼は座って練習をしていたので、「ちょっといいか」と聞いたら、あれこれ教えてくれた。アンサンブルの中にはニコライのような人はたくさんいました。彼とは初めの頃はお互いに教えあったんです。メンバーはとにかくたくさんいて、私は全員に習いました。

——あなたはなぜ一四歳でアンサンブルに参加しようという気になったのですか。

スカウトされたんですよ。私が通っていた学校に新しい体育の先生が来たときに、その先生が私ともう一人の生徒をアンサンブルに連れていってくれたんです。「もしかしたら気に入って、やってみようという気になるかもな」と。私は最初はどうかと思っていたのですが、先生はみんなに声をかけたのではなくて、私のことを信頼してくれたのが嬉しかったので、承諾して、行ってみました。行ってみたら、気に入ったというわけでした。

――二〇歳のとき（一九九九年）にアンサンブルをお辞めになったわけですが……。

まあ、成人して、生活のことを考えなければならなくなった、自分で仕事を始めないといけない年齢になったということです。若い頃は義務といったら学校でよい成績を収めることでしたけど、その頃には職を得て、仕事を始めなければなりませんでした。アンサンブルでは全体の練習があるのですが、その時間をどう捻出するかってことになる。仕事を始めた途端、もうそれで終わりです。気ぜわしい生活が降ってきたわけです。

時間の余裕はなくなったにしても、どんなことがあっても自分の趣味として残しておいたものがありました。スポーツです。友達や知り合いや同僚を参加者として集めて、大規模なスポーツイベントを野外でやるんです。これが長く続きましたね。六～八年か。一年に一度は企画をやっていました。

――普通はフォークロア・アンサンブルにはどれぐらいの年齢でやってくるものなんですか。ロシアではどうなっていますか。

年齢は全く関係ないです。子供のアンサンブルがあって、七歳から参加できます。そこから離れた後、またやってみたいと思ったら、それもできます。楽器の場合は七歳で始めるのは早すぎです、手がまだ小さいですからね。クラシック音楽の場合は七歳から音楽学校に通い始めますが。フォークロア・アンサンブルの場合は、楽器のサイズが大きいのしかないからです。標準サイズのガルモニやバラライカは、子供には大きすぎます。指が届かない。〔子供用のバラライカが本格的に生産され始めたのは最近である〕

七歳からにせよ、五〇歳からにせよ、私はアンサンブルではいろんな年齢の人を見ましたけど、子供は受け入れて子供用の教育をしますし、三〇歳、四〇歳、五〇歳、六〇歳でもやってきますね。それで、アンサンブルのレパートリーや音楽を練習して、伝統的な事柄や、自分の家族や、地域や、国の歴史に興味を持って調べ始めます。ロシアはとても大きな国ですのでね、「あなたのご両親はどちらの出身ですか」と聞くことがよくあります。あなたの起源はどこかということです。北部地方に住んでいても、家系は歴史的には南部地方だったりね。移住者というのはよくありますよ。移住はソ連では普通に行われていたことでしたので。

――フィールドワークのお話を聞かせてください。どちらに行かれましたか。

たくさん行きましたよ。一九九四年から九九年まで、毎年行きました。同じメンバーで。夏の時期に二つ、三つのフィールドワークに行ったこともありました。

北から言うと、プスコフ州、ノヴゴロド州、トヴェーリ州、スモレンスク州、モスクワ州、トゥーラ州、カルーガ州、オリョール州、ヴォルゴグラード州、ロストフ州。抜けている場所があるかもしれませんが、こういった辺りをいろんなチームで、歩き回りましたね。ベルゴロド州には何度も行きました。

――プスコフ州というと、A・M・メフネツォーフ先生〔ペテルブルク音楽院教授、器楽研究者、特にプスコフ州に詳しい。故人〕とご一緒されたんですか。

教授とはフィールドワークではなくて、ペテルブルクでの講義やセミナーに参加しただけです。教授にはとても感謝しています。そのときにお子さんのアレクセイ・メフネツォーフさん〔著名な器楽研究者〕と会いはしましたが、大人になってからまた改めて知り合うことになりました。教授は、どんなふうに調査を行うべきか、どんなふうに質問すべきか、実際の録音録画をもとにたくさんお話しくださいました。参加者がそういった情報を吸収できるように、音楽院で教えておられることをそのままセミナーでも教えてくださったわけですね。

——最初の頃のフィールドワークのお話をしてくださいませんか。

ベルゴロド州のボリシェ・ブィコヴォ村に行ったときのことでした。私はバラライカ奏者のAさんのところに連れて行かれて、「マクシム、さあ、楽器を弾いて教えてもらって、情報を集めなさい」と録音機を渡されました。それで、私は一人で残されることになりました。皆さん、村の人たちとは付き合いが長いので、若いのを別に付き添いも置かずにひとりで残しても大丈夫というわけで、他の村に別の調査をしに行ってしまいました。

で、その人は何と言いますかね、ちょっと意地悪だったんですよ。こっちを見やって、町から来たこの若い奴は村の仕事というものを知っているのか、ちょっと試してやろうって。で、薪割りをしろときた。私は「喜んで」ですよ。だって私はスポーツを随分やっていますからね。しましたよ。一山分。そしたら、「よし、それじゃ次は柵の修理だ」。私はまだ工科芸術中専に入学する前でしたが、木工細工のサークルに友達と通っていたので、木を使って簡単な補修作業をしたんですよ。屋根のずれを直して、家の周囲の柵を修繕して、門の開閉がスムーズにできるようにしちゃいましたよ。

そしたら、「もういい、マクシム。くだらんことはやめて、バラライカを弾きに行くぞ!」です。そして私たちが弾き始めるやいなや、すごいお祭り騒ぎになってしまったのでした。

Aさんはすばらしい腕前の奏者だということを、身をもって示してくれました。以前の調査の採録ではやる気になってなかったんじゃないですかね。これまでバラライカのことで、自分の持っている知見を伝えられる人がいなかったんでしょう。私の前で弾いてくれたときは、本気になってました。Aさんは私に左手の指を棹のどこにどう置くか、どういうふうにどっちに向かって動かすかを教えてくれました。当時私は自分がいけてると思っていたんですが、この人が弾いているのを聞いてわかりましたよ。実地では初級にも劣るんだと。Aさんは説明したり、弾いたりしてくれたんですが、あまりに印象が強烈だったので、私は録音機のボタンを押すのも忘れていました。

私たちが弾き続けて一時間、近所の人たちがやってきました。さらに一時間、別の人たちがやってきました。そのうち村中の人たちがやってきました。それから私の縁談まで持ち上がって、「ここに残りな。いい娘を見つけよう」と言われましたね。そんなもてなしのできる、暖かい場所だったんです。私だってとてもおもしろかった。ほんとに夢中になってしまった。このことはずっと忘れないと思います。

フィールドワーク組はというと、私を連れて宿泊地に行かなければならなかったんですが、誰も私を連れに来ませんでした。私は忘れられていたんです。でも大丈夫でした。私はその家に泊まることになって、翌朝迎えが来ました。

——そのフィールドワークの責任者や参加者のことは覚えていますか。

責任者は覚えていないですが、参加者の中にはエカチェリーナ・ドーロホヴァ先生、タチヤーナ・ジメンコーヴァ先生がおられました。二〜三年前に再会したとき、そのときの奏者の名前や村の名前を教えてくれて、懐かしく話をしました。

——サークルのＫＴＩ創設のことを教えてください。

私たちが再会したのは、アンサンブルの「ナロードヌィー・プラーズニク［用語］」の創立三五周年の記念コンサートでした。で、子供の頃の思い出話を始めたのです。もちろん最初にバラライカのことが話題に上がって、集まって弾いてみようかということになった。弾かずに十年経って、手が感触を覚えているかどうか試してみたかったんです。

みんなで集まる前に、私の郊外の別荘で何人かで集まって、どれぐらい奏者がいるか、どれぐらいの腕前かインターネットを見てみたんですよ。前は私たちぐらいの腕前の奏者が百人ぐらいいたとすると、今は何とか五人いるぐらい。ネット上で見る限りね。もちろん、インターネットに上げていない人もいるんだとは思います。その後随分観察していたのですが、十人ぐらいですね。でもそれ以上ではない。

それで、決めたんですよ。私たちが持っている知見を他の人に継承していこうじゃないかと。もちろん私たちにとっては趣味でですよ。友達に電話をしたら、二十人が反応してくれました。スタートには十分な人数です。結果、三年で三百人になりました。インターネット上では二千人ぐらい集まりましたけどね、「バラライカを弾く人」は。

だから、二〇一七年一〇月一四日がサークルの誕生日ということになっています。教え始めたのは、一年後の二〇一八年の九月からです。

——ＫＴＩの練習会はどんなふうに行われていますか。

練習会は二週間に一回で、形式はセミナー方式です。私やニコライが実際に弾いている曲を教材にしています。各回でやった教材は、次の回でもやって反復します。教材にした曲自体は、インターネット上でも何らかの情報を見つけることはもちろんできます。でも、私たちの練習会では体系的に継続的にその都度細かく教材を出しているので、練習会という脈絡から外れてしまうと、習う人はわかりにくくなるでしょうね〔KTIの体系的教育法に関しては、渡航時に具体的に調査予定としていた〕。

来る人たちは自宅で練習をしてきます。やる気がある人はすぐにわかります。次の練習会では準備をばっちりしてきますからね。そういう人に教えるのはこっちも楽しいですよ。でもだからといって、ただ自分のためだけにやりたい人や、練習時間がとれない人をないがしろにするわけではありません。自宅はいろいろあるでしょう。みんながみんな耐えられるわけではないですからね、練習中の音なんて。

――KTIはどの都市にあるのですか。

現時点では、モスクワ、サンクトペテルブルク、ペルミ、チェリャビンスクにあります。モスクワにはバラライカを習うことができる場所が二か所あります。一つはメインの場所で、もう一つはパーヴェル・コルバンコーフ〔本章#7〕が指導している木工工芸・修復コレッジの生徒のみが参加しています。外の人は入れません。授業料は、モスクワでは無料です。私たちは皆さんにこの方針はお伝えしています。他の都市では、講師にとっては職な

KTIの練習会にて。2列目左から3番目がマクシム氏。

ので、無料で教えることはできないです。

――あなたのサークルでは「サークル的参加」がなされているとのことでしたが、これはどういう形式のことをいうのでしょうか。

人は参加の仕方を模索するものです。参加には何らかの義務が伴いますからね。昔はね、アンサンブルに入ると、コンサートや、公園で行われるお祭りイベントに出ないといけなかったんですよ。お手伝いをしたり、踊ったり、弾いたり。そういうのを「アンサンブル的参加」といいます。多くの人、歳が行った人たちには伝統文化はおもしろいですが、みんな自分の職業を持っているわけで、時間が割けない。習って、うまく弾けるのに、コンサートやお祭りイベントには出られないということが起きていたんです。話を聞いてみてわかったことですが。でも、サークル的参加の場合は、義務自体が一切ない。もし参加したくないんだったらしなくていいし、したいんだったらすればいい。

私たちはこのサークル的参加のほうをやっていて、何がしたいかしたくないかを公言しているわけです。たとえば、私たちのサークルはいかなるコンサートも行わないです。これがそもそもの立ち位置です。でも、サークルにはフォークロア・アンサンブルにも参加しているメンバーがいますから、その人たちがお祭りイベントやコンサートに参加できるし、出張講演が必要なら、音楽の用語を使いこなせるプロがいるので、その人があれこれ示しながら話をしますよというわけです。このような参加の仕方だとみんな快適なので、全体が一つにまとまるし、別のアンサンブルの団員にしても、他と掛け持ちしてはならないという義務はないです。私たちは狭くバラライカだけをやる、ただ教えるだけ。

こういうサークル的参加というのは、歳の行った人たちに適しているんですよ。うちに倣ってこのやり方をやり始めた団体もあるそうです。教えるは教えるけれども、参加者には何の要求もしないという方針を導入したとか。これは快適な形式ですから、参加者が増えていっているそうです。

うちは他と比べると自由なんですよね。そうでないと交流する時間がないですから。いろんな職業、年齢の人が集まっているわけでしょう。だから、バラライカという楽器を通じた交流に集中しようということにしています。意図的に。そのためにやって来ているんで。うまい人もいるし、逆にうまくいっていない人もいる。専門教育を受けた人もいるし、教師もいるし、デザイナーもいるし、木材工芸の修復家もいるし、建築家もいるし、エンジニアもいるし、プログラマーもいる。私たちのサークルではアマチュアのほうが多いです。それに、コンサートはしないし、役所に活動報告をすることもしません。

それから、ベテランのメンバーにがんばってもらうようにしています。普通は一通りプログラムをやってしまうと、それで終わりになってしまうものですが、うちではそうじゃない。ベテランのメンバーが練習会に来たときは、新しく入ってきた人の指導をお願いしています。教えていると、前は理解していなかった細かいことが理解できるようになる。教えながら教えられる、そんな効果をご存じでしょう。

私たちの一番の課題は、モットーでもある「バラライカを一家に一台！」です。これは哲学みたいなものです。ではどうやって一家に一台の楽器を普及させるかというと、そのためには、みんなが気に入る必要があるし、楽器からポジティヴな感情を得る必要がある。そのためにはどうするか。単純に言えば、こっちはただ献身して、何も見返りを求めないことですね。後で自分の頭で考えたら、自動的に何かしたくなります。どこかで人前で弾いてみようとか、知っている情報を伝えようとか。

――アカデミックバラライカとその音楽文化についてはどうお考えですか。

いいと思いますよ。すばらしいです。アカデミックバラライカは伝統バラライカにもある同じ調弦をしています。ミミラ調弦、私にとっては、あれは「バラライカ調弦」で、「ロシア調弦」とも言いますが。アカデミックバラライカは肯定的に捉えているし、高い完成度を持っているし、難しい音楽も演奏しているし、何でも演奏できますよ。でも、伝統的なバラライカと違って、最初から最後まであらかじめ覚えたメロディーを弾くんですよね。即興の要素もあるにはあるんですが、歓迎されないとまでは言わないにしても、だいたいはその中から最も優れた箇所を選んで、ただ繰り返すんですよね。

伝統音楽というのは根本的に即興が基本です。それはある意味長所でもあるけれども、ちょっとした欠点でもある。即興がうまくなるためには、長い時間をかけて練習しないといけないですからね。だったらよさげな箇所を選んで覚えるかとなるんですが、それこそ「コンサート文化的に演奏された伝統的な伴奏曲」じゃないですか。伝統音楽は、元の形があって、そしてその変奏がたくさんある。奏者がどれだけ複雑な弾き方をするかによって。だから、それを組み合わせたものというのは様々なんで、同じ音楽を同じように弾くというのは、不可能ですよ。何か伝統伴奏曲を弾くとします。今日はこういう気分でこういうふうに弾きます。でも一週間後には、お天気と同じで、別の気分になるわけで、手だって勝手に別なふうに動いちゃいますよ。そして、それは全部伝統的なものってことになる。

一方、アカデミックバラライカは、今日も明日も一年後も同じものを弾きますよ。心を込めて弾きますよ、技巧的にね。でも、それは事前に覚えたアルゴリズムでしょ。伝統音楽だとね、メロディーがまったく同じようにずっと繰り返されると、何か別のものが欲しくなるんですよ。私たちが常に「もっと何か別のもの」をと思ってしまうこと自体がね、あちらさんとは感覚が違うってことになるんです。伝統音楽というのは常に「いつも違うもの」なんです。

――バラライケルについてはどう思いますか。

彼らはよくやっていると思います。楽器製造という点で。それまで誰もやれなかったことをやってのけたんです。それは事実です。その意味では称賛されてしかるべきでしょう。

音楽の面では、彼らは現代のレパートリー、現代のサブカルチャーをやっていますね。伝統音楽も演奏できる。でも、私たちのサークルの立場から言えば、現代よりももっと歴史的な音楽のほうに力を入れてほしいなと思います。それは彼らの権利というか、ものの見方ですからね、彼らに助言をする権利なんて誰にもないわけで。彼らは音楽を作ることより、ビジネスが先行しているということでしょう。

――アルヒポフスキーについてはどうですか。

ヴィルトゥオーゾで、ロシア民族楽器オーケストラで演奏していた人で、身につけた演奏技術を駆使して、バラライカ独奏でソロリサイタルを行った最初の奏者でしょう。無伴奏ソロというところが、もしかすると彼の成功の秘訣だったのかもしれません。

そういう名手や専門教育を受けた人やアカデミックバラライカの人たちが、正統な音楽、正統な音に注意を払ってくれたらいいのにと思います。伝統音楽や伝統伴奏曲の原則などにね。「民謡の主題によるメドレー」、あれはフィールドワークの成果の賜物だし、その作曲家たちはそもそも民俗音楽にインスピレーションを受けたわけでしょう。

――バラライカのレパートリーについて、何を演奏すべきか、すべきでないかとお考えですか。

私たちが除外しようとしているのは、現在のサブカルチャー、たとえば外国の文化ですね。レゲエやロックやヒップホップ、ロックンロールといった形式の。そういった音楽はバラライカでやると実際すばらしいし、エネルギッシュで美しいですけど。それから、クラシック音楽も弾きません。

私たちはできる限り、私たちの祖先が演奏していたレパートリーを知る必要があると考えています。学術的な言い方をすると、特定地域の伝統的なレパートリーということです。変更なし、編曲なしの、伝統的で正統な音楽を演奏すべきですね。さらに学術的に言うと、それは無形文化遺産のガイドラインに沿った音楽ということです。みんなが楽しめて、自分の地域の歴史に興味を持てるようにしないといけない。というのも、自分の歴史をきちんと知ると、隣の地域の歴史と比較するようになるし、そうなると価値というものがわかるようになりますから。私たちの理想というのは、まさにこういうレパートリーを広めていくことなんです。

それで、百年前までの音楽を視野に入れています。それはいわゆる近代のレパートリーで、ロシア・ロマンスや古い歌と呼ばれるものです。二～三百年の歴史を持つレパートリーでは、伝統伴奏曲の《ストラダーニエ》、《ポドゴールナヤ》ですが。古いレパートリーというと、《ルースコヴォ》、《バールィニャ》、《ザヴィードフカ》ですね。伝統伴奏曲です。私たちは今私が言ったような曲を弾きます。古いのから始めて、二〇世紀初頭のワルツ、ロマンスまで。その時期のものを弾きます。ワルツというのはちょうど境界上にあるもので、二〇世紀初頭の都市のロマンスもそうですが、それは現代のものとも、古いものともいえるんですよね。この境界線上の時代のものについては何の矛盾もないですね。

#6 ニコライ・チェレーギン～音楽にひとり沈潜する建築家

Николай Телегин　一九七五年生まれ。二〇一八年から活動しているバラライカ伝統サークルＫＴＩ（モスクワ）の創始者。マクシムと共同代表（二〇二二年四月三日録画）

自分が弾いている音楽の中に身を置くでしょう、そうすると、内側から深い感情が出てくるような精神状態になるんですよ。

ニコライ・アレクサンドロヴィチ・チェレーギン、モスクワ生まれです。専門はいくつかあります。建築学（学士）、経営学（ＭＢＡ）です。音楽教育は受けてないです。

――自然科学系の方なんですね。音楽は遠い存在のように思えるのですが……。

サッカー選手やエンジニアは音楽から遠くはないでしょう。同じです。趣味ですよ。

――フォークロア・アンサンブル「ヴェトカ」のことを話してください。

私たちはみんなモスクワ建築大学の出身で、マクシム（本章#5）とも「ヴェトカ」で知り合いました。知り合ったのは、一九九一年。ソ連の崩壊の前か後かって、崩壊は六月でしょ、政治はよくわかってなかったです。普通科教育は九年生まで行って、それから食品中等専門学校に進んだので、誕生日が来ていないから一六歳になってないですね。

「ヴェトカ」は私が学んだ中専にあったアンサンブルだったんですよ。休み時間にやってきて、アンサンブルの練習の見学に来てくださいと呼び掛けていたので、拳闘の見学のつもりで行ってみたら、フォークロアの一大拠点でした。バラライカもあった。女の子がたくさんいて、踊りに誘われて、ダンスやカドリーユ［用語］を踊って、すごくきれいな歌を歌って、これはいいなと思いました。それで、入りました。結局、拳闘のほうは、私はだめになっちゃいましたね、マクシムとは違って。

――アンサンブルで、すぐにバラライカを始めたのですか。

一九九一年の一〇月か一一月、練習に通い始めた頃に、フェスティバルがあったんですよ、ウラルのエカチェリンブルク市で。それで、お誘いがあって、行くことにしました。私たちは、郊外の元ピオネールキャンプ場に泊まることになった。着いてみるともう夕方でね、もう夜のパーティーをやっていたんですよ。みんな踊って、歌って、そりゃすごかったですよ。

翌日には、フォークロア・アンサンブルが出るコンサートに参加するために「青少年劇場」に行ったんですけど、バスで移動だったんですよ。ソ連時代のオレンジ色の車体のイカロスという古いバスでね、外も、バスの中もとても寒かった。バスの中で、先輩たちが二～三人でバラライカを弾いて、女の子たちはそれに合わせてチャストゥーシカを歌ったんです。よく覚えていますが、すごくきれいでした。あれはすごかった。とにかくきれいだった。その伝統伴奏曲は《ザヴィードフカ》といいました。そのときからずっと私はこの曲が好きで。当時はバラライカのほうが女の子より好きだったですね。ははは。バラライカへの愛着は《ザヴィードフカ》から始まりました。あれはバラライカの曲の中で最もすばらしいものですよ！

フェスティバルですから、人はたくさんいました。コンクールは競争ですけど、フェスティバルには勝ち負けがなくてみんな仲良くするんです。アンサンブルが全国から二〇ぐらいは来ていたと思います。ラトヴィアからも来ていましたね。女の子がきれいだったなあ。エカチェリンブルク、モスクワ、ペテルブルク、ラトヴィア、いろんなところから。で、みんなと話をして、夜にイベント会場で踊って、そんなでした。踊り、女の子、バラライカ……。で、夜は眠らないから、昼間に寝るんで。私はこんなふうにバラライカを抱えて寝てたんですね。バラライカは誰にも渡さないようにして。そういえば、誰かに写真を撮られたかな。

——誰にバラライカを習ったのですか。

先輩たちからです。最初にフェスティバルに行ったときに。「ヴェトカ」で弾ける人全員のところに行って、頼んだんですよ。教えてくれ、弾いて見せてくれって。で、私はすぐに覚えちゃったんですよ。二～三か月ぐらいすると、周囲に教えてもらったものは全部弾けるようになっていました。

——ひとりのときの演奏について。

思うに、私は好きだったんですよね、音楽に瞑想の要素があるところが。弾いているとね、自分がその音楽の中に入り込んじゃっているっていうか。その頃の私が好きだったのは、四時間とか五時間とか弾くことだったんですよ。近所の人たちがいい加減にしろって文句を言いに来ましたよ。あれは没入ってことだったと思うんですよ。その音楽の中に身を置くっていうかね。

今は自分のためだけの演奏が多いです。時間が足りない。子供や仕事に時間をとられますからね。

――フォークロアのフィールドワークについて話してください。

何回か行きましたが、一番規模が大きかったのが、プスコフ州への一九九三年の調査でした。兵役前です。あの頃はバラライカがほんとに好きで、一日に四~五時間弾いていました。とにかくよく弾いていた。指の爪を切ることはありませんでした。人差し指のこの部分は、弦をはじくのでいつもすり減っていて。小指もです。弾くときに支えにしますから。弦が直接当たる箇所からは、血が出たりした。

プスコフ州の調査では、ものすごいのを採集しましたよ。アンドレイ・カリーモフさんと一緒に行ったんですが。私の洗礼父で、武闘家でね、中専で拳闘のサークルに呼んでくれた人です。カリーモフさんと、ペテルブルクの音楽院の女の子二人と一緒にフィールドワークに行ったんです。

そこで私たちは、私が今まで聞いたことのないものを採録しました。単弦で単音をつま弾いていくんです。民衆の伝統文化でのそういう演奏法は、あそこで初めて聞きました。他では聞いたことがなかったです。過去の録音資料でも。それでもう、考え方がひっくり返ってしまいました〔アカデミックバラライカの奏法であり、奏者は自身に知識があったか習ったと推測される。同様の現象は他の地域でも観察されている〕。

現場に行くと、おじさんが弾いているわけです、ひたすら。で、カリーモフさんが「さあ、これを覚えな」という。でも見ても、何がどうなっているのかわからない。音がなんで出ているのか、まったく。信じられないような光景でした。何かやって音が出ているのはわかるんです、美しい演奏だというのも、とにかく複雑だというのも。私は一日してから、奇跡的に何とか弾けるようになりましたよ。どうやったのか、自分でもわかりません。この調査では他にも録音はたくさんしましたし、珍しいのも随分採録しました。この演奏との出会いで私の弾き方は変わりましたね。そして、再構築されました。

モスクワでもペテルブルクでも、誰もそんなふうに弾かなかったですよ。チェルヌィショーフさん（本章#9）だって。チェルヌィショーフさんは私より年上で、音楽院でアレクセイ・メフネツォーフさんと一緒に学んだ人です。私はメフネツォーフさんとは一緒に演奏したことがないけど。バラライカ奏者というと、この二人です。でも私は、プスコフで聞いたようなスタイルの演奏を、その二人からも聞いたことがありませんでした。単弦で単音をつま弾いて、伝統伴奏曲を旋律だけの音楽にして弾くなんて。ゴルシコーフさん（本章#12）だって、そんな録音は聞かせてくれたことはなかった。

だから、私は新世界を発見したって思ってしまいましたね。このことは、私の音楽に実に見事な彩りを加えてくれました。その頃にはもう、マクシムとは知り合いだったと思いますよ。「ヴェトカ」にやってきたばかりだったかな。それで彼に私はこの新技を教えました。

それから私は兵役に行って、九五年に戻ってきました。もう大人でしょう。家庭を持って、金を稼がないといけない。仕事しなきゃ。それでフォークロアから段々遠のいたんです。

――ご家族ではどなたかバラライカを弾かれていましたか。

祖母が弾いていて、伝えてくれたものがあるんです。父方の祖母で、一九三〇年生まれ。村から大きな町に引っ越したときに、運よく演奏を記録することができました。

――おばあさまは歌と演奏を同時にされる方でしたか。

はい。弾きながら歌っていました。私は弾きながらはだめですね。

祖母は私に伝統伴奏曲を教えてくれました。私たちはそれを《ズィリャーノチカ》と呼ぶことにしました。祖母はウラル地方のズィリャーノフスキー村の出身でしたので。節としては普通の《ポドゴールナヤ》〔ウラル地方の伝統伴奏曲〕なんですが、ちょっと独特でね。バラライカをやり始めてから、祖母のところに遊びに行ったんですが、祖母が弾けることを知って、録音したんです。その後、祖母は私にバラライカをプレゼントしてくれました。

――今はKTIサークルで弾いていたりしますか。

いや、もう長いこと行ってないです。時間がそんなに自由にならないので。KTIというのは、私にとってはボランティアのようなものでした。サークルは参加費無料にしたので、皆さんやってきて、無料で活動しています。あれは私が弾けるようになったもの、祖母が教えてくれたり、先輩方が教えてくれたり、フィールドワークに行って、単弦単音の弾奏ができるようになったものを、他の人に伝えようと思って、やったんですよ。

それで、その通り、全部伝えたと思っています。もう祖母の《ズィリャーノチカ》を演奏できる人も何人かいるし、プスコフ州で採録した単弦単音の弾奏も弾ける人も出たし。私は随分時間をかけて教えました。それで、楽器がね、何と言うか、火をつけることができるようにしたかった。料理と同じですよ。そうすると、魚でも、肉でも、パスタでも、その他何でも料理することができるようになるわけでしょう。だから、私が教えた人たちは今、ああいう形式のものは何でも弾けると思いますよ。

――現在の音楽生活は?

末娘がもうすぐ二歳になるんですが、バラライカが好きでね。驚きです。三人の子の中であの子だけです。私のところにバラライカを持ってくるんですよ。私が弾くと、あの子は踊るんです。びっくりしますよ。あの子はほんとうに音楽的で。それで私は家で弾きます。しょっちゅう。あの子のために。

でも、もう以前とは弾き方が違いますね。演奏が別のものになってきています。もう伝統伴奏曲は一五〇も要らないです。もっと少なくていい。今の私には二つ三つで十分です。それに自分でも驚いているんですが、以前は全く我慢のならなかった《ルースコヴォ》を弾いています。前は《バールィニャ》と《ザヴィードフカ》が好きだったんですが、あともう一つ二つあったかな。今は《ルースコヴォ》ですよ。《ザヴィードフカ》よりもよく弾いている。歳を取っていってるってことでしょう。

そういうのは伝統伴奏曲が持っている可能性にもよるのかなと思います。私にとって、これは語りや瞑想みたいなものです。音楽に没入して、その中に身を置くんです。そうすると、その音楽が内に持っている即興性の、新しい筋書きのようなのが出てくる。《ルースコヴォ》も、《ザヴィードフカ》も、《バールィニャ》も、そんな可能性を与えてくれる。でも他の伝統伴奏曲は、私にはあんまりですね。あ、《スコバーリ》の中に一曲あるな。プスコフ州でカリーモフさんと採録した中ので。

――他の音楽家と一緒に弾いたりされますか?

最近、チェルヌィショーフさんとゴルシコーフさんと三人で弾いたんですよ。去年の一二月か一一月だったと思いますね。モスクワで。場所は台所でした。ゴルシコーフさんはヴァイオリンがうまいんですよね。私とチェルヌィショーフさんがバラライカを弾いて、ゴルシコーフさんがヴァイオリンを弾いたんですが。すばらしかったですよ。一時間座ってただただ弾くんです。目を開けていられないです。

ほんとうにすごかった。そういう状況がそこにあって、自分が実際にそこにいるってのがね。そういうのは私にとっては音楽に没入するってことなんです。瞑想みたいな感じ。音楽をひたすら聴いて、その音楽をいろいろ広げていくんです。いつもこんなですよ。楽器を手に取ると。

バラライカのどこが好きかって、自分が弾いている音楽の中に身を置くでしょう、そうすると、自分の中で何かこう、内側から深い感情が出てくるような精神状態になるんですよね。たまに、他の人と弾いているときにもそんなことがありますよ。それもまたすごいんですよね。

――自分ひとりのための演奏について。

私は、いつも自分ひとりのために弾いています。歌い手や踊り手のためというのはないです。最初からそうです。私が好きなのはずっと、音楽なんですよ。私は何曲も弾くことはできますけど、一人の奏者に必要なのは、一曲か二曲ですよ。多くても三曲。それ以上は必要ないです。楽しくやりたいんだったら、二～三曲あれば十分ですよ。

――レパートリーに対するお考えをお聞かせください。何がよくて何がだめかなど。

さあねえ。楽譜とか、専門的なことはわからないんだけど。私は伝統レパートリー以外も弾きますよ。私はとても寛容な人間なんでね、自分でもパンジャービーMCを弾くし。最近は弾いてないですが、必要なら今弾くこともできますけど！　そうだ、《百万本のバラ》があった。春のお祭りの企画で替え歌を自分たちで考えてね、三月八日の国際婦人デーで、女性のために歌いましたよ。私はバラライカを弾きました。男性陣が歌いましたよ。歌詞はこんなです。

「女性の皆さんへ、花を贈ります／皆さんに贈ります、皆さんすばらしい／私たちは愛の歌を歌いましょう／心から、心から」

フォークロアやってる人たちの中には、すごい厳しい人がいて、音楽はこうあるべき、こうじゃない、これだけが正しいなどと言うんですが、私には縁のない話です。バラライカで何を弾けるかって、何でも弾けますよ。私としては、そこには可不可を決める規範のようなものはないです。わからないですね。なぜそこで、バラライカではこれを弾いてはだめなんてことになるのか。弾いていいし、弾くべきでしょ。好きで弾きたいと思ったんだったら、弾けばいい。それができるだったら、やればいいんですよ。

――バラライケルの活動についてはどうお考えですか。

いいと思いますよ。バラライカを作って、楽器が手に入りやすくなっていますよね。私が個人的に彼と知り合ったのは、ソコーリニキ公園で展示会があったときです。バラライケルも出店していました。その後マクシムがセルゲイをＫＴＩの練習に連れて来たことがありますよ。二年ぐらい前かな。

――アレクセイ・アルヒポフスキーについてはどうお考えですか。

聴いて、いいなとは思いますよ。でも別にファンってわけではない。私はアルヒポフスキーよりも、バンドのModern Talkingのほうをよく聴くし。彼が弾いているのは自作の音楽と、クラシックみたいなのとかでしょ。でも私は民謡のほうが好きなんで。アルヒポフスキーって、すごくきれいに、ヴィルトゥオーゾ［用語］に弾きますよね。ギタリストにイヴァン・スミルノフってのがいたんですが、「カルセーリヌィ・ジェード」っていうアルバムがある。彼はギターの世界大会で入賞したんですよね。アルヒポフスキーのバラライカを聞くとそれを思い出すし、何台かで弾いているような気がしますね。

――他のバラライカ奏者はどうですか。

バラライカ奏者で必要な人は、もう全員あなたはデータをお持ちですよ。チェルヌィショーフ、チェレーギン、マクシム。あとは、アレクセイ・メフネツォーフ――民族音楽学者のメフネツォーフ教授の息子です〔僻地居住のためインターネットが使えず、現在データなし〕。彼らは私たちの誰よりも前にプスコフ州に行っていました。採集した音楽資料は、膨大なものでしょう。私が好きなバラライカの音源というのは、アレクセイさんか、彼のお父さんが採集したものなんですよ。多分、それでもう他は誰もいないですよ、抜きん出てうまい奏者ってのは。見当違いもあるかもしれないですけど。「抜きん出てうまい」ってのは、つまり、民謡をちゃんとわかっていて、演奏も上手だっていう意味です。

――名手から、他のバラライカ奏者の皆さんへ一言お願いします。

私は名手ではないですけど……。こういうのって、本や食べ物の話と同じだと思うんですよね。気に入ったら、やればいいですよ。もし気に入った音楽があるんだったら、それをバラライカで実現できるんだったら、それってとてもすごいことですよ。KTIでマクシムと一緒に教えたりしましたけど、「バラライカを一家に一台」って思ってね。私たちはこの音楽が心から好きなんですよね。だから、願いたいのは、たくさんの人たちがバラライカから満足感を得られるようにということですね。バラライカを弾くというのは、「私たちの言う通りにやれ」という種類のものではないです。自分たちが楽しくて、心地よくて弾くわけです。そんなことを感じることができるのだとしたら、どんどんやってください。自分が弾きたいものを。

＃7　パーヴェル・コルバンコーフ〜四〇歳で伝統文化に目覚めたテニスコーチ

Павел Корбанков　一九七三年生まれ。テニスコーチ、バラライカ愛好家、修復家、モスクワ修復専門中等学校教師、民俗伝統楽器収集家。KTIメンバー。
（二〇二一年八月二二日録画）

先祖の声に導かれたとでもいいますか……伝統文化の問題に没頭し始めました。そしたら、音楽をやってみたくなったのです。伝統的な音楽を。

パーヴェル・ヴァレーリエヴィチ・コルバンコーフです。スモレンスク州生まれですが、五歳のときにオリョール州に移りました。そこで学校に通って、教育大学を出ました。教師として働き始め、オリョール州の農村部の学校で三年働きました。私は子供のころからテニスをやっていたので、体育学校でコーチをやりました。今もです。身長ですか？　テニス選手というのはだいたい長身でしょう。子供の頃からどんどん背が伸びる。バスケの選手と同じです。

スモレンスクの私の祖父は腕のいい大工で、家具職人で

した。父も祖父から工芸の腕を受け継ぎました。私は若い頃は全くそんなものに興味がありませんでした。伝統文化も伝統音楽もです。私が夢中になっていたのはスポーツだし、全く別のことでした。

それからモスクワに移ったんですが、がらっと人生が変わりました。仕事の点でも、忙しさの点でも。価値観の転換と言いますか、あるときふと思い立ったのです。私はコーチなんてやっているが、自分にとって重要で本気で取り組めるものとは何か違うんじゃないかと。それでそのとき、先祖の声に導かれたとでもいいますか、何かに引き寄せられるように、木材とか、木彫りとかをやるようになりました。家具の修繕も、少しずつ。そして、きちんとこの分野を勉強しようと思って、学校で専門教育を受けることにし、モスクワの修復専門学校に入学して、卒業しました。

その後はずっと修復の仕事をやっています。専門は、歴史的木工芸の修復家です。今は専門学校で「歴史文化遺産」という、ボランティアを教育する学校の教師として働いています。これはもう三年も続いている、いわば全国的な規模のプロジェクトです。

――スポーツから工芸とは大転換、人生の転機ですね！　何歳のときだったのですか。

四〇歳を過ぎてからでしたね。もうすぐ五〇ですが、まだまだ人生これからですよ。自分の人生の中で何か変えることを恐れない人たちというのは、そういう道を歩くものです。何でも見つけることがで

スポーツクラブにて。現在もテニスを教えている。

きますよ、どんな年齢でも。何でも見つかりますよ。

専門学校にはいろんな人がやってきます。五〇歳を越えた人で新しい専門知識をつけようという人とかね。人生では自分が好きだと思うことをやらなきゃ、でしょう。でなきゃ意味がないですよ。自分が好きな仕事をやるべきです。


――スモレンスク州時代のご家族のことをお話しください。


住んでいたのは地区中心地で、ルードニャ市といいます。大祖国戦争〔独ソ戦〕のときに使われたかの有名な迫撃砲「カチューシャ」の実験が行われたところです。父の家系は全員ここの人でした。祖父も祖母も。祖父のヴァシーリー・コルバンコーフは、バラライカを弾いていたんです。私は母のお腹の中にいた頃から、祖父の演奏を聞いていたということになります。両親は仕事をしていましたから、祖父が私の面倒をみていて、バラライカを弾いてくれていました。よく覚えています。

スモレンスク州から引っ越したのは、五歳の時でした。家族でオリョール州オリョール市に移りました。母も母の両親もオリョール市外の出身ですが、母は市内の学校に通って大学を出て、働き始めたので。母方の祖母は歌がとても上手でした。民謡を歌っていましたよ。祖母は二〇一二年に亡くなったのですが、よく覚えています。祝祭日になるとごちそうが並べられたテーブルに親類が集まって、歌を歌っていました。それで私たち若いのはそういうのをどう受け止めていたかというと、「あーあ、またあいう歌を歌って」などとちょっと笑っていました。

その価値を認めるようになるのは、それなりの年齢に達したときなんですよ。だからね、私は今伝統文化の価値を認められないという若い人たちの気持ちはわかるし、いつかそういうのがわかるようになってほしいと思っています。

――音楽の専門教育は受けましたか。

いいえ。でも今は、専門教育がないためにできてしまう穴のことは理解できます。音資料を扱うとき、伝統伴奏曲が五線譜で書かれたものに行き当たるんです。だから、五線譜の読み書きを少しずつ勉強して、楽譜に書かれた音を理解しようとしています。実際必要なことだと思いますね。

――フォークロア・アンサンブルに参加されたことはありますか。

いいえ、ありませんし、意図的にそういう選択をしていると思います。

祖父はバラライカを持って表に出たりしていました。外のベンチに座って弾いていました。自分が楽しむためにね。私はそばにいて聴いていました。歌ったり弾いたりしていたのは、食事の後とか、ごく自然な場面で。

でも、舞台に上がって弾くコンサート文化というのは、私にはちょっと厳しいですね。たとえば、今専門学校で学生たちとバラライカをやっているんですけど、学校の行事で出てくれと言われるんですよ。マースレニツァ〔冬送りの伝統行事〕とか。それで出るんです。でもこれが唯一の舞台での演奏ということになりますね。アマチュア芸能活動っていうんですかね。

それ以外は、自分自身とか、周囲の人たちだけのために弾きます。私は外に出るほうが好きなので、団地の中庭や公園や、モスクワの大通りにある公園のベンチに座ってバラライカを弾く。そうすると通行人からの反応があるんですよ。自分のためだけに弾く、これが最高です。通行人が興味を持って、近寄ってきて、話しかけきて、聴いている。とてもいいことだと私は思うんです。

――あなたはそもそもどういうふうにしてバラライカを演奏し始めたのですか。

音楽は小さいときから好きだったんです。ご先祖様の声に導かれたというかね、スモレンスクの祖父がやっていた大工仕事や工芸をやり始めたんですが、工芸というのは伝統的なものであって、それだけで独立して存在するものではないです。大きな伝統文化の中の一部なんですよ。私は勉強を始めて、伝統文化の問題に没頭し始めました。そうしたら、音楽をやってみたくなったのです。伝統的な音楽を。

祖父はバラライカを弾いていたので、自分も弾けるようになりたいと思いました。実は私は若い頃にギターを弾いていたものですから。エレキギターでロックを弾いていました。自分の曲ではなくて、当時流行っていた曲、気に入った曲を。弦楽器は私には近い存在だったので、バラライカをやるのに何の疑問の余地もなかったですね。何か楽器をやるというときに、ごく自然に出てきました。「これだ」と思ってそれで決めたんです。今は、ギターは全く弾かないです。

――おじい様はどんな曲を弾いておられたのですか。

《ツィガーノチカ》、それから《バールィニャ》は弾いてはいましたけど、小さかったからよく覚えていないです。歌は覚えています。《青い風船》とか。みんなが集まって食事をした後には、いつも歌と一緒に弾いていました。

――あなたが最初に覚えた伝統伴奏曲を覚えていますか。

どの人も《ポドゴールナヤ》だと思うんですが、私もです。それから、《カマーリンスコヴォ（カマーリンスカヤ）》、《バールィニャ》かな。祖父は私が小学校に上がってから亡くなりましたので、祖父から教わったのではありません。インターネットを見て始めたんです。ＫＴＩに入る前までは独学で、少しずつ。ＫＴＩに入ってからは、ちゃんと習い始めましたよ。

――ＫＴＩには何年に入ったのですか。

確かサークルが創設されて最初の回からですね。インターネットを通じてサークルのことを知りました。すぐに行って、ここで習おうと決めました。やりたいと思ったし、当時は時間があったので、一日のうち何時間かはバラライカの練習に割くことができたんです。

主宰のマクシムとニコライとはサークルで知り合いました。今も、時間の許す限りサークルには行っていますよ。今はちょっと時間が自由にならなくなりましたけど、可能な限り行っています。

――フィールドワークはご自身の分野でなさっていることになりますね……。

修復のフィールドワークですね、フォークロアではなくて。伝統工芸というのはいろんなものと繋がっていて、何か知りたいと思ったら、私たちがやっている対象、その地域にある道具とか建造物だけでなくて、日常生活のことなどいろいろ聞かないといけないんです。するとだいたい大祖国戦争の話になるんですが、それを記録にとります。おもしろいです。私たちが対象にしているものを取り巻く環境、その地域について、並行して、可能な限り研究し、収集します。音楽もできるときは採集しますよ。トヴェーリ州のガルモニ奏者の採録をしたことがあります。

フォークロアの音楽の採集というのは、ほんとにごく最近始めたんです。最近はオリョール市や市外によく行くんですけど、ガルモニ奏者を採りますね。バラライカ奏者はとても少ないです。今のところ知っているのは一人だけです。その人はいろんな楽器を弾く人で、だいたいはガルモニ奏者です。マンドリン［用語］も弾きます。バラライカも、牛飼いの笛もうまいです。まだ笛は録音していないので、これから採録しますよ。そういう音楽家たちがいる場所ですよ。

――バラライカに関する現在の活動はどんな具合ですか。

方向性がいくつかあります。まずバラライカ演奏サークルＫＴＩ、それから、モスクワに開設を考えているバラライカ博物館への準備です。こちらは収集活動です。

それから、教育活動、モスクワ修復専門学校で行っているバラライカのサークル活動で、創作的修復教室といいますか。私の学生たちが古いバラライカを修復して、その楽器で演奏することを学ぶというものです。修復は結局のところ授業ということになるんですが、集まって作業をします。それからその楽器で伝統伴奏曲を覚えて、弾いて、音楽をやるんです。

――創作的修復教室について、もうちょっと詳しくお願いできますか。

専門学校というのは修復の専門学校で、学生たちは将来修復家になります。実践はとても有用ですから、授業の一環として何か始めてみています。教室の教え子はそんなに多くないです。修復教室はもう三年目で、毎年何人かずつ増えていますが、すべての人が参加しなければならないとか、多くの人を集めようとかということはありません。常に参加している学生たちはいて、最初からずっとやってますね。

教室ではまず学生たちに楽器を探してくるように指示するんですが、バラライカって、実は身近にあったりするんですよ、自分の家だの、親類のところだのに。棚にしまい込んであったバラライカを引っ張り出してくる。それって、嬉しいじゃないですか。家族のものだったのを、自分のものとして再び命を与えるわけですから。教え子たちはバラライカを修復して、それを弾いて、楽しんでいるわけですよ。古い楽器が新しい命を得て、何よりもまず、放置されて廃棄されていたかもしれない楽器を修理できて、今は嬉しさ倍増ですよ。楽器が家にもともとなかった人は、市場で探したりしています。

こういうことを始めたきっかけは、修復のフィールドワークでのある出来事でした。毎年夏になると、学生たちと一緒に修復ボランティアのキャンプに行きます。いつも同じ場所で、トヴェーリ州コズロヴォ村です。ここはカレリア人の村で、修復が必要な建造物がたくさんあります。一九世紀末から二〇世紀初めの木造の小礼拝堂がたくさんあるんですが、手入れがされていないんです。それで、私たちは毎年夏は二週間行くんです。キャンプ場が併設されていてそこで寝泊りするんですが、修復のほかにイベントもまた開かれたりします。休み時間に講義などあったりします。

私はどこに行くにもいつもバラライカを持って移動するんですが、一日の仕事の後に座って弾き始めたんですよ。ちょうどチャストゥーシカ集を持っていたので、「この本を開いて、気に入ったチャストゥーシカを歌いなさい」と教え子たちに渡したんです。そのチャストゥーシカ集はソ連時代に出版されたものですが、中身はいろいろです。革命前のもの、革命後のもの、大祖国戦争がテーマのものもあるし、コルホーズをテーマにしたもの、日常生活を歌ったものもあるし、もちろん恋愛のもあるし、様々なテーマがありました。とにかく分厚い本でした。そういうのはソ連時代にはたくさん出版されたんです。

私は伝統伴奏曲を一通り、あれこれ弾いたのですが、教え子たちの多くは、こぢんまりと集まって、チャストゥーシカを我先にと歌い出していくのが気に入ったんですね。私はとても驚きました。夕食後のことで、後にまだ講義が予定されていたのですが、みんなこのバラライカの伴奏で歌うチャストゥーシカに夢中になってしまって、もうその講義に行きたくなくなってしまいました。それじゃ講義をしに来てくれた人に悪いから、そこで中断せざるを得なくなりましたけどね。

こんなことがあったので、専門学校にサークルというか教室を作ってみようかと思ったわけです。学生たちがおもしろがっていたのはわかりましたし。クレイジーなバンドの音楽を弾いていたりしてロックに染まり切った若者たちが、素朴な《バールィニャ》の節でチャストゥーシカを歌い始めたのですから、もうすごいことだと思いましたよ。私にも彼らにも印象的な出来事でした。バラライカ教室はそのときから続いています。参加しているのは、そのときフィールドワークに行っていたメンバーです。彼らはバラライカを弾いていますが、最近は別の楽器も入れ始めました。ロシアの七弦ギター、これも修復したものです。バラライカと一緒に演奏するのに使っていますし、ガルモニも少しずつ始めました。少しずつ発展していっています。みんな好きでやっていること、好きで楽しいからやってるんです。

――モスクワに創設予定のバラライカ博物館の進捗状況はどんな具合でしょう。

収蔵品となるバラライカは少しずつ集まってきています。楽器の状態は様々ですが、ほとんどは修復が必要です。現在私の手元にある楽器はどれも歴史ある楽器で、伝統バラライカの有名な奏者が実際に使っていたものです。記録もしてあります。録音ではなくて、楽器に関する資料を録画してあります。楽器には、工場製の大量生産型、職人が製作した上質のもの、自作で非常に簡単な作りのものがありますが、博物館ではそれらがすべて修復された状態で音が出せる状態にすることが方針です。

博物館に関してはまだ語るのは時期尚早です。博物館となると、場所が必要でしょう。でも、場所がありませんからね。バーチャルミュージアムだと、私はだいたいそれ自体が理解できませんし。

そんなわけで今のところまだまだ計画中なので、所蔵品を移動展示に出そうと思ったんです。もちろん全部の所蔵品ではないですよ。そのうちの一つが二〇二〇年にオリョール市で行われました。私が育って、学校に通った場所です。市の郷土博物館で展示が一か月行われました。最初は一週間の予定だったのですが、要望があって延長しました。

そういった講演とコンサートつきの移動展示を、今後も計画しています。いろんな街でね。今のところは、博物館はないです。博物館ができたら、そこでやりますよ。

――VKにお書きになっていましたが、かの有名なイズマイロヴォ公園に初めてバラライカを持って行って演奏されたのですよね。

あれは去年（二〇二〇年）の夏でした。あそこにいるのはガルモニ奏者で、そこに人が集まって、チャストゥーシカを歌ったり踊ったり、歌を歌ったりします。楽器はバヤンとかガルモニとか。ガルモニ奏者は多くて、実際に上手な人たちばかりです。ほんとに聴き惚れてしまうほどのね。それで、私は見に行ってみようと思ったんです。人に尋ねてちょっと歩いて、見てみて、次の日曜には自分もバラライカを持ってくるぞと決めました。あそこは土日の夕方に人が集まりますからね。

それで、私はバラライカを持って行ったわけです。私もベンチに座って、弾き始めました。誰の邪魔もせずに。そうしたらやっぱり人が寄ってきて、いろいろ聞き始めました。うまいですねとか、バラライカというのはこれまでなかったとか、ここにはずっと通ってきているけど記憶にないとか。次の休みにはKTIの人たちと二～三人で行きましたよ。弾き始めたら、人がどんどん集まってきました。それ以来少なくとも私は、休みはそこに行くように努めています。行って、弾いています。

ガルモニと一緒に弾いたりもしています。アンサンブルで。他のガルモニ奏者と一人ずつ順に。最初はまったくうまくいきませんでした。ガルモニ奏者は各自が様々に弾きますからね。同じ伝統伴奏曲でも自分のバラライカのバージョンとうまくいくとは限りませんから、容易ではありません。それで少しずつ慣らしていって、うまくいくようになっていきました。おもしろみが出るようになってきていますよ。ガルモニ奏者に若い人はいないですね。中年以上ですよ。高齢者、年金生活者もいます。

――どんな伝統伴奏曲を弾いたのですか。

知っているのは全部弾いてみましたよ。ただ、私が弾いている曲をあそこにいる人が全部知っているわけではないです。《スメーツカヤ》は知らない。《ザヴィードフカ》は知っている。《スコバーリ》の類は全く知らない。弾いているといったら、主に《マターニャ》ですね。《マターニャ》ばかり弾いています。何時間もずっと弾いて踊っていたりします。あと、《バールィニャ》を弾きますね。〔つまり、集まっている人たちはヨーロッパ・ロシア南部と中央部の出身者ばかりだということ〕

だから、私たちも行くと、あそこで弾かれている曲を弾きます。そこの人が入ってこられるように、歌えるように。新しいものを紹介するために、別のを弾いたりもします。たまにね。あそこに行くと、歌いにとか、聞きにとか、踊りにとかやってきた人がおもしろいと思うように弾かないといけないと思うわけですよ。もう自分のためにではなくて、その人たちのために弾くんですよね。責任が出てきてしまうのを感じます。とにかくひたすら弾かないといけない。途中でやめて、立ってその場を去るではだめなんです。彼らがこれだというのを弾くんです。

――他の楽器はないんですか。若い人たちはいますか。

活動的なのはいますよ。今年（二〇二一年）の夏は少なかったですが、去年の夏はグースリも登場しました。主に若い人たちでした。それから、フォークロア・アンサンブル出身の人たちも、コサックの歌を歌うアンサンブルの人たちも、最近はよく来るようになりました。そういう場所になってきたってことですね。みんなもう前のイズマイロヴォ公園ではないと言っていますけど、私は今がだめだとは思わないですね。今も同じように人がたくさん集まって、ガルモニやバラライカを弾いて、歌を歌っていますから。

——アカデミックバラライカについてはどうお考えですか。

いいと思いますよ。職人も、演奏者もすばらしい人たちがいますし。アカデミックバラライカのほうがいろいろ試すには向いていると思います。いろんな試みをやっている現代の奏者がいるでしょう、ゲオルギー・ネフョードフとか。感心して聴いています。でも、アカデミックバラライカを長い時間聴き続けるのは、私にはどうも無理です。

——アレクセイ・アルヒポフスキーの活動についてはいかがですか。

こちらもいいと思いますよ。彼はすばらしい音楽家で、自分のやりたいことに対してプロフェッショナルで、音楽でいろんな実験をやっている。バラライカにいろんな音響の効果を加えようとしている。聴きたくなって聴くこともありますが、やっぱり長くは聴けないです。私のやりたいこととは違うなと思います。

——バラライケルはどうですか。

私は工芸をやっている人には敬意を払いますよ。工芸は製造業、我が国の状況で何かを製造するのはとても難しいんです。バラライカのようなものだったら、なおさら。だからとても尊敬しています。

——伝統バラライカのレパートリーについてはどうお考えですか。

私は、伝統バラライカでは伝統的なレパートリー、伝統的な音楽を弾くべきだという考えを持っています。私にとってはそれがぴんと来ますね。現代の音楽をバラライカで弾こうという気にはならないです。たとえば、ロックには別の楽器があるでしょう、ギターという、ロックにぴったり合った。とにかく、私は自分では、近代的な編曲も、不自然な近代化もされていない、伝統音楽を弾いているので。私は古い録音にあるままの音楽を弾こうとしています。私の専門学校の学生にもこのことは説明していますが、彼らは私の言うことに理解を示しています。

――正統なフォークロアについてはどのようなお考えをお持ちですか。

正統なフォークロアの音楽を演奏するためには、やっぱり原典に当たらないといけないと思います。結局のところ、演奏技術や音の出し方は誰か先生に教えてもらえると思うんですが、演奏面の、原典で聞こえるニュアンスというものは、録音を聴かないと解決しないです。音を実際に聴いてみてこうだと理解する必要がある。録画されていればわかりやすいでしょうが。弾き方、音のニュアンス、音の出し方、各伝統伴奏曲のニュアンス、地域差に関しては。私はとにかく原典の録音録画をたくさん聴いて、見ることが大事だと思うんですよ。そうしたら音楽が理解できてくると思います。

――これからのご自身の課題はどうでしょう。

いろんなものを全部順に弾いていくのがおもしろくなくなってしまいまして。今おもしろいのは、一つの伝統伴奏曲をある地域ではどう弾いて、別の地域ではどう弾くかということです。自分のアプローチが体系的になってきたとでもいったらいいんでしょうかね。

その結果、一つの地域のバラライカの音楽を詳しく調べようと決めたんです。自分の故郷のオリョール州の音楽を。この一年いろいろと調べてきましたし、移動展示で一か月いましたし、故郷でいろんな人と知り合って、いろんなことを知ったわけです。あの移動展示で、街の人や音楽家や奏者と話をしてみて、私は広く浅くではなくて、狭く深くいかないといけないんだと思ったんです。たとえばプスコフ州の伝統伴奏曲の《スコバーリ》は有名で、トヴェーリ州、モスクワ州の《ザヴィードフカ》は誰もが知っています。それから、リペツク州の《マターニャ》は、ヴォロージャ・ユーリエフのおかげで知られるようになりましたよね。彼はリペツクのバラライカ奏者たちの演奏をネットで公開して、世に出していますが。

でも、オリョール州に関しては多分誰もやっていないんですよ。知らないし、知らなかったと思いますよ。それで、あそこはバラライカの音楽文化がないということになってしまっています。でも、過去の録音記録を聴いたり、奏者と話をしたり演奏を聴いたりする限り、そんなことはないと私は考えています。つまり、それは手つかずの大きな研究分野になるわけです。オリョール州でも《バールィニャ》や、《ストラダーニエ》は弾きますよ。それは中央部と実質上同じ曲ですが、ちょっと弾き方が違います。この地方独特の演奏の仕方や音の出し方があるわけで。そういったものを、録音録画を見聞きして、それを整理して、いろんな人たちに知ってほしい、それが後世に残ってほしいと思います。そういう研究という活動分野をこれからやっていこうと考えています。

というわけで、皆さん、バラライカを好きでいてください。バラライカをどんどん弾いてください。伝統音楽を好きでいてください。

＃8　ロマン・ホゼーエフ～ヨーロッパ最東端の地の波乱万丈の冒険者

Роман Хозеев　一九七三年生、ペルミ市（ウラル山脈に隣接するヨーロッパ最東端の地）生まれ。バラライカ愛好家、フォークロア研究家、ＫＴＩペルミ支部代表、コサックの家族サークル「ペルミ駐屯地」主宰（ペルミ地方ペルミ市）。（二〇二二年二月六日録画）

初めてバラライカを手にする人たちは、怖がることはありませんよ。歳が行ってからのほうが、もっとうまくかもしれません。

――親族の方でどなたかバラライカを弾いておられたのですか。

祖父が弾いていました。私が今弾いている楽器は、祖父のものです。祖父のことは覚えていますが、バラライカのほうは残念ながら、置いてあったということしか覚えていないです。祖父はどうやら上手で、いろんな曲を弾いていたようです。こちらも覚えていないです。

でも、だんだん世に出てくるようになったフォークロアのフィールドワークの資料や、私自身の自分のフィールドワークでの経験からすると、そこにいるおじいさんたちの中に祖父の姿を見ていると思いますよ。おそらく、何

らかの関連があるんだと思います。そう感じます。

——ホゼーエフさんは経験豊富な方ですが、ご専門や経歴についてお話しくださいますか。

専門は、卒業証書によると、電気技師です。でも、その専門で働いたことはないですね。八年生修了後、電気工科中等専門学校に入学し、よい成績で卒業しました。でも当時はちょうどロシアで「苦難の九〇年代」と言われていた、経済的にとても厳しい時代でした。仕事自体はあったのですが、給与の支払いの遅延がひどかった。

それで、何か新しいことがしたくて、国定公園で働くことにしました。害獣駆除のための猟ができる職員としてです。ペルミ地方の北部では当時国定公園を建設していましてね、一年半その森の中に住んでいました。そこで一通りのことはやりましたよ。そういうのは事欠かなかったです。針葉樹林《タイガ》という環境に住むこと自体が冒険ですよ。冒険する時間はたっぷりありましたしね。遭難者の救助活動をしたり、密猟者を捕まえたり。脱獄囚も。人生はおもしろいもんですよ。

それから、街に戻ってきました。そろそろ身を固めないといけませんでしたから。腹一杯冒険をやって戻ってきました。自分の専門分野での仕事はやりたくなかったので、会社の工場で働きました。つまらない仕事でしたよ。ただ出勤するだけで。電気技師の仕事っていうのは、出勤していて何もしていないと、それはいい仕事をしていることになるんです。そんな表現があったりもします。たとえよい仕事をする能力があったとしても、とにかくやることがなくて、私は読書と日向ぼっこに明け暮れました。おもしろくなかった。何か新しいことがしたいと思いました。

一九九三年でしたか、コンピューターが登場しました。中専にいた頃、コンピューターを扱ったことはありました。現代的なプログラムを組んだり、機械を組み立てたりしていました。で、私の友人のところで働き口が見つかって、コンピューターを販売している会社で働き始めました。夜間に警備員として。それから少しして、コンピューターの組み立ての仕事をしてみてはと言われました。そのうち修理の仕事も始めて、販売もするようになりました。

その後、デザインと印刷の仕事に移りました。冊子を印刷したり、イラストを書いたり。少ししてから、ウェブデザインがおもしろくなって、ウェブマスターになって、Flashでイラストなどを描いていました。それから、サービスエンジニアの仕事をしました。そこから人生が大きく上向きになって、会社の部長職をやりました。いろんなソフトの開発をやったり、アメリカのクレジットカードの販売の広告を作ったりしました。アメリカ相手ですから、仕事としてはいろいろ大変でした。ちょうどその頃世界的な経済危機になって、仕事がなくなったこともありました。その後は、私の前職になるのですが、そのＩＴ会社の副社長になって、ウェブサイトを製作していました。

というわけで、私の職業は、ＩＴエンジニアで、管理職で、ウェブマーケターということになります。いつも何かアイデアを出して、企画をしています。私は何か思いつくと、いつも人の輪を広げて何かしたくなります。今の私はこういった生活の中でできあがったんですね。私は学校教育よりも「人生の」教育のほうを受けていて、他の人たちがよりよくなるような仕事のほうを多くしています。私にとって、それを実現するための楽器がバラライカというわけです。

――音楽の専門教育は受けていないということですか。

一度もありません。私はエンジニアなので。

部長職をやっていた会社の仕事を辞めたときに、フォークロアと出会って、コサックの文化がおもしろくなりましてね。それで、これをやってみようという気になったんです。それからセミナーを八回企画して、アンドレイ・カリーモフさんを招きました。とても面白い人でね。苦難に満ちた人生を送ってきて、この人もまたフォークロアをずっとやってきていたんですよね。カリーモフさんは私にバラライカを教えてくれることになり、最初のレッスンで私にバラライカをプレゼントしてくれました。それがちょうど二〇一三年でした。

それから、長いこと自分で調べました。音楽教育なんてものは全くないですからね。カリーモフさんは私たちのところにはそう頻繁には来られなかったので、いつもレッスンを録画していました。当時インターネットには、バラライカのまともな動画はなかったです。それでも私の人生はとてもついていて、その道の達人に行き当たってきました。そのうちの一人が、アレクセイ・メフネツォーフです。彼はペルミ地方の民族芸術館主催のフェスティバルに講演や演奏をしによく来ていました。それで私は彼のやっていることを録画して、その録画を見ながら少しずつ練習をしました。これが私の「音楽教育」というわけですよ。

アンドレイ・カリーモフ氏（左）と。

バラライカの演奏そのものが私を教育してくれたと思います。フォークロアに凝り始めたら、民謡にも凝るようになったからです。民謡やバラライカのない生活というのは、今では考えられませんよ。普通の短い民謡でも、コサックのでも、プロチャージナヤ〔用語〕でも、いいですよね、民謡って。ずっとこういう方向性で行っています。古い方へ遡ると、終わりはないですから。このことが私の心を潤してくれていると思いますし、それがとても気に入っています。

――なぜバラライカを選んだのですか。

　カリーモフさんのプロジェクトの一つに「父と子」というのがあります。英語では「Empower the Child」、子供にエネルギーを与えようという趣旨のものですが、ロシア語では「父と子」と言うようになりました〔ツルゲーネフの同名の小説から〕。これは子育てにおける父親の役割に目を向けたものです。現代生活では、父親が子供と遊ぶことがとても少なくなってきています。その遊びの場でバラライカを使うと、調子やリズムをとることができるし、要は運動のレッスンをスムーズに進めることができるんですよね。だから私は弾けるようになりたいと思ったんです。子供の運動遊びのために。

　バラライカというのは私にとっては実質上、仕事の道具です。エンジニアや電気技師にとってのドライバーや鍵、ＩＴ関係の人にとってのコンピューター、それが私にとってはバラライカです。自分や友達のために弾くのではなくて、運動のレッスンをするための楽器です。とても役立ってくれています。

　バラライカは好きですね。「民衆の」ドミソ調弦が。音楽学校で取り入れられている調弦、職業音楽家が使っている、ミミラ調弦でも弾きますけど。弾いているのは、主に民俗音楽です。私は民俗音楽が気に入っています。いろんなバリエーションがあり得るし、華やかな音色に溢れているし、とても長く弾いていられるからです。伝統伴奏曲を弾くと、運動や遊びやダンスをやることができる。

伴奏をつけて歌うのはまあ、できるでしょうけど、バラライカの伴奏でチャストゥーシカ以外のものを歌うというのは、現代の伝統ですよね。そんな気がします。

――フォークロア・アンサンブルに参加したことはなかったですか。

子供の頃も若い時も、フォークロア・アンサンブルというのは、私の生活の中にはなかったですよ。そんなものは見たことがないです。若い頃はソ連時代だったし、ずっとペルミ地方に住んでいましたからね。モスクワだともっとポピュラーな現象だったんでしょうが。

私の生きた時代では、まあ今でもそうですが、フォークロアというと合唱団がやるんですよね。あなたにわかってもらえるかどうか。あれはねえ……。そうだ、今は「クリュークヴァ клюква」という蔑称があってね、つまり、それはド派手な化粧と頭飾りをつけたおばさんたちのことで、みんな同じ衣装を着ていて、スターウォーズの兵士みたいにみんな同じに見える。そして目をぱちぱちさせながら、よくわからない歌を歌うんですよ。吐き気を催させるような。これはいつだか誰だかが、民謡というものは現代的には少し変化を加えて「完成」させないといけないと考えた結果できたものでしてね。

――バラライカ伝統サークルKTIについてお話しください。

KTIを知ったのは、私の大きな転機になりました。サークルに入会して、マクシムとニコライが編み出した一連の教授法と、伝統バラライカの奏法の教育がどのように体系化されるべきか、どのようなアプローチやレベルを用いるべきかということを、動画配信することにしました。体系的アプローチはバラライカの演奏だけでなく、フォークロアの声楽、民俗声楽を理解するのに非常に役立ちます。それで普通よりずっと速く、バラライカをマスターすることができるんです。

ＫＴＩを知る前、バラライカをすでに人に教えていたので、自分なりのアプローチと方針を考えたことはありました。バラライカ教室を開いてくれと言われてやったんですが。そのときは自分の経験をもとに考えはしたんです。どう始めて、どういう伝統伴奏曲で、どんなふうに何をなど。でも、ＫＴＩに入ってから、自分のアプローチをちょっとやり直しました。もちろん自分の経験が上乗せされたのもあるんですが、ＫＴＩからたくさんとってきましたよ。

――バラライケルについてお話しください。

私の人生、私の活動の中で最も輝かしい契機の一つが、バラライケル楽器製作会社との出会いだと思います。ロシアでは、私がバラライカをやり始めたとき、よい楽器を見つけるのはとても大変でした。まともなバラライカを買うなんて不可能でしたよ。当時インターネットのサイトなどで売られていたのはアカデミックバラライカで、職人が製作したものでした。値段はとてつもなく高かった。今もですがね。そういうバラライカが何のためにあるかって。コンサートですよ。コンサートホールは音響がまったく違いますから。対して、〔指し示しながら〕今私の後ろに置いてあるようなバラライカというのは、ルナチャルスキー楽器工場の大量生産型で、もし記憶に間違いがなければ、一九七六年か七七年製作ですよ。こういう楽器は多いですから、年号が間違っているか

ＫＴＩの練習会にて。黒板にはタブ譜が見える。

もしれませんが。

　バラライケルはおもしろい経緯でできたおもしろい会社で、おもしろい人たちがやっています。モスクワでバラライケルの代表のエヴゲーニー・ハルラーモフと知り合って、楽器を買いました。それ以来連絡を取り合っていて、仲良くしています。私はバラライケルの楽器の販売促進を手伝っていて、積極的に人に楽器を見せたり、弾いたり、売ったりしています。もうどれぐらい売ったかな。私はこの地域では彼らの公式な代理人ですから、いつでも質問したり、試し弾きしたり、売ったりできますよ。

　バラライケルにはモスクワの有名なロック歌手のダーニャ・ヴォロンコーフがいますが、彼はＫＴＩに遊びに来たんですよ。そのとき正統の伝統伴奏曲のことを聞いたら、セルゲイ・クリューチニコフと話をしてみてはと勧めてくれました。それで、フィールドワークでウリヤーノフスク市に行ったときに、押しかけて行ったんです。セルゲイと知り合って、どんなふうにバラライカの生産が行われているか、見せてもらいました。今、彼らのことを撮った動画がたくさん出ていますね。製作の全工程を見ることもできる。撮影のクオリティも高いし、見せ方もうまいですよね。

　初めてセルゲイと会ったときに、バラライカの楽器の内部のことで質問をいくつかしました。それで私は修理の仕方までわかってしまいました。何しろこっちは子供相手なので、壊してしまうことがありますからね。楽器の上に座っちゃったり。私たちは馬に乗ったりもするんで。馬で遠出するときバラライカを引っ提げて乗るんですけど、ぶつける可能性があるんです。ぶつけたら壊れるんですが、そしたらまた背面を糊付けすればいいんですよね。バラライカ楽器製作会社はそんなわけで私に役立つ知識を与えてくれました。それに、私はセルゲイのおかげで、アカデミックバラライカの調弦（ミミラ調弦）

もやってみようと思い立ったんだし。

――マクシム・ヤーコヴレフと仲良くされていますよね。

知り合いで、何回か会いました。でも最近は、コロナのせいで一緒にやれてないですね。マクシムのすごいところは、自分から進んでインターネット上でバラライカを教えるっていう役目を引き受けたということです。彼はいろんなレッスンを編み出して、それをネットにアップし始めたんですよ。それ、かなり難しいことなんですよね。

――民族誌の分野での活動と、大学の社会人コースでの勉強について教えてください。

私たちの活動、なぜ「私」一人ではなく「私たち」かというと、サポートしてくれる友達とチームを組んでやっているからです。バラライカを使う好機のうちの一つが、フォークロアの要素を持つお祭りです。最近のものだとマースレニツァです。この寒い時期のお祭りで、私は何とか戸外でバラライカを弾く工夫をすることがあります。フォークロアの祝祭日でバラライカを弾こうというのは、民族誌、フォークロアへの理解からです。

私たちはきちんと勉強したんですよ。ヴォルゴグラード文化教育大学にオリガ・ニキチェンコという先生がいらっしゃって、

他の奏者とも交流を持つ。ヴラジーミル・ユーリエフ氏と。

私たちは社会人の専門家育成コースだったのですが、修了証書によると、私は正式には「コサック伝統文化」の専門家ということになるそうです。

いつだったか、各地域にコサック伝統文化センターを創設しなければならないという法令を大統領が出したことがありました。それで、私たちはペルミ地方の組織を取り仕切れるのではないかと期待していたのです。私たちは、ペルミ地方では唯一の専門家ですから。でも、残念ながら財政やその他事務的な問題で、結局、できなかったんですよ。それで、バーチャルのセンターを作りました。私たちが今やっている活動というのは、コサック伝統文化センターでやるはずだったことなんです。

私たちは毎年、南ロシアのドン川とホピョール川流域、カフカス地方にフィールドワークに行きます。この二年は問題があって行けませんでしたけど。これまでのフィールドワークにはユーリー・チルコーフ先生と一緒に行きました。先生のおかげでテレク・コサックの歌に出会えましたし、カフカス地方のバラライカの伝統伴奏曲を知ることができました。

それから、たまたまペルミ地方の有名なガルモニ奏者のミハイル・ヴィーリソフさんに行き合ったんですけど、実はこの人は少しの間、公の場から姿を消していたんです。見た人もほとんどいなかったので、もう亡くなっているのだとばかり思っていたんです。そしたら、フォークロアのフェスティバルにいたんですよ。それで話をつけて、お宅に二度もお邪魔しました。初回にたくさん撮ったんですけど、撮った人が帰路でノートPCをなくしてしまって。おもしろい動画が撮れていたんですけどね。二度目に行ったときは、私が撮って映画にしました。主な目的は伝統伴奏曲の採録でした。《ウーロシナヤ》という有名な伝統伴奏曲のことを尋ねて、弾き方を習うんです。ヴィーリソフさんが最初はバラライカで、次はガルモニで演奏しているのを撮って、丸ごと一本の動画にしたのがありますよ。

こんなふうに、私たちは記録をしようとしています。それだけでなく、習得もね。記録した器楽は基本的に覚えることにしています。特にバラライカは。

――音楽の経験が全くないと、バラライカを弾けるようになるのは難しいと思いますか。

ええ。私自身、始めたときにとても時間がかかりました。でも、最初の基礎をどうしたらいいか知っていると、弾けるようになるのはかなり簡単です。ただ座って、楽器を手に取って、練習するだけです。

私にとって最も重要なのは、「何のために」ということを理解することです。私たちは民俗声楽の先生方のところにお邪魔することもあるのですが、最初にされる質問は、「なぜあなたたちはやってきたのか」「この文化に興味を持つのか」「あなたになぜ必要なのか」なんですよね。伝統伴奏曲をひとりで静かに弾くだけだったら、それらの質問への答えはなかなか出ないでしょう。でももし、その楽器が実際に道具だとしたら、たとえば、歌と踊りのイベントで弾くとか、私のように子供のレクリエーションをするとか、仲間内で歌を歌う伴奏をするとかだったら、話は別ですよ。ひとりで片隅に座って弾くだけだったら、用をなさないと思いますね。つまり、この楽器は自分だけのために必要な道具ではなくて、周囲の人に喜びをもたらすために必要なものなんじゃないですかね。

――最近はどんなことをされていますか。

私たちは馬にも乗ります。子供にも教えます。前に招待されて、乗馬教室をやることになったんです。「こういうのが必要なんです。皆さん、かっこよくて、おもしろくて、楽器を弾いて、歌を歌う。ついでに乗馬教室を入れてはどうですか。私たちが皆さんにまず教えてあげますよ」と言われてね。それで、一年間そこに行って、子供たちと運動レクリエーションをやって、乗馬を習いましたよ。今はそういうのも取り入れています。たまに。私にはいただきものの、自分用の本物のコサックの鞍がありますよ。

最近挑戦し始めたことというと、ミミラ調弦での演奏をマスターすることですかね。伝統バラライカでも今もこの調弦は使われているんです。私はこの調弦も好きでね。古くからあるし。伝統伴奏曲がおもしろいです。響き方がまったく違うんですよね。生産性は高くて、たまに効果を発揮してくれます。私は長いこと、《ノヴォルジェフカ》という伝統伴奏曲を覚えようとしていたんですが、見ても聞いても、どうにもならなくてね。でも、去年（二〇二一年）の夏、エカチェリンブルク在住の有名なバラライカ奏者のイーゴリ・セリョートキンに手伝ってもらって、ようやくマスターできたんですよ。ついに頂上征服に至りまして（!）、今私は念願の《ノヴォルジェフカ》を弾いています。新たに習得した経験値でクオリティが上がりました。別の伝統伴奏曲を弾くときもね。

だから、初めてバラライカを手にする人たちは、怖がることはありませんよ。私を御覧なさいよ、このおじさんを。この人は二〇一三年に、四〇歳を過ぎてから、もうちょっと若かったかな、とにかく、歳が行ってから、音楽教育も受けていないのに、マスターしようとしたんだから。今はすごくうまく弾けますよ。マスターしようと思ったら、何でもできますよ。歳が行ってからのほうが、もっとうまくい

くかもしれません。若い人たちでマスターしようという場合は、まったく苦労することなんてありませんよ。あとは時間の問題です。

——アレクセイ・アルヒポフスキーについてはどうお考えですか。

ロシアでも外国でも、バラライカの演奏に初めて触れる人たちには共通項があります。それはアレクセイ・アルヒポフスキーです。彼の音楽はどこか印象に残るんです。天才的な作曲家です。作曲家と呼ぶのがいいのかどうかはわかりませんけどね。メロディーは自分で作っているんだそうですが。私は彼の《シンデレラ》という曲がとても好きですし、最新のは《ルサーロチカ》ですか、ほんとうに美しい作品です。彼はペルミ市に来たことがあります。舞台から降りてきて、《シンデレラ》を私から二～三メートルのところで弾きましたよ。本当に間近で、どれほど繊細に弾いているかを聴きました。企画したのは私の友人だったんですが、その友人が私を彼と引き合わせてくれました。少し話もしましたよ。

もちろん、彼のように演奏できるようになるのは極めて難しいですよ。まあ、そのためには、必ず音楽小学校に行かないといけないし、いい先生を見つけないといけないです。その人自身がおもしろく演奏できるような先生をね。でもそれもある意味、山のてっぺんなんでしょうね。こっちはただそれを見上げながら、どこかに向かうだけってことでしょう。

——国や公的機関の財政支援なしで活動していくのは、困難ではないですか。

要は、私たちは完全に自由なんですよ。何も影響を受けることがない。誰も命令しない、条件もつけない。あれしろこれしろがない。だから、全部自分でやらないといけないってことです。私たちが自分でやるってことです。

――バラライカを弾く人、これから志す人にメッセージをお願いします。

これから始めようという人は、資料をまず探してください。ロシアですでに演奏している人の多くは、YouTubeやVKのグループにコーナーを作っています。私も作ってあります。そこで、フィールドワークで採録した、ほんものの奏者の音源を聴くことができます。最初にお話しした、アレクセイ・メフネツォーフの録音もです。

バラライカは難しくないです。私がバラライカをやり始めたとき、ある重要なことがわかったんですが、それはビデオを見てマスターするのは、対面で直接教えてもらうのに比べると、遥かに難しいということです。ある偉い人が「一番うまい人に習わないとだめだ」と言ったように、自分より上手で、知識を持っている人を探すのが肝要です。それから、その人とは直接、対面で会うことです。Zoomとかスカイプとかではなくて。直接楽器を見て、その人の手を見て、どうやっているのか見て。ちゃんと質問をするんです。そして、ちゃんとした答えをもらうんです。

それから、恐れないことです。楽器を手に取ること、練習することを。見て、聴いて、理解することを。先生が何をわからせようとしているのかを、自分で理解しないとね。「勉強、勉強、また勉強」です（レーニンの言葉。現在はこのようにおどけて用いられる）。決して立ち止まらないでください。

初級者の人も、すでに経験をお持ちの人も、バラライカを弾いている皆さんのご成功をお祈りします。

#9　セルゲイ・チェルヌイショーフ～時代の辛酸を舐めた古都のパイオニア

Сергей Чернышов　一九六九年生まれ。ＫＴＩペテルブルク代表、バラライカ奏者（ペテルブルク音楽院民族楽器学科修了）、レニングラード州フセーヴォロシスク市音楽小学校教師、フォークロア研究家、マルチプレイヤー。

（二〇二三年二月一日録画）

私はそれまで音楽院などで弾いていたものを弾かなくなった。それから一五年経って、結局のところ何も捨てなくてもよかったのだという結論に達したわけです。

セルゲイ・イヴァノヴィチ・チェルヌイショーフです。ソ連時代のバシキール自治共和国（現バシコルトスタン共和国）の首都ウファ市生まれです。バシキールはロシア人人口が多いです。だいたいがウラル地方や周辺のステップ地帯からの移住者が多い土地です。ここには母方の親族がいます。父方の親族はドン川流域のコサックですが、父は兵役後にバシキールにそのまま住むことにしたんです。

ペテルブルクには、一九七五年に両親の仕事の都合で引っ越してきました。だから私はここに六歳のときから住んでいます。小学校はこ

こで通い始めたので、もう地元民ですよ。どこかで聞いたんですが、ペテルブルクに一九年住むと地元の人になるんだとか。

小学三年生のときには共同アパートに住んでいたのですが、隣の部屋の子供と仲良くなりまして。ロシア人の母親がエチオピアから連れて帰って来た混血児だったんですが。その彼らが音楽小学校に行くことになって、初日に私もついていきました。なんの深い考えもなく。そしたら、どうやら私には音楽の才能があるようだというわけで、一緒に音楽学校に通い始めたんです。

――専攻はバラライカだったのですか。

ええ、最初からバラライカでした。でも実は、そのときどうして何を考えてそうなったのかということを覚えていないんですよ。よくある「両親と相談して」ではなかったんです。一人で行ったので。ただ、母が言うにはですよ、私は「大きな楽器」は選ばなかった、ピアノとかね。だって置く場所がなかったですから。そうでなくて、小さなバラライカを選んだのだそうです。

でもねえ、これは血筋だと思うんですよね、後でわかったことなんですけど。ウファにいる私の母方の祖父母の長男という人は、若くして亡くなったそうですが、バラライカを弾いていたんだそうです。伝統的な伴奏曲を弾いていたそうです。今私がやっているような。祖母の話では、みんなが集まって歌と踊りを始めると、その子は、いつも指から血が出るまで弾くことになったそうです。でも、それでもまだまだ踊りは終わらないから、「俺は寛容な公爵様で、お前らは人でなしだ」って言ってたんだとか。

つまり、私が会ったこともない伯父が、実はバラライカを弾いていたんですよね。というわけなので、その気になれば系譜をたどることもできるってことです。私の血縁者の中では、私が最初のバラライカ弾きというわけではないんですねえ。

――あなたは民族楽器学科出身ですよね。私もそうなのですが、民族楽器学科にいて、フォークロアも研究対象に入れるのは大変でした。二〇〇〇年代初めのモスクワでもそんな調子でしたけど、あなたはもっと前から「フォークロアとは関わるな、あれは芸術性の低いものだ」と先生方から言われましたよ。

　ええ、私は正真正銘、民族楽器学科の出です。でもある時を境にちょっと方向性を変えたんです。最初はきっぱりと背を向けましたよ。民族楽器学科が要求する「芸術的な」レパートリーを弾くのをやめました。それから、今弾いているようなものをすぐに弾き始めたわけではないのですが、頭の中ではいろんな考えが広がっていって、ここに落ち着きました。

　私がフォークロアをやり始めたのは一九八九年、もう三二年も前のことですが、その頃は何か新しい価値観で行動しようとすると、どんな分野であっても急進的とされました。何かを信じ始めて、これまであったものに背を向ける段になったらという話です。私はそれまで音楽院などで弾いていたものを弾かなくなった。その後学校に行かなくなっていくらか時間が過ぎましたが、やはり卒業はしようということになって、行かなかった分をやり直して、音楽院を卒業しました。

　それから一五年経って、結局のところ何も捨てなくてもよかったのだという結論に達したわけです。やろうと思えば同時進行することができたのだと。でも、これはもう、経験の問題ですよね。若い頃というのは、自分が人よりなんでもよく知っていると思っているもんでしょうけどね。でもね、その時は、私に助言なんて、誰もしようがなかったんですよ。なぜなら、私と同じような道を歩むという想定ができた人はいなかったからです。私のような経験をした人がね。そんな助言ができるとしたら、私だけですよ。今の私が、あの頃の若い自分にね。だから、私の場合はなるようになっただけだということです。

——音楽院ではバラライカはどなたに師事されたのですか。

ペテルブルクの名のある先生方全員です。まず音楽中専〔用語〕でニコライ・シュービン先生に習って、それから音楽院ではまずアレクサンドル・シャーロフ先生に習って、それからミハイル・センチュローフ先生、またシャーロフ先生、それからミハイル・ダニーロフ先生、ダニーロフ先生が亡くなってからはまたシャーロフ先生に。

私は音楽院に入学後、師事する先生を次々変えていったということになります〔通常は一名に師事する〕。入学したら、学生は普通成長していくものでしょう。でも私は、二年生のときに、学科既定のプログラムを弾くのをやめちゃった。それで先生方は、誰のところに行ったら、私がきちんとやり始めるかと話し合ったわけですね。でもなんの効果もなかった。だから、私は全員の先生に習ったというわけですよ。

——フォークロアと出会ったのはいつですか。

一九八九年でした。当時は音楽院にいたんですけど、あなたはドイツ人のウルリフを知っていますよね〔ウルリフ・モルゲンシュテルン Ulrich Morgenstern。ドイツの民族音楽学者。当時ペテルブルクに留学していた〕。彼が私を連れて行ってくれたんですよ。彼は留学で音楽院に来たんですが、伝統バラライカとアカデミックバラライカが別物だということを知らなかったんですよ〔外国人は通常そうである〕。最初彼はシャーロフ先生のところに来ました。私はたまたま立ち寄ったんですが、ロシア人ではない男が教室に座っているわけです。で、先生が「セルゲイ、このウルリフと勉強してやってくれ」と言うんですよ。それで私は彼とドイツ語で話を始めました。ちょうど勉強していましたからね。

あるとき、彼がコンサートに行こうっていうんですよ。何のコンサートだと聞くと、民俗音楽研究室のアナトーリー・メフネツォーフ教授のフォークロア・アンサンブルの定期コンサートだと。いいよ、行ってみようかと、音楽院のホールに入った。で、コンサートの後にメフネツォーフ先生のところに行ったってわけです。ほんとに偶然だったんですよ。音楽院の二年のときのことでした。

――当時はフォークロアのバラライカのことは知らなかったのですか。

そもそもその頃は誰も知りませんでした。音楽中専で「民俗芸術」っていう科目があったんですけどね、音楽理論の女の先生（もう名前は覚えてないですけど）が理論の話をしてました。音楽院の一年のときにもその科目はありました。半年間の講義でしたが、全然でしたね。実になるような内容は何にもなかったです、民族楽器学科の学生にとってはね。だいたい、アカデミックバラライカの人たちはナイーヴなんでね、まあ、裁量が……ね。私は民俗伝統文化を知り得たからよかったですよ。それで人生が変わりましたから。後悔はありませんよ。

でも、学科のカリキュラムの曲を弾かなくなったことで周囲をすっかりいらいらさせてしまいました。まあ、起きたことは起きたことで仕方ないですよ。結果的にうまくいったし、それでいいです。最初に言いましたけどね、当時私のそばには、やる気が出るようにしてくれる人がいなかったのが、今思えば残念ですね。こうしろああしろとただ言うのではなくて。それは不可能でしたよ。

――フォークロアに携わり始めたのは一九八九年からということですね。

音楽院には一九八九年にちょうどフォークロア学科ができて、一年生を募集し始めたんですよ。だから私もそのまま残ることにしたんです。だって若い人たちが入ってきたから。それまでの民俗音楽研究室やアンサンブルは、みんな私より年上の人たち〔お姉さま方〕ばかりでね、同年代はメフネツォーフ教授のお子さんのアレクセイ一人だけでした。アレクセイは私が入ったとき教授が紹介してくれましたが、彼自身特に社交的というわけではないですし、だいたい私は民族楽器学科からやってきたうさんくさい人間だし。実は、自分だって民族楽器学科の出身でバラライカ専攻だったんですけど（！）。大学入学資格を取るための手段だったそうで。

さて、フォークロア学科ができて、一年生が五人入学しました。女の子が四人と、男の子が一人です。飲み会をやったりしました。若者に何が要るかって、仲間ですよ、仲間。仲間とつるむことですよ。それからフェスティバルだとか、フィールドワークだとか、いろんなところに出かけていきました。いい仲間ができたんです。

――フィールドワークはどちらに行かれたんですか。

プスコフ州、トヴェーリ州ですね。ヴォログダ州には行きませんでした。メフネツォーフ教授は、そこでグースリの普及地域の研究調査を終えましたので。

――行った先でバラライカは見かけませんでしたか。

そりゃ見ましたよ。すごい人たちを。ただ、録音をどこにやったかわからなくてね。音楽院の民族誌民俗学センターにコピーがありますから、探してほしいという要望は出してあります。一人、ガルモニとバラライカを弾いていた人がいました。バラライカ調弦でも、ギター調弦でも。そこの地域の伝統レパートリーを全部弾いてくれましたが、それはすごいもんでした。他にも奏者はいたんですが、その人は特に記憶に残りました。そのうち民族誌センターに出向こうかな。その録音を見つけることができるかもしれないです。今はもう全部デジタル化されていますから。

――アンサンブルでのあなたの役割はどういうものだったのですか。

フォークロアをやっている人たちには、役割分担があるんですよ。歌はみんなでやって、踊りもみんなでやる。男性陣は楽器、女性陣は裁縫。

私は、最初はもちろん音楽院のアンサンブルにいましたが、そのうち他の大学のアンサンブルに行くことになった。そこにも若者がたくさんいましたよ。その他にもあれこれ企画があっていろいろやりました。当時はそんなに人が多くなかったですからみんな知り合いで、定期的に集まって、あっちで歌って、こっちで歌って、こっちである名前で出演して、その後全く同じことを別の名前でやってとか。歌は全く同じだろっての。ははは。

フォークロアやってる人の間では一九八九年っていうと、いろんなフェスティバルがあった頃でね。「ロシア交歓会」だの、ゴルバチョフの自由だのグラースノスチ〔情報公開〕だの、国民意識がどうだの、そういうのが一気に出て来た時期だったね。いやそれはよかったですけどね、その末路がソ連解体ってのはねえ……。で、フェスティバルというのは、いろんなところからやってくるんですよ、一つの場所に。モスクワからいくつかアンサンブルが来ていました。マースレニツァの頃でしたが。活動しているアンサンブルが全部ですよ。ノヴォシビルスクとかからね。一つの場所に集まったんです。当時のペテルブルクの仲間たちは数えるほどでしたが、そんなお祭りがあるごとに集まっていたものでしたよ。

今はそんなこと無理ですけどね、みんなあっちこっちで働いていますので。他の町のフェスティバルで行き合ったりすると、「おお、元気か」、「なんだ、そっちもペテルブルクに住んでいるんだ」などとなったりしますね。

――ＫＴＩのマクシムさんとはいつ知り合ったのですか。

一九九三年だったかな。彼はその当時もやっぱり新しい価値観で行動する人でね。私は彼が現われる二年ぐらい前からそういうことをやっていたけどね。だから私のほうがオジサンなんだけど（！）。当時彼はモスクワのフォークロア・アンサンブル「ヴェトカ」のメンバーで、長期休暇のときに若い人たちと何人かでやってきた。私は彼らを何日間か家に泊めたんですよ。彼はとても社交的な人ですね。純朴な人。ずっとつきあいがありますよ。

――あなたはアンサンブルではバラライカを弾いてたのですか。

楽器は全部やっていました。アンサンブルには男の子がほとんどいなくてね、ペテルブルクには数えるほどしかいなかったです。だから楽器を何でも弾かないといけなかった。音楽院で外国公演に行くことになったときなんか、メフネツォーフ教授が私にガルモニを渡して、「セルゲイ、これを弾いてください。一か月後にドイツ公演です」ですよ。となると私がどうすべきかって。そのときは、ガルモニとグースリを弾けるようにならないといけなかった。まあバラライカはいいとして。それで、一か月後に

民俗アンサンブル「スロヴィーシャ」（ペテルブルク音楽院）。後列左が本人、右がアレクセイ・メフネツォーフ。

何とか、できる限りやりました。そんなわけで、九〇年代はただ弾いていました。他にやる人がいなかったから。

——「何でも弾ける人」ということですか。

まったくもってその通りです。音楽中専［用語］では専門がバラライカで、ギターも副科で三年やって、ドムラも、バヤンもやって、あとは打楽器の太鼓のコースもありました。ピアノは必修科目でしたし。フォークロアをやることになって弾けるようになったのが、ガルモニ、グースリ、ハーディ・ガーディ［用語］（特にコツがいるとかいうものでもないけど）です。それから、吹奏楽器をやり始めましたね。

楽器のやり方の基本が頭に入っていれば、最初に先生たちが頭と手にやり方を教え込んでいれば、あとはどの楽器をやるにしても時間の問題です。そんなこんなで、私はマルチプレイヤー（何でも弾く人）なってしまいましたよ……。でも、それで調子に乗っているわけではないですよ。私は音楽小学校や中専の先生方に感謝しています。

あなたは私が特にバラライカに興味を持っているというような理解をしているけど、私はいろんな楽器をやってきたので、バラライカだけを選んで弾くということはしていないですね。今は若い人たちが一つに絞ってインターネットを使って自己アピールをしていますが、私が生きてきた時代にはそんな強力なツールがなかったし、いろんな種類の活動があった。楽器をどれか一つに絞るということはなかったです。普通にフォークロアをやっている人たちの間では、バラライカっていうとね、その他の楽器と変わらないですね。どの楽器を弾いても差がないからです。グースリだろうと、ガルモニだろうと、バラライカだろうと。そこでどれか一つとなると、もう個人の嗜好ですよ。音の響きや、美学的観点や、快適さでバラライカを選んで弾いているということです。

――音楽小学校で教鞭を執っておられるということですが、何の科目を教えているのですか。

ええ、それが本業です。フォークロア科というのがあって、アンサンブルが必修科目で、理論科目と器楽があります。六年前から器楽を入れました。一年生がやってきますよ。

基本、グースリから始めることにしています。グースリから始める子もいるし、笛から始める人もいるし。男の子は笛から始めて、次がハーモニカですね。ネクラーソフ・コサック〔一七〇八年にエカチェリーナ二世によりトルコに移住させられ、一九六二年にロシアに帰国。一八世紀当時の伝統を保持し続けていることが判明、コサック文化において尊敬を集める存在となっている〕が吹いていましたから。要は、やりやすい楽器から始めるんです。グースリはその点、最も簡単な楽器です。最初はね。徐々に難しくなってくるけど。

バラライカを一から始めるのは難しいです。生徒は女の子が多いですが、やりにくいんですよ。こと身体的な問題として。楽器は滑りやすいですし、左手は厄介だし、フレットを押さえることができないし。子供にとっては苦痛なだけです。演奏がしやすいような小さな楽器が出てきたらいいんですけど。

――バラライケルが小さな楽器を作っていますよ。

それでも大きいですよ。確かに小さな楽器ですけどね、ヴァイオリンのように四分の三のサイズというのはないでしょう。それに、バラライケルの楽器はそれなりの値段がするでしょう。音楽小学校の親御さん向きではない。もしギターやフルートの専攻で入学したら、そりゃ楽器を買いますけどね、うちの場合は単にフォークロアに入学してくるので、「声楽」科にね〔フォークロアの「器楽」専攻はないため。

専攻でもない楽器にどこまで金をかけるかという話になる」。普通はグースリを買って持っている人が、次の楽器のことを聞いてくるんですけど、それが値段の高い楽器となると、それはさすがに非現実的ですよ。

――民族楽器学科の人にもフォークロアに興味を持ってもらうにはどうやったらいいのでしょう。

そりゃ、他の専攻の人と同じことをやったのでいいんですよ。民族楽器学科って、特に構えないで。私は今年（二〇二二年）から音楽中専で教えているんですが、知り合いで、とてもよい先生がいます。マリーナ・フォーニナさんといって、アンドレーエフ記念ロシア民族楽器オーケストラの鍵盤グースリ奏者です。民族楽器学科の人でフォークロアの人ではないですが、価値を理解していますよ。

民族楽器学科には「民俗芸術」という科目があって、音楽院出の私の同級生のイリーナ・エルショーヴァが担当しているのですが、理論も教えているし、歌もやろうとしています。主体は理論ですけどね。その彼女が、民族楽器学科の生徒たちに伝統バラライカの楽器をやらせることができるかと言ってきまして。去年その話を彼女とひたすらして、九月から週一で教えることになりました。最初の半期でグースリをやったので、次の半期はバラライカ。興味を持ってもらうというのは他と同じですよ、実際に手にしてみて音を出す、自分でやってみるというところから始まります。最初の半期は、ただ音を出して終わるのではなくて、発表会をやりました。グースリで伝統伴奏曲を一人二曲ずつ弾きましたよ。

次はこの成果を確実なものにするために、踊りも演奏と一緒にやってもらおうと思っています。いろんな楽器で一〜二曲を弾いて、フォークロアの双方向性というものを感じてほしいわけです。フォークロアをやるには、それを理解しないといけない、それをきちんとやらないといけない、ただ一方的に聞くのではないんだと。そうすることによってのみ、すべての価値体系がわかるんですよ。

グースリでも、バラライカでも、伝統伴奏曲というのはどんなに複雑なものであっても、演奏技術面では民族楽器学科の人たちにとってはどうってことない。実際、技術的な難しさはないです。一方、基本概念はというと、これがわからないわけで。だから、その中に入って、身を置くんです。内側から自分の感覚で感じないことにはだめですよ。彼らの「興味を引く」という目標はないですが、「教材の価値観を理解させる」という目標はありますよ。

――アカデミックバラライカの文化についてはどうですか。

楽器にはそれぞれ特性や色彩があって、それを美しく用いることはできます。でも、だからといってはしゃぐ意味はない。民族楽器学科の人たちのナイーヴさというか、針小棒大というか、自分たちは難しいことをやっているとかいうのはねえ……。難しいって、だいたい技術的な難しさなんて、あそこにはないですよ。なのに、「どうだ、俺たちはこういうすごいのを弾いているんだぞ」ってわけでしょ。それがね、私には一番気に食わないんですよ。客観的に評価しないといけませんよ、自分のことは。具体的な個人というのではなくて、楽器のことだけど。そうしたら、調和がとれるようになるでしょうね。

アンドレーエフが作ったバラライカは、土着の民衆の文化にはあまり関係がないです。彼は、彼以前にはなかった新しい音楽的色彩を創造したんです。それは使っていかないといけないものです。それでバラライカで交響曲を弾くんですが、それがどういうことかというのをわかっている人もいるし、それを発展だ進化だと思っている人もいるわけで。そういうのは全部、相対的なものなんですけどね。

というわけで、少しずつ盛り上げていきますよ。そもそもどこから始まったかってことを知らないわけにはいかないでしょう。

#10 ヴァレンチーナ・コスチューコーヴァ～既存分野を横断する新世代の勇者

Валентина Костюкова　一九九一年生まれ。バラライカ奏者、民族音楽学者、グネーシン記念ロシア音楽アカデミー修了（モスクワ）、音楽スクール「バラライカ道中」創始者。（二〇二一年六月一五日録画）

最初に芸術音楽の教育を受けて、その蓄積の上に伝統音楽がある……その二つの異質な分野の融合は、私にはプラスに働いたと思います。

私はモスクワ生まれです。音楽小学校のピアノ科を卒業したとき、妹が音楽小学校でバラライカを始めました。妹の楽器はよいものではなかったので、私も気兼ねなく好奇心からときどき借りて触っていました。妹は苦労していましたが、私は歳の分だけうまくやれていました。それから考え始めました。もうすぐ普通科の九年生、あっという間に一一年生になってしまう。進学はどうしようか。私はバラライカが好きだし、音楽が好きだ。いっそのこと、グネーシン音楽中等専門学校のバラライカ科に挑戦してみようか……。

それから、コンサートに行ったりしました。今でもやっている

「蒼々たる職人たち」というフェスティバルがあるのですが、そこは楽器職人が自作の楽器を展示していて、入場者は試し弾きができます。ちょっと弾いていたら、同じく入学志望の女の子が寄ってきて、言ったんです。「あんたは通らないって。弾けるのは《村の結婚式》だけなんでしょ！」。私はそれで発奮して、合格したました。

中等専門教育では、民族楽器学科でバラライカを専攻しました。資格の正式名称は、「民族楽器オーケストラ、アンサンブルの奏者および教員」といいます。先生はイーゴリ・セーニン先生でした。ロシア功労芸術家で、第一級のバラライカ奏者です。とてもよく見てくださったので、先生のもとで勉強できてよかったです。とても感謝しています。

――音楽中専で民族楽器学科入学となると、それがどうやってフォークロアに繋がったのでしょう。

突然発見したんですよ。入学しようとしていた学科以外に、「合唱団指揮科」という科があることに。これ、フォークロアなんですね。

フォークロアって、私は元々知っていたんです。まあ、上辺だけですけど。母はもともとフォークロアに興味があって、民話やことわざの本を買って読んでいて、私が生まれたとき、私に歌って聞かせるために民謡の子守唄を勉強して覚えたそうです。ブィリーナと民話も話してくれて、私はそれを聞いて育ちました。音楽小学校ではソルフェージュのヤーコヴレヴァ先生が「民俗芸術習得プログラムの定着」を推進されていて、三年生のとき「民俗芸術」という授業を一年間受けました。もちろんそれは教科書調で、ほんもののフォークロアではなかったのですが、魅力を感じることはできましたし、すごくおもしろくて、民俗芸術への興味をかきたててくれるものでした。そこからちょっと成長して、再びフォークロアという言葉に出会ったわけですよ。きらきら輝いて見えましたね。

これは受ける学科を間違えた、と思いました。それで、グネーシン中専合唱団の指揮者のユーリー・カレースニコフ先生のところに入学前の進学相談に行ってみました。私は状況を説明して、合唱団指揮科にも入学したいのだと言い、何曲か、前日の夜に覚えた歌を歌ってみました。先生はおっしゃいました。「ヴァーリャ、すごく上手ですよ。でも、あなたはまだよくわかっていないですからね、まずバラライカ科に入学しなさい。それからこちらに見学に来なさい」と。私はその通りにしました。

グネーシン音楽中専の民俗アンサンブルでバラライカを弾く。

入学して、四年間カレースニコフ先生の民俗合唱団に通いました。公演も、勉強も参加させてもらいました。つまり、やれることは最大限やらせてもらいました。だから、実際は二つの専攻をやり遂げたと自分では思っています。卒業証書はバラライカ科一枚ですけどね。

さて、それで肝心の伝統バラライカの話です。合唱団では、みんながことあるごとに私にバラライカで伴奏を頼んできていました。舞台でよくやるナンバーで、バラライカの伴奏でチャストゥーシカと歌を歌うんです。当時私はバラライカにユニゾン＋四度（ミミラ調弦）以外の調弦があるということを知らなかったんです。それで、「この伴奏曲を弾いて」と言われて、録音を渡されるわけですが、当時は採譜の経験がないわけで〔バラライカ科の履修科目にはない〕、私は音楽の聞き取りができなかったんですね、民族音楽学者がやるような、正式なのは。

伝統伴奏曲って、和音の機能としては、トニック、サブドミナント、ドミナントですよ。でも、調弦が違うと、響きが全く違う。和音の構成が違うんです。でもそのときはわからなかったんですね、何が違うのか。あるべき形で弾いているのに、響きが違う。調弦が違うんだなんて、思いもしませんでしたよ。とにかく弾いて、「ま、いっか」ですよ。

それから、音楽中専[用語]を卒業して大学のことを考え始めたとき、正直なところ、私はアカデミックバラライカへの熱意を失っていました。ああいうのは、やっぱり自分が燃えてないとだめです。パッセージは複雑だし、身体的にものすごい力がいるし、強いモチベーションが必要です。オーケストラでとても上手な奏者になってソリストになろうとか、独創的なアンサンブルを作ろうとか。でも、当時の私にはそんなものは何もなくて。それで、アカデミックバラライカからは距離を置いてしまいました。

――グネーシン記念ロシア音楽アカデミーでは民族音楽学を専攻されていますね。

願書提出締切前に、カレースニコフ先生から連絡をいただきました。「ヴァーリャ、大学のほうで、民族音楽学という新しい専攻ができますよ」。入試前の懇談会に行ったとき、これこそが私がやりたかったことだとわかりました。それで、私の焦点は民俗合唱団から民族音楽学に移ったのです。

アカデミーでの学業は、ものすごくおもしろい経験でした。勧めてくださったカレースニコフ先生には、ほんとうに感謝しています。同期が三人だったので、実質上、個人授業だったのが大きいです。第一期生ということで、先生方は私たちには実の子供のように力を注いでくださったと思います。ほんとうにたくさんの先生方が、熱心に指導に当たってくださいました。指導教官のラリサ・ベログーロヴァ先生はとても堅実な研究者ですので、研究活動において手を抜くということは許しませんでした。

卒業論文ではバラライカを扱いました。題目は、「プスコフ州南部の伝統伴奏曲《スコバーリ》——声楽と器楽の形式の構造分析の試み」です。地名やその他のリストに沿って《スコバーリ》を見ていくわけですが、見ていてとても楽しくなるんです。今でもこのテーマには興味を持っています。研究からはもう遠く離れてしまいましたけど、《スコバーリ》はほんとに好きです。

以上が私の音楽教育、特にバラライカに関するお話です。最初に芸術音楽の教育を受けて、それらすべての蓄積の上に、フォークロア、つまり伝統音楽があるというわけですが、その二つの異質な分野の融合は、私にはプラスに働いたと思います。

——研究はまたそのうち再開してほしいです。アカデミー卒業後はどういう道を進まれたのですか。

ツーリングをやり始めて、ツーリズム業界に参入しました。で、ふと浮かんだんです。バラライカで流行歌を弾いてみてはと。なぜもっと早く思いつかなかったのか、わかりません。アカデミックバラライカで流行歌というのはあまり見かけがよろしくないし、単に私に時間がなかったからかもしれません。で、やってみたら、とてもウケました。やっぱり弾く曲ですね。多くの人は、私が焚火のそばでバライカを弾くと、歓迎してくれました。それで、新しい曲を覚えたり、アレンジをしたりしました。

おかしなことに、当時は流行歌を伝統バラライカで弾くという試みは行われていませんでした。私がそのハシリだったか、私がインターネット上で行き当たらなかったか、どちらかでしょうが。私にとってはまったく新しい試みで、自分でも驚いていました。二〇一七年ぐらいです。バラライケルがぐっと有名になったのは、私が始めたちょっと後でした（主力のダーニャは二〇一四年、アンドレイは二〇一六年から参加）。

今は教え子に伝統バラライカの文化を伝えています。アカデミックバラライカももちろん教えていますよ、興味がある人にね。でも、私の主要な課題は、伝統バラライカには選択の幅があって、ポピュラー音楽も伝統音楽も演奏できるのだということを広く世に知らしめることだと思っています。

――参加したことのあるフォークロア・アンサンブルについてお話しください。

最初、中専のカレースニコフ先生の民俗合唱団で歌っていましたが、同時に、同級生と「ピジマ」という女の子三人のグループを作って、国内外の音楽を合わせたものをやっていました。器楽だけのグループです。長くは続かなかったのですが、二～三年ぐらいかな、でもおもしろかったです。それから、アカデミーの必修科目でヴラーソヴァ先生の学生アンサンブルにいました。

フォークグループ「Kivi Niemi（キーヴィ・ニエミ）」

今は「キーヴィ・ニエミ（Kivi Niemi）」というグループで歌っています。構成は四人で、中心はヴォルコフ夫妻（リーヤとアントン）。アントンはベース。リーヤはアンプに繋いだグースリとボーカルもやります。パーヴェル・ザイツェフはパーカッション。私はバラライカをアンプに繋いでいますが、歌もやります。私たちは伝統声楽を編曲して歌っています。もちろん原曲の面影がなくなってしまっているものもありますが、これもまたフォークロアに関連することですから、おもしろいです。

――フィールドワークはどの地域に行かれましたか。

アカデミーで勉強しているときに何度も行きました。それ以降は、自分で計画したことがあります。自分の大人の教え子たちを連れて。残念ながら一度だけでしたけど。それとは別に、ツーリングの集まりで興味のある人を募って、フォークロアのフィールドワークをやっている現場に連れて行ったことがあります。これはとてもおもしろかったです。二回ありましたね。

ブリャンスク州はアカデミーで何回か行きました。アカデミーからの派遣で、ベラルーシのヴィーツェプスク州にも行きました。それから、プスコフ州とトヴェーリ州の境界の地域、卒論で扱った場所ですが、何度も行きました。とても好きな場所です。アルハンゲリスク州にも一度みんなで行ったことがあります。ヴラジーミル州もあります。ツーリングの人たちと一緒に。トゥーラ州もあります。

――それらの地域でバラライカは見かけましたか。

ええ。でも、たくさん採録できたというほどではなかったですが。単純すぎず、独創的な弾き方をした人のが、シチェコレーンコヴァさんです。YouTubeの私のチャンネルで公開しています。彼女はプスコフ州N村の《スコバーリ》を弾いてくれました。その他に自分流の《ツィガーノチカ》と《ルースコヴォ》も弾いてくれました。すばらしい奏者、美しい音楽。伝えていかないといけませんね。

名前を覚えるのは苦手なので、州ごとにいきますが……。ヴラジーミル州、トゥーラ州、アルハンゲリスク州は該当なしで、採録したのは主に、プスコフ州とトヴェーリ州の境でした。どれも比較的単純でした。トヴェーリ州で男性奏者を採録したのですが、「親指の下への打奏」〔50頁参照〕で演奏していましたね。それも私のチャンネルで公開しています。伝統バラライカでしたよ。

現地では、バラライカの伝統が特に継承されているということはないですね。私が「今は弾いていますか」と聞くと「いいえ」と言うんです。私のために思い出して、少し弾いてくれたんです。楽器も持っていなかったから、私の楽器を使ってもらいました。今はロシアはどこでもそうだと思いますよ。ヴラジーミル・ユーリエフだってそうでしょう。市場で採録しているじゃないですか。今でもバラライカ奏者が集まってきているわけで。腕自慢をしに。

――伝統バラライカのためのレパートリーについてはどのようにお考えですか。

私は「ナロードヌィー」（民俗／民衆）という言葉を使わずに、「伝統」という言葉を使って、伝統バラライカといっています。「ナロードヌィー」という言葉は、私にも他のロシア語話者にとってもあまりにも多義的だからです。ロシア「人民」芸術家もナロードヌィーだし、ググったら、ロシア「民族」衣装がナロードヌィーで出てきますけど、でも、「民族」衣装というときのナロードヌィーは、「いかにもそれっぽい」というニュアンスが加わって、「偽ロシアの」「ロシア風の」という意味が出てしまいます。正統ではないのは明らかです。だから、用語としては、伝統バラライカか正統バラライカというほうが正しいように思います。正統派というのはなかなかの響きですが。

伝統バラライカのレパートリーというと、いろんなことが言えるんですが。まず、これまで収集されて博物館の所蔵品のように保存されたものを弾き続けていかないといけないと思います。全部そっくりそのままコピーして弾く。なぜならそれが実際に保存ということになるからです。

ただし、伝統文化の現場では、奏者がそっくりそのまま真似するということは起きないんですよね。

彼らは自分でちゃんと区別して、「私はこう弾く」、「私はこれを付け加えた」、「これは私のバージョンだ」などと言うんです。そのようにして、伝統伴奏曲は世代から世代へ伝わっていくのです。個人的に何か加えながら。そういう変更の要素を今取り払ってしまうのは、私は意味がないと思います。だって、フォークロアってそういうものでしょう。でも私が思うに、自分で何を付け加えたのかがわかるようにならないといけないですよ。教え子には「最初はこの奏者のこういうバージョンを真似していた、原版はこれだ」、「こっちは自分の解釈版で、音を加えた」と言えるようにと、指導しています。こっちは博物館の原版、こっちはそこから発展して先に進んだ版というように、二つを区別するんです。

レパートリーで私が反対なのは、こう、すごく平均的にして、簡略化してしまった弾き方ですかね。そして、これがフォークロアだなどと言う。三種類の和音を弾いて、それで終わりにしてしまうことです。伝統的なバラライカをやるときは「ここで終わり」ということはやってはいけないです。

つまり、簡単なもの、でも地域性が出ているようなものを一つでもいいから選ぶんです。そして、いくらか付け加えて、それを広げていくということをやってみるんですよ。《バールィニャ》なら、地域性が出ているようなバージョンを選んで、それを覚えるんです。それで「これはプスコフ州の《バールィニャ》」、「これはトヴェーリ州の《バールィニャ》」と言えたらいいなと思います。

多くの人は、フォークロアでは簡単なのを弾いていると思っています。それで私がちょっと複雑に弾くと、「それはアカデミックバラライカでしょ」と言います。多くの人が。それで私は言うんです。「何がアカデミックバラライカですか、このように農民が弾いていたんですよ。農民も複雑なのを弾けていたんです」と。だから、簡略化する必要はないと私は思います。伝統バラライカというのは、とても豊かなんです。そのことを大事にしていかなければ。

――現在の活動についてお話しください。

五年間、公立の音楽小学校で教えていたんですが、待遇がよくなくて、最初の給与が月二千ルーブルでしたよ（三千円ぐらい）。おかしいでしょ。お店に一回行ったら終わりです。若さゆえの情熱で五年間やりましたけど。フォークロア・アンサンブルを作りたくて。でも、できませんでしたね。持ちませんでした。それと並行して、「伝統器楽文化を学ぶ青年スタジオ」というサークルを作りました。ここには若い人たちがきました。だいたい二〇～二五歳ぐらいだと思います。伝統音楽を学んで、歌を歌って、たまにバラライカもやりましたが、主に歌でしたね。

私にとって大事だったのはフォークロアや伝統文化の広報活動でしたが、その後、何だか鬱に陥ってしまって、こういうことに使う力がなくなってしまったんです。無意識に生徒に八つ当たりし始めて。この仕事をして満足を得るということがなくなってしまって、エネルギーがなくなってしまって、音楽から離れようと思ったんです。力尽きてしまって。仕事も全部やめてしまいました。すごく疲れてしまって。もういいやって。もう音楽なんて嫌い、人なんて嫌いって。何か別のことをするわ、教育業界なんてもういいやって。でも、試しにモスクワ・シティで「植物の世話」なる仕事を一日やってみて、やっぱり私は音楽がとても好きだ、ただ疲れていただけだと思ったんです。それからは個人として働き始め、少しずつバランスがとれるようになって、全快しました。今は個人レッスンをしています。

去年（二〇二一年）の夏、ロードバイク・マラソンを企画しました。音楽は関係ないです。そのとき、音楽マラソン（リレー）という形で、バラライカのポピュラー音楽演奏ができないものだろうかと考え

ました。そういうレパートリーなら、多くの人にとっては親しみやすいですよね。ウクレレやギターの音楽マラソンはありますし、他の楽器でもあるでしょう。だったら、バラライカにもあっていい。それでその気になって、昼も夜も作業をしました。夏が終わるまでにと。秋になると年度が替わって、学生は大学の勉強があるし、教員は仕事だし。みんな忙しくなる。保護者は子供を学校にやり始めるし。
　私はその限られた期限で、できる限り高いクオリティでやろうとしたんですが、まあ、うまくいったと思います。実際、力は尽くしましたしね。ポピュラー音楽演奏のためのインテンシブ・コースを作りました。三週間コースで、今はちょっと休憩日を足していますけど、三週間で伝統バラライカのポピュラー音楽演奏のいろはを教えます。このインテンシブ・コースを終えた人は、すでにたくさんいます。私は学びの過程が気に入っています。学ぶほうは成果をインターネットを通じて送って、私はそれを見て、修正を指示するんですが、とてもよいことだと思いますね。
　別の音楽マラソンもやっています。こちらはずっと小規模のものです。一つのテーマで四〜五曲。エゴール・レートフの歌、冬の歌、戦勝記念日向けの戦時歌謡などの特集です。
　伝統伴奏曲の特集もやりましたよ。なぜだかとても人気がありました。でも準備にものすごく時間がかかりましたね。採譜や編曲というのは、ジングルベルのような曲をやる場合と、伝統伴奏曲のどこまでも細かい変奏をやる場合とでは違うんです。きちんと細部までやらないと。私は一応民族音楽学者ですから、適当にはできない。それでがんばっちゃったんですよ。楽譜にして、レイアウトをして、画像をつけて、確認をして、撮影で解説をして、弾いて、編集をして、宣伝文句を作って、フォトショップでサムネイル画像を作って……。こういうのは私の専門ではないんですよね。採譜と演奏以外って。だからものすごく時間がかかってしまいました。一本の動画を作るのに、一〇〜一五時間かかりました。もちろん元は取れませんよ。でも、とても多くの喜びをもたらしてくれます。仕事をする満足感を。

——アカデミックバラライカについてはどのようにお考えですか。

ちょっと、停滞……どころじゃないですね。供給過剰気味で、窮屈になっていると思います。民族楽器オーケストラは演奏を続けていて、レパートリーも増えていますけど、基本的に同じことの繰り返しになっています。バラライカ奏者は主に、同一の集団の中で演奏しています。だから、奏者と聴衆が同じ。当人同士で弾いていることになります。アカデミックバラライカのコンサートに来るのは、アカデミックバラライカの関係者ですね。音楽家でない私の知り合いから、「ロシア民族楽器オーケストラのコンサート、行く?」と聞かれるなんて、想像できないです。いや、行きませんって。ロックバンドの「ダイチェ・タンク」のライブに行きますよ、私は。何かちょっと時代が違うんですよね。

もちろんみんな試行錯誤はしてますよ、現代的にするために。スターは、やっぱりアレクセイ・アルヒポフスキーです。何しろ彼は初めて、無伴奏のリサイタルをやった人だし。負担を一手に引き受けて、ものすごい労力が必要だったと思います。ピアニストがいれば、場所によってはお願いしちゃっていいこともありますが、無伴奏独奏で舞台に一人で、超絶技巧曲を弾くとなると、状況はまた別ですよ。とにかく壮大なスケールの人、スターですよ。彼がユーロビジョンでトミー・エマニュエルと共演するまでは、アカデミックバラライカがあるとか、超絶技巧のバラライカがあるとかいうことを、知らなかった人って多いですよ。多くの人にとってバラライカは、熊とウォッカと並んでロシアを象徴するお土産品でしかなかったですから。アルヒポフスキーは、バラライカの存在を世に知らしめ、バラライカを前進させた奏者、私はそう思います。楽器の持つ可能性を開示して、すべての演奏スタイルに扉を開いた、アカデミックバラライカの神髄、すばらしい音楽家です。ほんとにありがたいことです。

——他のアカデミックバラライカ奏者で注目しているのはどういう人たちですか。

今はみんな従来のようなオーケストラやフィルハーモニー〔音楽協会〕のコンサート以外の道を探求しています。

私が注目しているのは、ペテルブルクの名手のゲオルギー・ネフョードフ。以前、「クインテット・チェティリョーフ」（四人五重奏団）で弾いていた。ジャズの即興を超絶技巧で弾くんです。とてもかっこよく、いい感じで。バラライカの響きがまた合っているんですよ。同じスタイルを踏襲しているのが、マリーヤ・キーリコヴァです。この人も名手です。私は彼女の編曲が気に入っています。バラライカの響き方がいいんですよ。私のいろんな意味で豊富な（！）経験上、バラライカが響きとして全体と合ってることって、そんなにないんですよね。いろんなジャンルを試してみている奏者が多くて、自然な響きからは程遠いこともあります。その点、ネフョードフとキーリコヴァはとてもうまいと思います。

それから、バンドの「クリュークヴァ・ショー」の奏者の、ヴィクトル・オレフノーヴィチ。メンバーは、ユーモアを交えてポピュラー音楽を演奏します。ヴィクトルはそこでアカデミックバラライカのスキルを使って、複雑なパッセージを弾いています。ポピュラー音楽を通して、バラライカを活性化させようとしています。「クリュークヴァ・ショー」を聞いて、自分もあんなふうにバラライカを弾いてみたいと、やる気になってやってきた生徒がいる人は多いと思いますね。

今挙げた奏者たちは、自分のこだわりでバラライカを活性化させようとしていると思います。

——アカデミックバラライカから伝統バラライカに転向した奏者というのは多いですか。

最近知り合ったミハイル・ツホヴレーボフ一人しか知らないです。彼は今ドミソ調弦を勉強中で、教え子にも五線譜ではなくて、タブを使って教え始めています。ドミソ調弦を。芸術音楽の教育を受けていると、結局、理解できることも、自分でやれることも、人に与えることも格段に多くなるんです。第一に、速く全体を習得する理論が身についているでしょう。第二に、耳で聞いて細かいところまでコピーできる。第三に、技巧的な箇所を素早く習得することができる。プラスは多いですよ。

——民族楽器学科の人に伝統バラライカに興味を持ってもらうには、どうすればいいと思いますか。

いい質問ですね。正直なところ、それはジレンマなんです。先ほどなぜミハイルの話をしたかというと、概して、民族楽器学科では伝統バラライカに興味を持つ人はとても少ないからです。

卒業直後、私がまだ学生的な利他主義に染まっていたときは、国が主導して民族楽器学科で必修教育を行ったらよいのにと思っていました。バラライカ科だけでなくバヤン・アコーディオン科でも、伝統音楽の基礎を勉強させるんです。半年の講座でも、通年の週一回一時間でも、もっと少なくてもいい。伝統別の調弦でも弾けるように。あるいは今の調弦でもいいので、伝統伴奏曲を弾く。音楽の考え方が全く違いますから。でもそれって、今思うに、実現不可能ですね。

音楽小学校で働いていた経験上、先生たちというのはいつも何でもぎりぎりで、教え子のプログラムの準備が追い付かない。報告に追われる日々が続く。そのせわしなさをうまくさばいて、そのうえに新しい調弦を教師が自分でも覚えて、生徒にも教えるなんて、どうやったらできるのか。そこが問題なんですよ。若い頭というのはまだたくさん詰め込みようがありますけどね、教師側からそんなに希望が出るとも思えませんよ。若い教師でもね。新しい調弦を覚えるなんて。自分もそうだったから言うんですけど、一つの調弦での演奏を思考レベルまで上げるには、その年齢じゃ遅いんですよ。ミミラ調弦でこの手の形でこの響きというので慣れてしまっているのに、ドミソ調弦だと別の音がするわけです。伝統伴奏曲だと基本的な考え方も違うし。それを、結婚して子供がいて、仕事を掛け持ちして、お金を稼ぐために生きている人に言ったところで、時間的余裕も頭の中の余裕もないでしょう。

もし彼らに伝統文化に興味を持ってもらおうとすると、子供のときからでないとだめでしょうね。大学生だともう自分の考えが固まってしまっていますから。だから私は今のところ民族楽器学科の人たちについては、悲観的に考えています。伝統文化の人たちに肯定的になるのも、正統の伝統音楽の世界で起きていることを彼らに理解してもらうのも。私は彼らの上流階級気取りを間近で見てきましたからね。

でも、全部が全部そうでもなかったりもします。最近、エリヴィーラ・ドンスカーヤが、伝統文化とコンサート文化の融合をテーマにしたコンサートを、二つ企画しました。エリヴィーラがアカデミックバラライカの人たちに何曲か民謡や伝統伴奏曲の編曲ものの演奏を依頼して、私はその原曲を探したんです。正統な伝統音楽のフィールドデータから、録音を見つけました。主に声楽でしたが、器楽も録音こそ少なかったですがありました。《セミョーノヴナ》と、何種類かの《ルースコヴォ》です。コンサートでは、まずフォークロア・アンサンブルが原曲を歌うか、あるいは私が弾くかして、その後に、アカデミックバラライカの人たちがソロやアンサンブルで弾きました。学術風コンサートでしたね。

とても嬉しかったですね。アカデミックバラライカの人たちが、伝統文化サイドに声をかけてくれて。何しろ、なぜだかはわかりませんが、共存不可能だということになっていますから。彼らの上流階級気取りは随分聞きますよ。音が間違っている、バラライカの調弦ができていない、歌は音符が正確ではない、平均律がわかっているのか、その他もろもろ。だから、あちらから民俗文化に声をかけてくれて嬉しかったんですよ。残念なことに、たった一件だけでしたけど……。

――バラライカを弾く人たちへ、メッセージをお願いします。

バラライカ奏者、特に始めたばかりの人には、実はたくさんの可能性があります。以前はアカデミックバラライカだけだったのが、今はいろんな演奏スタイルが選べます。ポピュラー音楽、伝統音楽を弾くスタイルも。きちんとした演奏理論を学べば、複数選択もできる。教えを乞いにも行ける。今はインターネットのおかげで、すべてがオープンになって、無料レッスンも見られる。それらを組み合わせることのできる、大きなパレットが用意されているということです。ウクレレはロシアであっという間に広まりましたけど、バラライカもまったく遜色ないですよ。バラライカのほうが優れているという人は、だいたい一定のレベルにいる人だと思いますが。私はもちろんバラライカのほうがいいです。バラライカがとても好きなので。というわけで、バラライカは将来性のある楽器です。だから皆さんにもっとこの楽器のことを知ってほしいし、舞台だけでなく、日常生活の場にもあってほしいです。

#11 ニコライ・スクンツェフ〜サラブレッドにしてアニヲタ

Николай Скунцев　一九八九年生まれ。バラライカ奏者、民俗学研究家。コサックのフォークロア・アンサンブル「カザーチイ・クルーク」（モスクワ）団員、ヴォルゴグラード芸術文化大学付属コサック伝統歌謡アンサンブル「スタニーツァ」（ヴォルゴグラード州ヴォルゴグラード市）団員。（二〇二一年七月十日、一一月三日録画）

日本のアニメは伝統を特別な大事なものとして扱っているという点が、私はとても気に入っています。

ニコライ・ヴラジーミロヴィチ・スクンツェフといいます。モスクワ州生まれです。

両親ともに、元々モスクワの人ではないです。父はヴォルゴグラード生まれで、母はウラルのヤマル地方出身です。我が家は各地を転々とする生活を

送ってきました。父〔「カザーチイ・クルーク」〔用語〕創始者のヴラジーミル・スクンツェフ〕の故郷で仕事をしたいと思ってヴォルゴグラードに戻ってきて、今は、父の生家に住んでいます。

――どのようにしてバラライカを弾き始めたのですか。

五歳ぐらいのとき、父が私と双子の兄にサラトフ・ガルモニ〔用語〕をくれました。小さくて、右鍵盤が一段で、ベルがついているガルモニですね。とても楽しい楽器ですよ。まずそれを弾けるようになろうと思いました。《カマーリンスカヤ》、《バールィニャ》を少し弾けるようになった後、父から木の横笛などいろんな楽器を与えられました。タンブリンもやり始めました。それで最終的には、私はバラライカ、兄のフョードルはヴァイオリンをやることにしました。私も兄も、父の助け、父の指導のもとで。人前というより、自分ひとりで弾いていました。

八歳になったときだったと思いますが、音楽小学校〔用語〕に通うことになりました。せっかく子供クラブでグレコローマンレスリングをやっていたというのに、兄と一緒にすごく残念がりました。何にしても、音楽や他の芸術分野の活動があったおかげで、危険な悪さをする仲間に引き込まれずにすみました〔廃屋などに侵入し、度が過ぎた「冒険」をして、怪我をする等。年齢が上がると、喫煙、飲酒〕。当時は、そういうのが多かったです。親は働くのに精いっぱいで、子供に構うどころではなかったんです。私たちが育ったのは、ソ連崩壊後の九〇年代という苦しい時代でしたから。

音楽小学校では両立が大変でした。専攻がバラライカ、副科がギターでしたので、二つの専門があったことになります。それに加えて、家族のアンサンブルでの学校公演、普通科の小学校の勉強がありました。日本の学校にも補助教育としてのクラブ活動があるでしょう、その役目を我が家では両親が受け持っていたわけです。基本的に、私も兄も伝統文化が常に家の中にあるような環境で育ちましたよね。

私も兄も音楽小学校を卒業して、兄はヴァイオリンを続けることを選び、音楽中専〔用語〕に進みましたが、私はバラライカから距離を置こうと思いました。しばらくの間、楽器自体まったく手にとりませんでした。休みたかったんです。アカデミックバラライカというのは、技術が伝統バラライカとは根本的に異なるというのはありますよ。でもなぜか、自分の内側から呼応するようなものがない。だからそれを人工的に作り上げないといけないんです。バラライカは、学校ではロシア民族楽器オーケストラでもソロでも弾いていましたから、もしかするとストレスになっていたのかもしれません。


――アカデミックバラライカを専門に学んだのですね！　なぜその方向に行かなかったのでしょう。


アカデミックバラライカは中等と高等教育は受けていないですが、要は、私には合わなかったのだと思います。もし自分に必要ならば、自分で理解するでしょう。強制というのは、違いますよ（アカデミックバラライカでは管弦楽同様の原理原則が厳しく適用され、初等教育ではまず「決まりに従うこと」を叩き込まれる）。確かに私はクラシック音楽の作品を音楽小学校で演奏して、それでいいと思っていました。でも、満足や喜びというには、私にはそれでは全然足りないのです。全然。

その後私はモスクワ州立芸術中専に進んで、中等専門教育を受けることにしました。専門は少し別の方向を選びました。伝統文化のうち、心理学との関連分野が気になりまして。教育学という選択肢もあるのですが、こちらの方向がいいと思って、フォークロア劇場の演出を専攻にしました。もちろんおもしろいだろうと思って選んだのですが、予想以上に実地面での発見が大きかったです。

二〇〇〇年代の初め、実践家の父は私たちに外で実地経験を積ませることにしました。ストリートですよ。人前でやるんです。伝統文化や民俗芸術は誰に提供するのかということです。私たちは最初にモスクワ市内のコローメンスコエ地区に行きました。それから、ドイツとフランスに行きました。子供の私たちにとっては旅行でもあったし、小遣い稼ぎでもありました。家の足しにもなったし。実地はシビアでしたよ。技術面の話だけではないです。自分が半信半疑の状態ではだめで、ストリートでは、誰でも無条件に自分自身を解き放てるようになっていないといけない。

だから、やはり父の方針は正しかったと思います。私たちが得た演奏技術にしても、この分野への愛着にしても。私たちはどれか一つの楽器に収まることもしませんでした。父はマルチプレイヤーですし、兄もそうなりました。私もです。私たちは他の人がやっているのを目で見て自分ができるようにするのですが、変な数学を使って数えて「何となく」でなくて、理屈で少しずつ理解していくんですよ。これは音楽小学校で受けた音楽教育のおかげですね。

——最もよく演奏する楽器は何ですか。

一番は、バラライカですね。バラライカ、タンブリン、ギターの順です。ハーディ・ガーディ[用語]も弾きますけど。その他の楽器もいろいろ。ガルモニはまだちゃんと弾けません。でも少しずつやってみています。そのうち弾けるようになると思います。自分でも興味がありますし。

実際のところ、バラライカは若者文化、野外文化に私を連れて行ってくれる案内役なんですよ。バラライカを持って歩いているのを見ると、基本的に、とても気楽なものですよ。伝統バラライカというのは難しく考える必要がないんです。ほんと気軽な楽器ですよ、バラライカって。元々、平民の兄ちゃんたちが肩にひょいとかけて歩いてたわけで、気取ったり気負ったりすることのない楽器ですよ。楽器を抱えて、底を二の腕の内側に当てて固定して、歩きながら弾ける。だから、バラライカはいつも持っていきます。どこでも演奏できますからね。少なくとも手元から離さないようにしています。

——バラライカを演奏するのはどんな場ですか。

まず、若者たちの集まる「歌と踊りの会」ですね。ロシア語では、「ヴェチェラー（вечера）」とか、「ヴェチョールキ（вечёрки）」とかいいます。ディスコという言葉が入ってきてから混同して、「ヴェチェリーンキ（вечеринки）」とも呼ばれるようになりましたが。ヴェチェリーンキというのは、若者の集まる娯楽の会のことを言います。そしてそのヴェチェラーというのは、コサックの文化での呼称であって、厳密な用語というわけではないですよ〔実際、現在は地方により様々な呼称がある〕。

元来、歌と踊りの会というのは、若者が集まって、まずガルモニ奏者がいるものでした。そこにタンブリンが入ることもあったし、バラライカやヴァイオリンが加わったりしました。マンドリン〔用語〕も。コサックがかつてヨーロッパから持ち帰った楽器です。これだけ楽器があったら、本当にオーケストラが作れるんじゃないですか。想像してみてください。そこでみんな踊って、歌っているわけです。

ここで言う歌というのは、おどけた楽しいジャンルを指します。おどけ歌とか、チャストゥーシカ〔用語〕のことです。コサックの文化では歌は通常アカペラなのですが、こういうのは楽器伴奏で歌うこともあるんですよ。チャストゥーシカは軽薄だと批判する人が多いですから擁護をしておきますが、あれは即興の実践訓練に非常に適したものです。チャストゥーシカは単に短い詩というのではなく、対話になって繋がっていく、独特の民衆文芸だからです。

そういう歌と踊りの会を、私も兄もかなり前から催しています。各都市に企画をする人たちの集まりがいくつかあって、野外でやります。人は見て楽しむんです。おもしろいから。ただ、みんながみんなやる気にはならないですよ、「え、身体を動かすの？」ってなって。

でも実のところ、これって結局ダンスパーティーなんですよ、普通の。チャストゥーシカも歌っていいですけどね、でもメインは踊りです。踊りではリズムが重要です。伝統バラライカの演奏では、細かい弾奏というよりも、リズムのほうに重きがおかれます。伝統文化のガルモニと、コンサート文化のバヤンの差と同じです。音楽学校を出たバヤン奏者というのは、いろいろ旋律を弾いて、難しくして見せるんです。小一時間もすると、そりゃ疲れます。でも、音楽はね、止まったらだめなんですよ。疲れると当然、細かい動きなんてできないです。そこからは、もう概してアクセントの問題です。こっちの楽器が前に出てみたり、別の楽器が出てみたりする。誰かが叫んだりする。それってリズムだし、ノリでしょ。そんなふうになりますって。

歌と踊りの会では、踊りが延々と続いていきます。輪になったり、列になったりして。基本動作自体は至極簡単です。でも、経験と意欲があれば、いくらでも自分で発展させられます。かっこよく、踊りの達人みたいにだってできる。でも、踊りの会で最も大事なのは、踊っている相手との「踊りのコミュニケーション」なんです。踊りによる対話ができないといけない。率直に伝える努力をしないといけない。自分は実際どういう人で、今何ができて、言われたら何ができるのかということを、踊りの動作や視線や、自分の流儀を通じて、表に出せるかどうかってことです。

こういうことは今の時代、とても大事なことでしょう。若者たちはどうやって知り合うんですか。SNSですか。それって、ほんとの人間同士のつきあいって言えないですよ。個人としてつきあったら、別の結果が出るものでしょう。

――そういう歌と踊りの会であなたはバラライカを弾いておられるのですね！

そうですよ！　でもただ弾くだけでなくて、役割を交換したりします。今は女の子の間でバラライカが人気なんです。たとえば、クセーニャがバラライカをやると言って、弾く。すると私は基本動作を教えに、踊りのほうに行きます。初心者の人たちが動きを理解して、あれこれやっているうちに、クセーニャが歌とか、何か他のことをしたくなったりすると、今度は私がバラライカをやります。他の人がバラライカを弾きたくなると、私はタンブリンに持ち替えます。

こんなふうに、楽器の人たちは常に持ち替えをやるんです。これがベストのやり方ですね。楽器担当の人が好きなようにできる。まあ、もともとこういうものですけどね。奏者の負担を軽減するために。たった一人で歌と踊りの会をこなしたってガルモニ奏者がいたりしますが、そりゃ英雄ですよ。それから、奏者によって性格が違うのも、おもしろいところです。それで、楽器の持ち替えは少しずつしています。他の人がどんなふうに弾くのか興味があるし、あれもこれもやりたいと思うし。自分が会を企画している場合は、特に。

――ヴォルゴグラード州ではバラライカでどういう伝統伴奏曲を演奏するのですか。

歌と踊りの会をやっているのは、ヴォルゴグラード州だけではないですが、いろいろ弾きます。《バールィニャ（ルースコヴォ）》、《カマーリンスコヴォ（カマーリンスカヤ）》、《セーニ》。大事なのは、決まった拍数で繰り返されるということです。踊りですから。最もよく弾くのが、《バールィニャ》です。ペアダンスもやります。そのときの音楽は、ポルカなんですが、《カルブチョーク・ポルカ》といいます。

それから、《クラコヴャーク》。同名の伝統伴奏曲があります。《パデスパーネツ（パデスパーニュ）》も同じです。これらは特定の人と踊ります。この《ポルカ》、《クラコヴャーク》、《パデスパーネツ》などのペアダンスは、特定の一人の人との交流が目的になっています。ヴォルゴグラード州の伝統文化ではそうです。特定の相手といろんなフィガー〔複数のステップを繋げて一つの踊りとしたもの〕を踊るんです。「フィガー一！」という掛け声でステップを始めて、間奏があって、踊ります。それから「フィガー二！」と掛け声があると、次のを踊ります。誰かが「チェンジ」と叫ぶと、女性は次のパートナーのところに行かなければいけません。ようやく相手と踊りを通じて交流し始めたのに、もう別の人のところにいかねばならないわけです。とても緩い、予測不可能な知り合い方をするわけです。何の拘束力もない。しかも、相手は仲のいい人とは限らないこともあります。関係を秘密にしている人が相手のこともあるし、逆に、喧嘩中で踊りが仲直りの機会になることもある。そういうのはすべて、ユーモアで対応するんです。だいたい、ユーモアというのはロシア人のメンタリティにとってとても重要なんですよね。

ペアダンスの他は、ロシア全土で人気の、カドリーユ〔用語〕というダンスがあります。二組のペア全員が真ん中を向いて立ち、各組が時計回りに回ります。

――あなたの地方のカドリーユの音楽にはジプシー風の音楽の《ツィガーノチカ》は入っていませんか。私の調査地では人気だったのですが。

いいえ。《ツィガーノチカ》は、前は弾かれていたんですけど、あれはソロダンスの音楽です。あれが始まると、「うわっ、《ツィガーノチカ》だ！」ですよ。自分一人を見せるステップを踏んでいくんですが、真っ当なものという扱いではなかったです。きちんとしたソロダンスだったら、《カザチョーク》

があったわけだし。ヴォルゴグラードでは、《ツィガーノチカ》は誰かと踊るものではないです。〔ロマ（ジプシー）の文化の許容度は地域によって異なるということの好例〕

――伝統バラライカのレパートリーについてのお考えを聞かせてください。

バラライカってすごく手軽な楽器ですよ。さっきも言いましたけど、女の子の間で流行しているんです。ちょっと別の意味で手軽なんですけど、女の子的なお手軽さってわかりますかね。女の子がバラライカを手に取って乙女チックな歌を歌うんですけど、そういう演奏の仕方は楽器の本質からしてまったくおかしくないでしょ。とても調和がとれているじゃないですか。

バラライカの強みというのは、エネルギーをぱっと出しやすい、ある意味開放的なところですよね。あるいは、逆にぐっと堪えるところ、でも、それもさらっとやれてしまうところ。楽器自体、小さくて、複雑な作りでもないですしね。最近はロシアでもウクレレが流行し始めたのですが、バラライカはウクレレよりもよい選択肢です。私は何年もそう言っているんですが。バラライカはロシアのものだし、遥かに多くのレパートリーを弾くことができますし。ロックンロールだって弾けるし、やろうと思えば何でもできます。それに、自分でも楽器が作れますよ。難しくないです。いろんな形があるわけですし。

ただ、ゆっくりした叙情的な曲ですが、私はアカデミックバラライカでトレモロ奏法〔用語〕で弾いていたので知っていますが、バラライカではどうもイマイチだと思います。マンドリンのほうがずっと向いていると思います。これは楽器の特性のような気がします。きれいな響きはするんですけど、バラライカで何かを代用しているような気がします。

この楽器に対しては、誰もまともに取り合ってこなかったという経緯がありますから、方向性としては、「とっつきやすい、はっきりしている、わかりやすい」というものだと思いますし、そういう楽器を通じて伝統的な音楽の世界に入り込むことができるでしょう。それから音楽的な思考ですが、伝統バラライカの和音の仕組みはおもしろいんですよ。それを詳しく考え始めると、音楽が理解できるようになりますね。ただ、音符を介してではなく、イメージでです。民衆の思考というのは、イメージで理解するのが最も自然な形です。イメージには気分が入ってくるでしょう。イメージというのは鍵を開けてくれるんですよ。伝統文化における音楽の理解には、バラライカは最適の楽器だと思います。複雑でない。とっつきやすい。それがこの楽器の本質だと思います。

――新しいことをやっている人たちのことはどう思っていますか。

アレクセイ・アルヒポフスキーはアカデミックバラライカを代表する最上の奏者で、楽器をとことんつきつめた人です。レベルが二段階は上というだけでないです。彼のいるレベルにいつ他の人が到達するのかというほどです。彼がこの楽器を通して見せているものというのは、おそらくロシア魂なるものの有り様や本質でしょう。つまり、楽器のロシア性や世界観が重要なわけで。彼の理解と才能と楽器の形状が、かみ合っているんですね。というわけで、彼はもちろん天才ですよ。

バラライケルのほうは、活動当初から知っています。彼らは、バラライカの普及には楽器自体が手に入りやすくないといけないと考えた。で、作るなら質のいい楽器を作ろうというところから始めたんですよね。伝統レパートリー演奏用の楽器というのは、それまではいろんな企業が片手間に土産用に製造はしてはいたのですが、彼らはそれをしっかりした演奏用の事業にしたんです。彼らは今やアカデミックバラライカも作っていますが、やっぱり伝統バラライカのほうが需要はあると思います。

今や、伝統バラライカは誰でも入手可能になりましたねえ。しかも、ソ連時代の家具に使う針葉樹で作ったやっつけ仕事の、手に豆ができて演奏しにくくて指先から血が出るようなのでなくて、入手しやすくて、小さくて、演奏しやすくて、人間工学的に優れていて、大きな音が出て、それからこれが一番重要なんですが、すっきりした楽器なわけです。彼らはクオリティを守っていて、きちんと製作してます。楽器を見ると伝わってくるんですが、「俺はこんなにすごいんだぜ」って主張するための楽器じゃない、つまり、いかめしく威張りくさって「難しくする必要のないものを難しくしてしまう」ような種類のものではないです。あそこにはいろんなモデルがあるし、サイズもいろいろあります。そうやってバラライカをとっつきやすいものにしているわけです。彼らはビデオも定期的に出しているでしょう。あれは見ている人の習得の助けになりますよね。

だから、バラライケルというのは、質のいい自社製品の楽器を使って伝統的な音楽の演奏の広報活動をするのを主な目標かつ業績とする人たち、ということになりますかね。

――フィールドワークについてお話しください。

私の興味の対象は、クバニ地方、ドン川流域、ネクラーソフ・コサックです。少し説明します。クバニ地方とスタヴローポリ地方はヨーロッパ・ロシアの南部に位置していて、黒海に近いところにあります。それらの地域は、一九世紀にコサックの「防衛線」〔ヨーロッパとアジアの境界地域だった〕が通っていた場所で、ドン川流域のドン・コサックが住み着いていました。それは現在のウクライナのザポリージャ・コサック（ウクライナ・コサック）が入植する前でしたので、これらの地方の文化とドン・コサックの文化の歴史的な繋がりは強いということになります。つまり、ドン・コサックの文化を調べようと思ったら、クバニ地方のクバニ・コサック、スタヴローポリ地方のコサックと、グレーベン・コサック、テレク・コサックの文化を調べればいいのです。全部元が同じですから。

ネクラーソフ・コサックは一七〇八年にトルコに移住したコサックですが、元はドン川流域に住んでいました。私たちは彼らの精神文化に最も興味を持ちました。彼らは古いものを持っていて、生活様式など、たくさん現存しています。ネクラーソフ・コサックはトルコから帰ってきたときに、ドン川にそのまま帰ったわけではなく、スタヴローポリ地方に居住しました。だまされたのだという話もありますが、実際どういうことなのかはわかりません。歴史的には、彼らの祖国の地はドン川流域です。

——どんなフォークロア・アンサンブルに参加しておられますか。

まず何を置いても、父が代表を務める「カザーチイ・クルーク」で、子供のときからずっと参加しています。実地経験は、主にこのアンサンブルで積みました。

それからオリガ・ニキチェンコ先生と一緒にやっているアンサンブル「スタニーツァ」です。私は練習を指導したり、舞台に立ったりしています。とてもよい勉強をさせていただいています。

まだ一年も経っていないですが、ここヴォルゴグラードでコサック伝統歌謡男性アンサンブル「クレーポスチ」を結成しました。ヴォルゴグラード州のコサックの伝統歌謡に取り組んでいます。メンバー

アンサンブル「クレーポスチ」。右端が本人。

はとても熱心です。アンサンブルの構成は方向性が定まる過程で少し変わっていっていますが、本格的な作品に取り組む段階にどんどん近づいていっていると思います。

——お父様のヴラジーミル・スクンツェフさん（一九五四年生）についてもう少しお話を。

父はヴォルゴグラード市で生まれ、コサックの文化を身近に感じながら育ちました。一九八〇年代のロシア社会では、ロシアの伝統文化全般への関心が高まっていったのですが、父の場合はもちろん関心はコサックの伝統文化で、その流れでフィールドワークに出かけたのだと、話してくれたことがあります。あるとき、父が髭を生やして帰ってきたことがありました。子供の私たちはその風貌に驚いたのですが、まあ、ソ連時代ですからね。きちんとした大人が、髭だなんて……。父はそのときは髭を剃ったのですが、その後私たちは髭を生やしていない父を見たことはなかったです。

父ヴラジーミル・スクンツェフ氏と。

　父は初めの頃は一人でフィールドワークに行っていたのですが、やがてフィールドワークに本格的に乗り出す若者たちが出てきました。コサック文化への関心も高まり、若者たちはコサックの大小の村に出かけていくようになりました。「書斎民族学」のように教科書で学ぶというのではなく、自分の直接の経験、伝承者との交流を通じて、これから発展していくための蓄えを得るためにです。そして、全国の若者が興味を持つようになって、大きなフォークロア運動となっていきました。それが一九八〇年代でした。〔コサック・アンサンブル「カザーチイ・クルーク」は一九八六年に創設〕

――現代社会と伝統文化について、現状はどうでしょう。

一九八〇年代以来のその「フォークロア運動」は、今でも収まることがありません。大学では定期的に伝承者のところへフィールドワークに赴いています。幸いなことに、まだグループの大部分は存続しています。もちろん、以前のような大規模なものではないですが。かつては各人口密集地に二～三〇人のアンサンブルがあって、それが普通だったのですが。

今はもちろん状況は少し違います。科学技術の進歩は悪いことではないのですが、我が国は、新しい技術や、新しいシステムにおける、いわば「新しい思考システム」への関心によって、発展していくという構造になっています。対して、古いもの、古来の知恵は消えゆこうとしています。でも、古来の知恵というのは固定された不動のものではないし、新しい意味づけが続いていて、現代社会に少しずつ適応しているんですよね。そして私たちは、そこから未来へのよいヒントをもらうわけで。だって、過去にあった経験や私たちの祖先を受け入れないことはできないですよ。それは、国のためを思い行動している人たち皆が、認識を同じくするものでしょう。だから、現代社会のことを「新しく」「多様に」考え始めると、ある意味、新旧混交の調和に達するわけじゃないですか。

――哲学ですね！

哲学がなくてどうするんですか。フォークロアというのは、本質的には民衆の知恵でしょう。それなしには立ちゆきませんよ。

ロシアの人間のメンタリティ、つまり心というのは、伝統文化なしにはやっていけないように作られているものです。ロシアの人たちがしてきた決定を見れば、それは簡単に説明がつくことでしょう。その辺の人でも、お偉いさんや役人でもね。もちろんこういった先人たちの経験は結果としてあるものですが、それを現代生活とをすぐさま統合することは難しいです。よくある間違いが、「伝統文化の保存というのは元の状態に戻すことだ」という理解の仕方で、これは正しくありません。繰り返しますが、未来への視点と、過去の記憶の「共通のもの」を大事にする必要があるということです。「伝統とは灰を拝むことではなく、炎を伝えることだ」という諺があるでしょう。誰が言った言葉かはわかりませんけど。至極真っ当な指摘です。私たちはそのことを考慮に入れ、理解し、私たちの祖先が託した意味を損なわないようにしなければなりません。

――現在、民俗文化が直面している問題についてはどうですか。

残念ながら我が国には、民俗文化については二つの捉え方があって、「舞台芸術」としての民俗文化をやっている人たちと、「伝統」としての民俗文化を研究している人たちがいるんです。「伝統」の文化のほうは範囲が広くて、包括的で、そこから何らかの部分を切り捨てるというようなことは不可能です。対して、舞台芸術の文化というのはそれ自体が独立したもので、正確に言うと、文脈から切り離された方向性を持つものです。それは「ロシア文化とは何か」という全体像を導き出してくれるどころか、誤解を招くようなものです。そして、その「民族文化」の強力な推進のせいで、ソ連時代に始まったその舞台文化は、現在において共感を得られていないばかりか、嫌悪感さえ呼び起こすものとなっています。あれはわざとらしい、人工的なものです。派手に頬紅を塗りたくって、民族衣装のココーシニキと呼ばれる御大層な被り物を被った人たちを。確かにそういう被り物は存在はしましたが、それをして我が国の伝統文化全体だというのは違います。

ステレオタイプというのはどの国にもあるかと思うんですが、私はバランスがあるべきだと思います。こういうことに縁遠い人たちにわかってもらいたいときはどうするんですか。もしそのせいで事実誤認が起きてしまったときは？　今私たちは伝統文化の意味をすべての人に理解をしてもらおうとしているわけですが、判で押したような、ステレオタイプの偽物文化のほうは、すっと理解させられるでしょうよ。でも、元の伝統文化のほうの経験を持っていないから、ただ状況を悪化させているだけだというんです。あれでは元々の伝統文化は理解してもらえないです。

実のところ、伝統文化というのは、舞台芸術として提示できる以上のものです。舞台芸術にあるような娯楽だけではないです。穏やかで、人が安らぎを見出せるようなものでもあり、何らかの悲しみを通じて、逆に開けっぴろげな歓喜を通じて、自身を解き放つようなものでもある。まったく異なるジャンルが共存するわけですが、伝統文化をこういうふうに（包括的に）捉えるということが、これまではきちんとできてなかったんですよね。

伝統文化は、人の悲喜こもごも全体を包括するものです。なぜなら、伝統文化とは現実の生活だからです。それは生そのものであり、世界観そのものであり、文化そのものです。だから、「伝統的な文化」というときの「文化」というのはあくまで表面をなぞった言い方で、本質的には「現実生活（жизнь ジーズニ）」としか言いようがないということになります。

——さて、今日はこれまでひたすらまじめに伝統文化についての話をしてきたわけですが、普段はアニメの話もするんでしたよね。なぜ日本のアニメに興味を持ったのか、どういう作品が好きなのか、お話しください。〔この後、満面の笑みで話が始まった。が、ニコライ・スクンツェフはオタク（本人談）であった。こだわるあまり、結局全部自分で撮り直すこととなった。以下は、後日著者に送られてきた動画の訳である。〕

私の日本アニメ論

アニメと出会ったのは一八歳ぐらいのときでした。当時私は中専で学んでいて、専攻は「劇場監督（フォークロア）」で、フォークロアの劇場のことを勉強していました。市場や生活の場を題材にした様々な芸能や、人形劇や、影絵劇、もちろん、舞台芸術もです。あと、メイクと照明も。専攻として知っておくべきことを一通り学んで、その他、独学でも、もちろん映画文化のことも勉強しました。専門的なことを調べたり、いろいろ見てみたりして。そのときに、何か新しい、成人が鑑賞するのに耐えうるアニメーションというものに興味を持ったんですよ。で、友人が勧めてくれたのが『DEATH NOTE（デスノート）』でした。そこから私の波乱万丈のアニメ道が始まりました。

二〇〇七年頃はアニメなんて誰も見ていなかったですし、見ている人は超少数派でした。「寄合」などと称して、若者が自分の好きな分野で集まったりしていたんですが、その中に、アニメが好きな人たちのグループもあったんですよ。当時は、自分がアニメファンだとは誰も公言していませんでした。世間的に認められなかったからです。ロシア社会では、アニメーションは成人が見るものとされておらず、それに関連するものはすべて、「くだらない、意味のないもの」とされていました。そこに日本のアニメが好きですだなんて、そんなこと言ったら、表を歩けなかったですよ。「やばいだろうそれ」ってことです。逆に、ものすごく閉鎖的な若者だという認識はされましたね。ヒキコモーリでしたっけ。

で、そういう人たちがやってたんですよね、まあ、「研究して」いたというか、日本文化の世界を。親近感があったから。それから、コンピューターゲームをやっている人たちもいたし、当時はみんな夢中になっていましたが。MMORPGが出たのもその頃でした。そういったものに特化したグループができ始め、その中で知り合ったり交流したりするようになりました。かく言う私もそうでした。他の人と交流するということに興味があったからです。そんな形ででも。で、そういう、よく家に閉じこもって、パソコンの前に座っていた人たちというのは、かなり閉鎖的な人生を送っていて、そこに時間を割いていました。そういう人たちが一番よくわかっていたんですよ、アニメ文化のことを。

ロシアでは今でもまだ、アニメ文化は概して、品性に欠けるものとされています（「大人向け」アニメも多く流入したため）。アニメファンのことを上から目線で見ている人、わけがわからないという人もいます。非難しているけれども、それを口にせず傍観している人もいます。アニメの話が出てきたら、ピーって音を入れるブロガーもいますよ。口に出すなんて、という意味でからかっているわけです。

でも、一五年ぐらい前にはアニメは子供のものだと考えられていたとすると、若者は日本のアニメに対して、どんどんまともな対応をするようになってきていますよね。「おもしろいね」とか、単に「あそう」とか。時間が経つにつれて、いい作品が浸透していって、人々の対応を変えたんです。まあだから、大人にね、『Ergo Proxy（エルゴプラクシー）』を見せて、どう思うって聞いてみるといいですよね。あそこにある思想ってよくわかると思いますよ、教育のある人なら。

さて、私は『DEATH NOTE（デスノート）』のあと、『GTO』を見ることにしました。単細胞で馬鹿なことをやらかしちゃうような主人公が、人として大事なことに気づいていくという話です。ストーリーは学校という場で進んでいくので、ロシアの視聴者の主力は中高生でした。あれはねえ、同年代が共感できる貴重な作品だったんですよね。でなきゃ、あんな人気は出ないですよ。そういう学校が舞台の、成長がテーマのアニメが脚光を浴びたんですが、それは悪いことなんですかね。学校という設定、そこでの人間的な成長や発展はありだし、こっちだって見たいと思うでしょう。ただストーリーを追うだけではなくて。登場人物が活躍するということだけでなくて、人間的な成長ということだと、おもしろいと思うんですよね。階段を上るわけですよ。努力して、前に進んで、困難を克服しながら。

四〜五年前、特に興味を引かれたアニメがありました。『MONSTER』です。昔のタイプの、古典的なテレビアニメだったんですが、何をとっても美しくて、そういったジャンルの特性を余すところなく見せてくれました。私はだいたいが古いアニメが好きなんですよね。アプローチや自然な絵柄が。

アニメで私が特に注目するのは、やはり基本的に、伝統の要素が入った話です。たくさん見て、好きなのはいろいろあるんですけど、私が一番気に入っているのはテレビアニメの『モノノ怪』です。ミステリーとか、心理劇とか、そういうテイストにしてあるというのもあるのですが、最も重要なのは、歌舞伎のスタイルで制作されているということです。襖ががらがらーっと開閉されたり、拍子木がカチカチっと鳴ったりしてね。伝統的な日本の大衆文化というものがここでは土台になっていて、それがものすごくきれいに前に出てる。演出も、全体を貫く緊張感もすばらしい。まあ、ホラーだからってのもありますけど。これって、元は日本の怪談ですよね。

それから特に注目しているのは、『蟲師《むしし》』です。私の素人観点からの日本文化理解ですけど、このアニメは、日本の伝統宗教である神道の世界観にとても近いんではないですか。だから、『蟲師』というアニメ全体のテンポにもリズムにも、私は満足感を覚えるんだと思います。音楽もすばらしい〔ギター教育を受けたニコライとしては、毎回変わるインストゥルメンタルのエンディングには特に注目していたとの談〕。

日本文化を扱った話といえば、『ちはやふる』を思い出さずにはおれません。話の方向とかスタイルからすると、あれは女の子向けの作品なんですかね、わかりませんけど。私が興味を引かれたのは、この作品の根幹になっているのが日本の詩歌だということです。それって、とてもすばらしいですよ。そんなのどこに行ったらお目にかかれますかね。競技かるたって、スポーツでありながら、何というか、優雅で洗練されていますよね。あ、でも根本的にそういうものなのかな、東洋の詩歌が、特に。実はこれ以前にも『ヒカルの碁』というアニメを見ていて、そのときは碁という、これまたすばらしい競技を知ることになったわけです。ルールを勉強しましたよ、私は。すると、アニメの雰囲気がはっきりとわかるようになりました。碁にしてもやっぱりスポーツなんですけど〔チェスはスポーツ扱い〕、同時にそれを通して文化全体が見えてくるんですよね。こういうジャンルに出会って、触発されましたねえ。

次は、歴史の話にいきましょう。日本では若い人たちが歴史から目を背けずに、ちゃんと向き合っていて、ほんとにいいなと思います。長編の中で私が見た最も長い作品は、『銀魂』でした。何がおもしろかったかというと、歴史ものだということと、独特なユーモアがあるということです。あれが日本人のメンタリティということでしょ。まあ、ユーモアもですが、概して作り方が日本的です。現代的な要素もたくさん入っているとはいえ、何にしても登場人物のモトネタは歴史的人物だし、神話を元にしてあったりするし。神話というのは、アニメには必ず出てくる要素ですよね。たとえば、漫画の『鬼灯の冷徹』〔ニコライは漫画も読む〕。あれもすごく好きで。日本人の考える地獄のことがとてもわかりやすく語られていますが、あれもユーモアでしょ。だから、やっぱりメンタリティの話ですよ。あのユーモアは独特で、日本的です。イギリスにはイギリスのユーモア、日本には日本のユーモア。ロシアにも独特のユーモアがあって、それはもっとおもしろいです。少なくとも私たち自身にとってはですが！

日本のアニメは伝統を特別な大事なものとして扱っているという点が、私はとても気に入っています。それは日本人自身からすれば外形を軽くなぞったに過ぎず、さらに深く入り込めるようなものなのかもしれません。伝統文化やメンタリティには惹かれます。実際に日本に行って見てみたくなりますね。

ファンタジーの話にいきます。『カウボーイビバップ』は、ファンタジーの古典ですね。『天元突破グレンラガン』には、大いに触発されました。冒頭で挙げた『Ergo Proxy』は大人向けのアニメですが、一般用というにはほど遠いです。深い、美学的なアニメです。このアニメの肝は、登場人物個人の話だけでなく、人類とは何かという、普遍的な問題を取り上げているということです。古典的作品、古典的な哲学を引き合いに出しながら、遠い未来のようなものの話としてです。『攻殻機動隊』もそうですね。ファンタジーをまとめるにふさわしい作品は、『BLAME!（ブラム）』です。これが今のところ最高傑作だと思います。サイバーパンクとか、ポスト人類みたいなものの話です。

「あなたの好きな宮崎駿の作品は？」と聞かれたら、『風の谷のナウシカ』です。いろんな理由でこの映画が好きなんですが、どうしても魅力を感じないわけにはいかないシーンがあるんですよね。主人公が住んでいる世界が、古代スラヴの公国にものすごく似ているんです。親近感を感じましたよ。

映画やテレビの長編となるとあれもこれも言えるのですが、まず映画の『かぐや姫の物語』ですね。

民話を基にした作品を作るというのは、すばらしいアイデアだし、表現法、絵画のスタイルもすばらしいです。ちょっと脱線して、絵画のスタイルと言えば、最近では『モブサイコ一〇〇』がいいですね。エキサイトすると、絵が簡略化するんです。『ワンパンマン』もそうですよね。あれはおもしろいアニメで好きなんですが、絵のスタイルが変わって、動きの感じが変わって見えます。

テレビの長編だと、神話を基にした史実である『バジリスク～甲賀忍法帖～』を挙げておきます。忍者の話で、ジャンルは「少年」になるんですよね。とても好きなアニメです。古いものが生きているので。これにもまた「未来の記憶」が織り込まれています。思い切った実験がなされているというか、とても重要な人間心理の問題が扱われていると思います。

それから、日常を扱ったジャンルは、挙げるならば、『涼宮ハルヒの憂鬱』と、続編の『涼宮ハルヒの消失』です。ファンタジーなのはわかりましたが、理解が難しかったです。このジャンルで私が特に注目したいのは、テレビアニメの『うさぎドロップ』です。設定のシチュエーションが特殊なんですが、とても繊細で、とても暖かいアニメです。こういったテーマはよく取り上げられるとは思いませんが、日本の社会でも、我々ロシアの社会でも、大きな問題になっていると言っていいでしょう。だいたいまともな人間関係が築けるか否かというのは家庭の中の問題、それも現代社会における父性の問題で、この作品ではそのことを問題提起しているわけです。みんな問題となると騒ぎ立てますが、解決策に関しては語られない。その糸口を探そうともしていないでしょう。

日本のアニメで、というか日本文化全般で、私が何に興味を惹かれるかというと、ロシアの文化と共通する、戦いの精神のようなものがあるように思えるところです。私はコサックの文化をやっていますが、人間教育においては、戦いの精神というのは戦場に行って敵を殺すとかいうことではなくて、人はまず自分の頭の中の問題として、戦士でないといけないということです。そのために教育や学校があるわけで。人は自分の人生において、人生の戦士ではないといけないでしょう。そしてこういうことは子供のときに、文化の中で身につけることです。ロシア人、特にコサックの文化では。この意味では、日本の文化とメンタリティは、我々と共通しています。

でも、我が国の千年前の英雄叙事詩ブィリーナの勇者や、不思議な力を持つ者ときたら、多頭の蛇と戦ったなどという伝説があるのに、現代の映画の中で彼らの話が出てくることは、残念ながらありません。出てくるのはコメディーの中だけです。その結果、勇者がみんなちょっとノータリンっていうか、お馬鹿さんのようになってしまっている。現代に生きている私たちは頭がよくて、古代の勇者は頭が悪いってことです。そういうもの見方しか知らないからですよ。過去ときちんと向きあえていないんです。だから、私たちは別の国を見て参考にして、方向性を模索するのです。私はそういう点で日本のアニメーションには敬意を覚えるので。

我が国では、自国の文化がどれだけ奥深いものかということがわかっていない人が多いです。特に都市部では、なぜ私たちが伝統文化に携わっているのか、研究し、デモンストレーションするのか、理解してもらえないです。そんなの過去の遺物だろうと。過去はお馬鹿さんや遺物だけではないのだということを、私は自分の子供の世代、将来を背負う世代にわかってほしいと思っています。

#12　ミハイル・ゴルシコーフ～エピソードゼロを語る映画監督

Михаил Горшков　一九六五年生まれ。民俗器楽研究者、映画監督、アニメ『ジーハルカ』音楽監督、ヴァイオリンとバラライカの名手（モスクワ）。（二〇二二年一一月二六日、二〇二三年二月二七日録画）

自分が弾きたいものを弾く。歌や、友達や親しかった人を思い出しながら。

私はミハイル・ミハイロヴィチ・ゴルシコーフといいます。モスクワ生まれです。元はエンジニアで地図を作成するのが専門なのですが、早々に子供の教育のほうに移ってしまいました。並行して学術研究もしてきて、ロシア・フォークロアセンターに長く勤めました。フィールドワークに行って、大層なものではないですが、ものを書いたりしたこともあります。私は映画を撮るので、センターでは撮影をして記録映画が作れたというのが一番大きいです。

音楽教育は、音楽小学校に一年だけ通いました。将来有望な生徒のうちの一人だったのですが、生徒が学校に行きたくなくなるような努力を施されまして〔退屈な練習曲をやらされた〕、おもしろくなくなって行くのをやめました。それ以降は、聞いたり交流したりして学びました。私が知っていること、できることというのは実質上、農村を回っておじいさんたちを見て得た知識です。あとは自分で勉強したり、調べたりしました。

今は小学校で働いています。学校には民芸品を展示、製作する場があって、私は子供たちに昔話をしたり、所蔵品や映画を見せたりしています。一緒に粘土細工や木工細工をしたり、いろんな伝承遊びをしたり、歌を歌ったり、楽器を弾いたりするのに挑戦したりもします。民俗文化を知ってもらおうというわけです。粘土細工と言いましたが、私は粘土のおもちゃを集めていて、粘土職人との交流が多いです。そのコレクションで展示会を開いて、国内のいろんな都市の博物館を回っています。

――フィールドワークにはどのようにして行き始めたのですか。

最初のは自分では正式な調査だとは思っていないんですが……。大学卒業後、インターンに行って、その後の夏休みに、レニングラード州ソイキノ半島の祖父母のところに、一週間ほど遊びに行きました。録音機とマイクを持っていましたし、もちろん興味はすでにあったので、そこで調査対象になれそうなおばあさんたちを見つけて、公民館に集めて採録をしました。

でも、それに大きな意味があるとは自分でも思っていませんでした。一九八六～七年当時はフォークロアの音楽が溢れていましたから。モスクワではいつも何かのコンサートが企画されていて、すごい歌い手が来ていました。ベルゴロド州、ペンザ州、リャザン州……とにかく押し寄せるようでした。だから、私が採録した伝統文化なんて、それに比べればまったくもってごくごく質素なものです。当時の録画はどこにも出せてないです。何かやろうとしても中断を余儀なくされてね、どうもうまくいかない。

――その後のフィールドワークは、どなたとどういう場所に行かれたのでしょう。

私の興味の対象は楽器、特に縦笛全般と民俗ヴァイオリンで、それを求めて歩き回りましたね。フィールドワークの大部分は私個人で行ったものですが、最初はセルゲイ・スターロスチンさん〔現ロシア民俗音楽界の大御所〕の主催するモスクワ音楽院のフィールドワークに参加していました。一九九四年から働き始めたロシア・フォークロアセンターで行った調査も、スターロスチンさんと一緒に始めた私の個人の調査の延長上に位置するものです。

スターロスチンさんとはいろんなところに行きました。夏に調査地にボートで行ったことがありました。かなり大きな編成で。年にもよるんですが、一七人だったり、八人ぐらいだったりしました。私たちはトヴェーリ州の西部の、プスコフ州とスモレンスク州との州境の地域を調査しました。私はこの調査を継続しようと試みたのですが、一九九〇年代になるとみんな年齢が上がって生活で忙しく、散り散りになってしまって、調査に集まらなくなってしまった。それは過去の輝かしい記録の一ページですよ。

民俗アンサンブル「ナロードヌィー・プラーズニク」〔用語〕の人たちと行ったものがあります。アンサンブルは今年（二〇二二年）四十周年を迎えましたが、間違いなく、世界でも指折りのアンサンブルです。彼らのレパートリーの原典になっているリノーヴォ村に行きました。

私にとって最も重要な場所はベラルーシのホメリ州ヴェートコフスク地区ストルブン村とその周辺地域で、調査に十年以上費やしました。採録したり、記録映画を作ったりしました。スターロスチンさんのテレビ番組の「世界的に有名な田舎（Мировая деревня）」シリーズでは、夏迎えの儀「稲妻の葬礼」の話をやりましたし。地区の博物館とも調査のことでやりとりがありました。あそこは歌の伝統文化のことをやっていなかったんですが、私は採録していましたのでね。

それから、輝かしい、力強い土地、クルスク州。初めて行ったのは八〇年代末ですが、その後何十年も行くことになりました。マリーヤ・ボチャローヴァ先生のところ、C村、P村やその他の村々です。いろんな人同士の交流があってね。フォークロアが好きな人、村の人たち、研究者の人たち。おもしろい人たちがたくさんいた。とにかく、すごい活気でしたねえ。そういう時代でした。

他には、北ロシアのノヴゴロド州、アルハンゲリスク州。ヴァフ川上流〔ハンティ・マンシ自治管区。西シベリア側のウラル地方〕には長く滞在して、タリヤンカ・ガルモニ〔用語〕の奏者の採録をしました。アニメ『ジーハルカ』の中でかかる音楽が、これですよ。他にも、コミ・ペルミャク人のところに行ったり、ヴォルガ川流域のニージニー・ノヴゴロド近郊に牛飼いの音楽を採録しに行ったりしました。

こういうのは一九九〇年代の話で、いろんな可能性を探っていた頃のことでした。当時はまだ何かやろうと思えばできた。一番の問題は機器や機械の入手ルートでした。フィルムはもう買うことはできたのであとはお金の問題だったんですが、機械のほうは入手に難がありました。入手にね。だから、採録できたものはあるのですが、いつも残念で悲しく思うのは、中途半端なままここまで来てしまったということです。時機を逸して通り過ぎてしまったというか、これは録れていない、これはないってままで。

二〇年前にばりばり動いていた自分のことを今振り返ってみると、私はそれなりのフィールドワーカーだと思いますよ。家系ってのもあるでしょうが。祖父は北ロシアで生涯を過ごし、砕氷船で調査をする仕事をしていました。それに祖父も曾祖父も、魚釣りをする人でしてね。だからどこかに行って回るとか、動いて回るとかいうのは、私にはもともと備わっているんでしょう。ははは。

――一九七〇～八〇年代の社会の民俗音楽および器楽に対する反応というのは、どのようなものだったのでしょう。

　私たちは他の民族のことをあまり見たことがなかったし、すべての民族にはそれぞれの民俗文化というものがあるのだということを、知らなかったんですよね。音楽院に進んで勉強した人や、農村で民謡を聞いて育った人は除きますよ。都会の普通の人は、知らなかったんですよね、ロシア人に民俗文化があるだなんて。

　私たちが目にしていたものというと、三〇年代調の民俗合唱団とかですよ。何と説明したらいいかわかりませんが、あれはね、まともな子供には意味不明だったですよ、ソフトな言い方をすれば。まったくありえない。あれは真実ではない。だって本物じゃないからです。そんなの別にどうでもいいじゃないかという人もいたでしょうが、私個人としては悲しかったり悔しかったりでした。子供の頃にエストニアや他の国に行ったことがあるんですが、そのときに現地の民族の歌を聞いたり、彼らのお祭りの踊りを見たりしました。で、なぜロシア人にはこういうのがないんだと残念に思ったんです。少数民族には美しい衣装があるのにね。なぜこうなんですかね。ありえないですよ。

　私はずっと音楽をやりたくて方法を探していたんですが、音楽小学校や中専や音楽院を卒業しない限り音楽家にはなれないなんて、変な話でしょう。博物館に行って、一六～七世紀の絵画を見てごらんなさいよ。オランダの画家のブリューゲルなどを見ると、そこには音楽をやっている人が描かれているわけですよ。村のお祭りで、バグパイプあり、ヴァイオリンあり、太鼓ありで。で、民衆は踊っている。……そういうの、ないでしょ、ロシア人には。そういうのはまったくなかったんですよ。

楽器といったら管弦楽団の中のもので、音楽を志した人が学校で習うものでした。その他は何もありませんでしたね。すべてを一手に引き受けていたのがギターで、みんな何とかしてそれで歌を歌っていました。最初は七弦ギターで、後に六弦ギターになりましたが。それ以外は何もなかったです。量産型の楽器というとそもそもハーモニカがあったのですが、実はそんなに普及していなかったです。子供のときのことで、私はよく覚えています。子供の頃吹いていたのは、父のハーモニカでした。最初の量産型で廉価な楽器といったら、リコーダーでしたよ。今考えれば、酷い品質でしたが。でも、一九七〇年代には、楽器の量産の何かしらの動きは出ていたということですね。

――あなたの音楽人生にバラライカはどのようにして登場したのでしょう。

若い頃、私はいろんな音楽に興味を持ちました。ヒル・カントリー・ブルースが気に入って、レコードを買ったりしました。デルタ・ブルース、ボトルネックのスタイルがすごくおもしろくて、好きで。それから自分でも楽器を作ってみました。いろいろやってみました。その後、出来合いの楽器に移ったわけです。簡単で、いつでもどこでもどんなときでも使えるような。それがバラライカでした。そして、そうこうしているうちに現れたのが、バラライケルだったというわけです。

――バラライカはどのようにして始めたのですか。

そもそもバラライカには興味がありませんでした。それに好きではなかったです。なぜなら、いかにも判で押したような楽器だったからです。「ロシアのバラライカ」とか何とかかんとか、まったくくだらん。楽器としてもおもしろいとは思いませんでした。だって見ればわかるでしょう、ほらここをこうしてじゃらん、はいどうぞ、ですよ。でも、私は幾ばくかはやっていました。亜流で簡単なものですけど。

初めてクルスク州にフィールドワークに行った後、確か一九八八年だったと思いますが、フォークロアの何かのコンサートがモスクワのグネーシン音楽大学のホールでありました。幕間に、フィールドワークの仲間のスターロスチン夫妻と何人かで、《チモーニャ》〔クルスク州民謡〕を弾くことになりました。スターロスチンさんは角笛、女性陣は縦笛というふうにパートを決めて。その仲間の中にアレクサンドル・コーシェレフさんがいたんです〔バラライカ研究の第一人者。モスクワ音楽院〕。彼は私にバラライカを渡して、「弾き方わかるよな？　音楽わかるよね？」と言うんです。私は、「音楽はわかる。採録してるし、ちょっとは弾くし」と答えます。そのバラライカはとんだポンコツで、「モスクワ80」か何か、弦も酷いもんでした。彼は「こうやるんだ」とやって見せて、で、全員で弾くわけですよ。

一〇分経ちました。私はその音楽自体をばりばりやるほど深くは知らないですから、とにかく弾き続ける、この集まりの中ではみ出さないようにする、それが私の義務だと、ひたすら弾きました。見ると、私は長時間弾くという経験がなかったものですから、指先から血が出てしまっていました。表面板は血だらけですよ。まあ、バラライカを弾き始めたのはこのときからということになりますね。

――バラライカの演奏はそれからずっとされていたのでしょうか。

いいえ。ロシア・フォークロアセンターを辞めて教育の仕事に専念することにしたとき、自分の人生を考え直しましてね。ふと思い立って、そのときからまた演奏をするようになりました。

私はずっと疑問に思っていたんですよ。フィールドワークでおじいさんのところに行って、グースリでも民俗ヴァイオリンでも何でもいいので弾いてくださいと頼むと、「おお、儂《わし》は三〇年も弾いとらんでのう」などと言うんですよ。三〇年とは言わないまでも、長年です。私はそれは不可能だと思ってい

ました。若者にはあり得ないと。それはないでしょ、音楽なしにどうやって生きるんですかね……。

なのに、私は自分だって民俗ヴァイオリンを一二年間も放ったらかしにしていたわけですよ。今、目の前で釘にぶら下がっている、これね。ほとんどまったく手にしませんでした。まったく気力がなかったし、弾こうなどという活力もなかった。まったく。それで弦は伸びて馬鹿になってしまっていて、弦巻は交換しないといけなくなっていました。後で友人の職人のところに持っていって、いろいろやってもらって、それからはまた弾ける状態になりましたよ。そして、このときからまた思い出して、弾くようになりました。長い中断期間でしたねえ……。

その後たまたま、音楽をやる若い人たち、それも器楽の人たちがいて、ものすごく演奏がうまいということを知りました。以前は器楽をやる人はいなくて、フォークロアのコンサートなどではバラライカ奏者というのはあくまで追加ナンバーで、お客さんたちは「奏者がバラライカを持って出て来たということに対して」拍手を送っていたんです。「奏者の腕に対して」ではなく。器楽に関しては、なぜか誰もやってなかったんです。それが、今は若い人たちがこんなにやっていて、私よりも上手に弾いていて、活発な活動をしていて、フェスティバルだとか、発表だとか言っているわけでしょう。すごいと思いました。そして、そういう活動をしている人の中にセルゲイ・クリューチニコフ君がいたというわけです。

それから、彼が企画したフェスティバルやコンサートにも私も関わったりしました。それは私にとって喜ばしかった半面、自分がそこからは遥か低いレベルにいることが残念でなりませんでした〔全くの謙遜。ゴルシコーフはヴァイオリンの名手である〕。私はどれだけ時機を逸してきたのだろうと思いました。センターに勤めていたときは、私には音楽をやる自由な時間がありませんでしたし、楽器を研究はしても、音楽を実践する人間としての自覚は持てませんでしたから。

——セルゲイ・クリューチニコフさんとの交流についてお話しください。

セリョージャ〔セルゲイの愛称〕とは、仕事が終わった後に会ったりしていました。お互い職場が近かったので。あるとき彼が、なぜ我が国では民俗楽器が演奏されないのかと聞くわけです。私はいつものように、伝統が断絶されたからだなどと、よくある説明をべらべらしました。彼は言うわけです。「でも、それは楽器が流通していないからでしょう。アメリカはどうですかね。インターネットでもいい。小さな町の楽器店でいいから見てみたらいいですよ。アコーディオン類だって、マンドリンだって、バンジョーだって、ギターだって、ヴァイオリンだって、何でもある。で、我が国は？」

実際、我が国は楽器店に行ってみても、何もないんですよ。ギターはごまんとありますよ、とてもきれいでいい楽器が。でも、バラライカはない。ガルモニもない。サラトフ・ガルモニはなくなってしまった。生産もされていないし、存在もしていない。「セリョージャ、君の地元のウリヤーノフスク市をちょっと見てみてくれ。サラトフ・ガルモニでよさそうなのを私に買ってくれないか」、「いいサラトフ・ガルモニといったらこんなですよ、緑色のセルロイドで作ってある」、「え、それは酷いガルモニだよ。前に弾いたことがある」、「そうですよ。でも、それが今あるうちで一番いいやつです。それ以外は、外装は古くてまっとうな伝統楽器に見えても、中身がどうなっているかはわからないですよ」……。こんなですから、未だに私はサラトフ・ガルモニは持っていないです。

この後に、バラライケルの話が始まったんですよ。セリョージャはフィールドワークに行って、楽器を収集して、新しく製作していきました。今は、バラライカ博物館と楽器を製作する会社ができたでしょう。すばらしい。ほんと嬉しいですよ。

何年か前のことですが、彼は私の映画の制作発表会に、楽器ケースを持ってやってきました。それは現在「フェスティバル」という名前で販売されている楽器の試作品でした。私はずっと「子供が演奏できるような小さなサイズの楽器がないかね。今のだと手が届かないんだよ」と言っていたんですよね。だからもうね、幸せな気分になりましたよ。楽器を手に取って、五〜六分弾きましたね。「セリョージャ、これはすごい」、「二週間ぐらい預けますので、弾いてください。あとで、感想を聞かせてください」。それで私は二週間、この小さなバラライカを弾きましたよ。幸せでしたね。こんなに弾いて満足を覚えた楽器はなかったです。弦長がちょっとだけ修正されていましたが、とにかくすばらしかった。

三年前、モスクワのソコーリニキ公園で、国内の私設博物館や小さな博物館等の展示会がありました。そこでバラライケルが楽器を展示していたので、私は行って、彼と再会しました。「私は初めて『フェスティバル』というバラライカを見るんだけど。弾いてもいいかな」、「いいですよ、どうぞ」。私は手に取って弾き始めました。弾いているうちに、これを手放したくないと思えてきました。「セリョージャ、このバラライカを買いたいんだけど……」、「え、何ですって。これは展示品で、傷んでいますよ……」、「あのね、ただ『いいよ』って言えばいいよ」。彼はその楽器をあっちこっち見ていましたが、「じゃ、持って帰ってください」となりました。それでその楽器を手放さずにいたんですが、確か、半年前に弦を一度替えただけでした。やっぱり弦は切れましたね、一本。私はこれまでこんなに弾いたことはないというほど弾きましたよ。ちょうどコロナで家にいないといけませんでしたから、時間はあったんでね。

別の小さい楽器「クレスチヤンカ」〔バラライケル製作の復元楽器。棹にはフレットが打たれておらず、代わりにナイロン製の糸が巻き付けてある〕も、私を喜ばせてくれました。このバラライカにも私は満足して、半年間はこの楽器だけ弾いていました。特に夜にひとりでいるときね、弾いちゃいますよ。

「クレスチヤンカ」を調弦する。

だから、こういうのがあってくれてよかったと思います。私が教えに行くと、子供たちがケースからバラライケルのバラライカを取り出すんですよ。私は言うんです。「あのね、先生たちがどんな楽器を使ってバラライカを覚えたかって、想像もできないと思うよ。もしこんなバラライカがあのときあったとしたら、どんなによかったことか！　今君たちが手にしている楽器は、調弦がきちんとできる、弾くと音がしっかり出る、弦は柔らかくて、どこもここもソフトで、きちんと仕上げがしてあるでしょう。なんてすばらしいんだろうね。なんて幸せだろうね」と。

――アニメ『ジーハルカ』でのあなたのお仕事についてお聞かせください。

監督のオレーグ・ウージノフとは知り合いでね。彼の映画の音楽を録るのに私を呼んでくれたことがあって、ガルモニが弾ける知り合いの女の子と一緒に行って、二人でいろいろ弾きました。映画が完成してから見ましたが、私たちが弾いたものは痕跡すらなかったですね。全然わかりませんでしたよ、あれもこれもごちゃまぜで。まあでもいいです、映画が無事にできたので、それでよしとしましょう。

それから何年か経って、オレーグが電話をしてきて言うんです。「ミーシャ〔ミハイルの愛称〕、また映画なんだけど音楽が要るんだよ。ガルモニが欲しいんだけど、ちょっと来て、見てくれないだろうか」。それで行ってみたら、彼は自分が気に入ったという映画の音を聞かせてくれました。私はガルモニは弾かないとは、言ったんですが。それから、オレーグが作った映画を見てみたんです、まだ音楽が入ってないやつをね。それがね、何だかえらく心に残ったんですよ。信じがたいことなんですが、あそこに出てくる子供が、本当に存在しているような気がしてしまって。実は当時私の五歳になる娘がほんとにあんなふうで、体型も『ジーハルカ』に出てくるような感じでね。丸顔で、あんな目で。行動も同じですよ。しっかりした子なんです。オレーグが「どうだ、できるか」と言うので、「わかった、やろう」と答えました。私はガルモニでやらないといけないのはわかっていたのですが、気持ちとしてはいつでも、見ている人には本物のいい音楽を聴いてほしいと思っていました。

『ジーハルカ』はウラル地方の民話で、映画の題字の下に「ウラル・コサックが孫娘に語って聞かせたお話」と書かれています。ウラルというと、私はヴァフ川上流で採録をしたことがありましたから、いろいろやってみたんですよ、こういう調子ではどうか、こう弾いてはどうか、女の子たちが踊っているのはどうか、するとお婆さんたちがあっちで見ていることになるからそれだとこうしたらどうか、村を練り歩くのはどうか、村から村へ歩くのはどうか、けんか歌だとどうかとか。こういうことをいろいろやってみるんですが、実際はね、ガルモニ奏者なんて村に一人、地区全体で見たって五人しかいない。なのにこっちは、あれもこれも数をやろうとしているわけで、何か新たに採録する代わりに、同じ人がいろんなのを弾いているようにしようと、こっちが思いつかないといけなくなっているわけです。

だいたいね。オレーグが私を呼んだのが遅すぎたんですよ。もう映画の納期が迫っているというのに、半年でどうやってできるっていうんです？　どうしたものかと、私はいろいろ弾いて録音したんです。伝統伴奏曲じゃないものもね。それが映画の最初に流れる《ワルツ》でした。調査で採録したことがあったんですが、曲の名前は覚えていないです。私にこのワルツを教えてくれたのは、ウラル地方の女の子でした。当時みんな仲がよくて、一緒にフェスティバルに行ったりしました。そのとき彼女は、「ミーシャ、ほら、ワルツはこうやってやるんだよ」と教えてくれたわけです。本人は覚えていないんですが。

先週、小学校にバラライケルの「クレスチヤンカ」と普通のバラライカを持っていって、楽器のことをあれこれ説明して、一年生にこのワルツを弾いてみせたんですよ。すると、子供たちは「これ、アニメの音楽！」「ジーハルカだ！」って言うんですね。それで、ああやってよかったと思いましたよ。

でもねえ、あれは何と言ってもやっぱり主人公の女の子ですよ。声優とは知り合わなかったけど、あれはすばらしいですよ。「ジーハルカ」の女の子、もし彼女が声を当てていなかったらと思うと……。

——インターネット世代のバラライカ奏者についてお話を聞かせてください。

ヴォロージャ・ユーリエフ君とは知り合いです。クリューチニコフ君が仲間たちと一緒にバラライカの一連の企画をやっていたときには、顔見知りになっただけでした。その後、リペツク市で粘土作家イヴァン・チェグンの展示会があって、私は自分の作ったものを持って行ったんですが、その開会式でヴオロージャと一緒に弾いたんですよ。私はヴァイオリンとバラライカを持ち替えながら、ちょっとしたものをね。彼と弾くのはとても心地よかったです。とても穏やかでいい人で、裏表のない人です。音楽に表れていますよ。彼の弾き方も、こだわりもすごくいいと思います。私は彼のYouTubeとＶＫの「リペツク州のフォークロア」という企画が好きでね。彼は出かけていって、採録して、その写真や動画を特段凝った仕様にしないでアップするんですが、そういう活動をしているということ自体、彼は立派だと思います。あのね、誰かの人生について書かれた本を読んでいて当人がすぐそばに住んでたということがわかると、なんで会いに行かなかったんだろうって思うわけでしょう。それでどれだけ歳月が過ぎたかって、いつも驚くわけです。だから、列車に乗って、ほんとに会いに行ってきましたよ。

それから、モスクワにパーヴェル・コルバンコーフ君という人がいるでしょう、控えめで穏やかな。この人はもうすっかり成人ですが、最近になってバラライカに目覚めた人ですよ。おじいさんがバラライカを弾いていたんだそうで。彼は展示会やら講演会やら撮影やらをやっていて、バラライカの音を録るそうだから、私も明日手伝いに行くんです。

こういう人たちと何か一緒に弾けるような機会があるといいなと思うんですがね。セルゲイ・チェルヌィショーフみたいにね。うちに来て一緒に弾きましたよ。録音しましたけど。また何か考えようと思います。ただ話をして、弾いたりできるような機会をね。

ニコライ・チェレーギン君もまたすごいバラライカの好きな人でね、とにかくバラライカがとことん好きなんでね。「ゴルシコーフさん、一か月に一回一緒に弾きましょうよ」って言って、去年一回うちに来て、弾きましたよ。ここの台所で。その後、私は転んで手を骨折してしまったので、延期になってしまいましたけど、復活できるといいなと思っているところですよ。

彼もマクシム君も、青少年スタジオ「ヴェトカ」の出身ですよね。私は一九九〇年にそれまでの仕事を辞めて、モスクワ食品工業技術工科職業専門学校で青少年教育の仕事を始めました。そこには熱心な女の先生がいて、子供たちに教えてほしいというのでね。当時は「ナロードヌィー・プラーズニク〔用語〕」が活動を始めていたので、私はその後を追いかけるようにして、そこで器楽を担当することにしたんです。そのサークルが発展して、「ヴェトカ」になって、一九九〇年代に一世を風靡したんですよね。男の子も女の子も、とにかくたくさんいました。二〇一八年のKTI創設の際に、バラライカに特化した活動をするということを、マクシム君たちと話しました。そのとき一緒に演奏もしましたよね。

——以前、あなたは「生活の中の音楽」が好きだとおっしゃっていました。それはあなたのキーワードだと理解しているのですが、どうでしょう。

いいえ、それはただの用語というだけで、キーワードではないです。「生活の中の」という語は、私としてはまったく気に入りませんね。

音楽っていうのは、何があってもただ「音楽」ですよ。音楽、演奏、生活……。私個人としては、これらはまったくの同義語です。私にとっては。何があろうとも、音楽なしには生活はないです。私個人にとってはね。故に我ありです。「演奏文化」というのもまた違う。それは、具体的な演奏される作品を主軸にした言い方ですよね。私は、音楽とは「音が鳴り響いている空間」だと思います。「簡単な」音楽が好きだし、「原始的な」「原初的な」などと言われる音楽、アフリカのピグミー族、太平洋のオセアニア人……。私が興味があるのはそういうのなんです。音楽が生まれて、存在するという状態です。

以前、まだクルスク州のP村に調査に行っていた頃、「音楽はいつ始まるのか」ということを議論したものでした。バラライカ奏者が弦を打って音を出した瞬間か、それとも楽器を置き場から手に取った瞬間かとね。でも後で思ったんですが、要は音楽って、止まっていることはないんですよね。

私はクルスク州で音楽の教育を受けたことになります。私の師匠のボチャローヴァ先生です。先生は音楽のこと、音楽へのかかわり方、ほんとうにたくさんのことを私に教えてくれました。ニュアンスや繊細さの話とくれば、何をおいても先生でしたし、エゴールおじさんでした。C村のヴァイオリン奏者、バラライカ奏者というのは、手取り足取り教えるというわけではなかったです。「ほら、ミーシャ、こうやるんだよ」ではない。人はどんなふうに交流したり、ものごと進めたりするかということを通じて学ぶんです。弦へのタッチの仕方も同じです。そういう弾き方をするとどうなるか。弦を切ってしまうか、音がびびってしまうか、はたまた、鳴って、しゃべり始めるかってことです。

奏者にとって最上の評価とは何だと思いますか。それは、弾きながらものを言っているということですよ。しゃべるように弾いているということ。そしてそこで大事なのは、母語です。

二〜三年前に、たまたまインターネットでロシア・ジプシーの音楽に行き当たったんですよ。私は子供のときにニコライ・スリチェンコが好きで聴いていたので、ちょっと聴いてみようかと、その上の世代のを聞いてみました。六〇年代、四〇年代のロシアにいた、ヴラジーミル・ポリャコーフやユル・ブリンナーです。この人はユーリー・ブリナーというロシア出身のアメリカの俳優ですが、ロシアでは伝説となっている映画『荒野の七人』に出演した人です。黒澤明の『七人の侍』のリメイク版のアメリカ映画ですが、知っていますよね？

私はバラライカを持って、彼らはどうやって弾いているんだと思いながら、一緒に弾いてみました。でもだめでしたよ。私は当時七〇歳だったというポリャコーフの録音と一緒に弾いてみたんですが、彼が弾いているのが、私には理解できない。一緒に弾けないんですよ。リズミカルな演奏がどうやったってできないんです。全然感覚が違う。時間も動作もまったくね。わけがわからない。何でだろうと思いました。だからね、母語が違うとこうなるってことなんですね。

私はバラライカをこの楽器の母語というべきドミソ調弦にして、いろんな歌を弾いています。昔の私だったら、そんなのは弾いちゃだめだって言ったでしょうよ。「正統派の音楽だけやれ」って義憤に駆られた、フォークロア運動に従って。でも今はね、ちょっと違いますね。いつ弾きますかね。時間はもうそんなに残っちゃいないですよ。自分の楽しみのために弾きたいじゃないですか。自分が弾きたいものを弾く。歌や、友達や親しかった人を思い出しながら。この人なら気に入ってくれただろう、この人となら歌っただろうとね。過去や子供のときのことを思い出しながら。今はもういない人を思い出しながら弾くんです。ああそうだな、彼らのために弾こうかなとね。私の人生はこんなふうに過ぎて行っています。

それでさっきの話に戻るんですが、「生活の中の」音楽というのはうまくないですよ。「生活の中の」というのは単なる術語なんで、それはうまくはない。そうでしょ。「家の中でやる音楽」というのも違いますね。何か別の言い方が必要だと思います。

――バラライカを弾く人たちにメッセージをお願いします。

私にとってバラライカというのはいつも手近にあるというだけで、ちょっとじゃらんとやろうかという感じで最もよく使う楽器です。私はバラライカだけではなくていろんな楽器を弾きますので、皆さんへのメッセージとなると、音楽全般とか、人と音楽との関わりですかね。ぱっとは思いつかないですけど。音楽を聴くことですかね、音楽を聴く。

皆さんに何か言うとしたら、一つの楽器だけに限定しないで、いろんな楽器をやってみてください、ですかね。だって、楽器にはそれぞれの音や音色があるし、自分になじみやすい点が何かなんて、わからないでしょう。人と付き合うのとまったく同じことです。そしたら、何かおもしろいものが開けてきますよ。ある楽器ではおもしろくなくて、何も出てこないかもしれないですが、別のだとうまくいくかもしれませんよ。気に入った楽器をやればいいです。今は楽器の選択肢はたくさんあるでしょう。音楽というのは、一つの楽器から別の楽器に伝わっていくものでしょう。

だからね、皆さん、音楽を聴いてください。ボチャローヴァ先生がおっしゃったようにね、「音楽を聴きなさい」、「それについて考えなさい」、「そしたら弾けるようになりますよ」、これですべてです。つけ足すことは何もないですね。簡単なことですよ。難しく考えてじたばたする必要はないです、暇じゃないんだから。何だって自ずと開けてくるもんなんです。おもしろいことはいっぱいあるんですよ。だから、生きて、その喜びを感じるんです。

＊以上のインタビューは、著者のYouTubeチャンネルで公開している動画を文字起こししたものである。インタビューにあたっては事前に質問を送り、ある程度の答えを得たうえで、Zoomを通じて撮影を実施した。

動画には本人提供の写真や本人ＳＮＳのスクリーンショットなども利用し、録画は一本一五分程度に編集して二～四本作成し、相手に見せて調整し、最終的に許可を得たうえで公開した。写真はすべて本人提供による。全動画に和訳字幕をつけてある。

一二名分の聞き取り動画は、左下のＱＲコードからアクセスできる。

内容は基本的に動画に忠実だが、話の順序など著者が整理したところもある。また文中の〔〕は著者による補足である。

おわりに

学生時代、中澤英彦先生のロシア語の授業で先生が引用された言葉が、一般教養の哲学で習ったばかりの誰かの言葉だったと思い、聞きに行った。すると、先生は笑いながら「そんな偉い人の言葉ではないです。ロシアではそんなこと、誰でも言えるんですよ」とおっしゃった。それが二十歳そこその著者にはあまりに強烈だったのだが、実際にロシアでロシア語でロシア人とやり取りするようになってから、こういうことかと驚嘆したものだ。他ならぬロシア文学を生み出した国である。土壌自体が肥沃なのだ。ジーズニ жизнь（人生、生活の意）は本の中と言わず、その辺に転がっている。本書第三章の証言にしても、第二章の文化の歴史にしても、「奇なり」、いや、小説やアニメの話が眼前で展開されているが、それが外ならぬ現実なのだと認識して感嘆すると言ったほうが近いだろうか。もっとも、それは音楽文化の人たちがこと内面豊かで、深くて、ひたすらまっすぐな人たちだからかもしれないが。

さて、ロシアの実態だが、伝統文化への無理解は、どうしようもないほど浸透している。国策の「民族文化」のほうをロシアの伝統文化だと認識している人のほうが、圧倒的に多いのだ。著者の例を挙げると、在日ロシア人で伝統バラライカの話がまともにできた人はこれまで一人だけで、ほとんどの場合、著者は奇異な目で見られる。ロシアの学会では、伝統バラライカの話をしても、ともすると質疑応答で民族楽器オーケストラや音楽学校の自慢をされ、勉強しろと言われるという頓珍漢なことが起きることもある。これが、「ソ連の長兄」ロシアの、長年のヨーロッパコンプレックスのなせる現状である。

だが、そのような環境にあって、「伝統とは何か」という問いを自らにつきつけ、知ろうとし、実践しようとしている人たちは確かにいる。本書では特に制度の外にいる人たちの声を、一部ではあるが知っていただけたと思う。バラライカ博物館が設立された二〇一三年以降注目していたインターネット世代の活動の研究を、二〇二〇年から科研費で賄えることになったが、相次ぐ厄災で現地調査の機会をあっけなく奪われた。それでも、まさにそのインターネットを通じて、聞き取りと本人発信の情報収集だけでも続けることができたのは幸いだった。動画作成におもしろがって協力してくれた一二人の奏者には、深く感謝の意を表したい。なお、著者のYouTubeチャンネルは、趣向を凝らしながら現在も更新中であり、読者の皆様には続きもご覧いただけたらと思う。

第一章執筆時、YouTube動画のおかげで現地情報を見ることができたのは大きかった。加えて、ロシア領内の演奏家であるタタルスタンのルスラン・ガビトフ氏、アルタイのケゼル・ダンジェーエフ氏、ロシア各地で民俗音楽の撮影を続けるYouTuberのドミートリー・マトヴェエンコ氏、タジキスタンの楽器職人のサイドノディル・ハイダロフ氏には、貴重な現地の証言をいただいた。また、ドンブラ研究者の東田範子氏、ウズベク・ドゥタールの駒﨑万集氏、キルギス・コムズのウメトバエワ・カリマン氏、トプシュールの等々力政彦氏、バラライカの北川翔氏といった、日本でも活躍する奏者の存在を知り、心強く思った。皆様には、ご協力を感謝するとともに、今度の音楽活動のご成功をお祈りしたい。

旧ソ連圏の文化状況を踏まえロシアのバラライカの現状を例えて言うならば、他人の家や庭のことをあれこれ指図する人の部屋が散らかっている状態なのを見かねて、粛々と片付けている人がいるといったところだろうか。「自分からは逃れられない」とロシア人はよく言うがその通りで、どこまで行っても、それは自分の部屋、自分の家、自分の庭、自分の文化、自分の伝統、自分の歴史である。ロシアは実際のところ、制度自体や運用がまずくても、当事者意識を持って制度の隙間から出発して奮起した人たちが支えてきた国だということを、このバラライカの文化状況は示してくれるように思う。

本著執筆に関しては、ほんとうに多くの方にご協力をいただいた。ロシアの研究者、先生方、友人は名前を挙げきれないほどなので、心苦しいが、日本語版の本書では割愛させていただく。日本に関しては、言語学の渡部直也氏、ロシア民俗学の熊野谷葉子氏には各専門分野で、博士課程時代の指導教官である佐々木史郎先生には、肝心なところで大局的な見方をお示しいただいた。そして、何より群像社の島田進矢氏には、このどこまでも変則的な著書にご対応いただいたばかりか、常に新しいヒントをいただいた。ただただ、感謝するのみである。

戦争の一日も早い終結と、人の心の安寧を祈りつつ。

二〇二四年二月十五日　冬と春が出会う、迎接祭の日に

主要参考文献

第一章

【概説】

柘植元一監修『文化遺産のデジタルアーカイブＤＳＲシルクロードの音楽』 http://dsr.nii.ac.jp/music/index.html
柘植元一　一九九二『シルクロード楽器の旅』、音楽之友社。
江波戸昭　一九九二『世界の音 民族の音』、青土社。
森田稔『ソビエト民族音楽選集（レコード解説）』、新世界レコード社。
ユネスコ無形文化遺産リスト　https://ich.unesco.org/en/lists
小松久男他編　二〇〇五『中央ユーラシアを知る事典』、平凡社。
小松久男編　二〇二三『中央ユーラシア文化事典』、丸善出版。
庄司博史編　二〇一五『世界の文字事典』、丸善出版。
庄司博史編　二〇二二『世界の公用語事典』、丸善出版。
Вертков К.А. и др. ред. Атлас музыкальных инструментов народов СССР. М.: Музгиз, 1963.
Есипова М.В. ред. Музыкальные инструменты: Энциклопедия. М.: Дека-ВС, 2008.
Музыкальная энциклопедия онлайн (1973-1982). https://www.musenc.ru/
Oxford Music Online. Grove Music Online. https://www.oxfordmusiconline.com/grovemusic
ATLAS of Plucked Instruments. https://www.atlasofpluckedinstruments.com/index.htm

【ドンブラ】
東田範子　一九九九「フォークロアからソヴィエト民族文化へ『カザフ民族音楽』の成立（一九二〇～一九四二）」『スラヴ研究』第四六号、一～三二頁。
東田範子　二〇〇五、「音楽」『中央ユーラシアを知る事典』平凡社。
東田範子　二〇一九「ドンブラ」、東洋音楽学会第七〇回大会セッション『民衆的楽器のあり方――ユーラシアの有棹撥弦楽器を比較する』（口頭発表）。
坂井弘紀　二〇〇五「英雄叙事詩」『中央ユーラシアを知る事典』、平凡社。
Ассамблея народа Казахстана Казахская домбыра. https://assembly.kz/ethnos/ru/kazakhi/muzyka/kazakhskaya-dombyra/
ウフラス記念民俗楽器博物館ＨＰ（カザフスタン）https://yqlasmusmuseum.kz/

【キルギスのコムズ】
ウメトバエワ・カリマン　二〇一五「クルグズ共和国における楽器改良：ソ連時代から現在にいたるまで」『東京藝術大学音楽学部紀要』第四一号、一～一七頁。
ウメトバエワ・カリマン　二〇一四『クルグズ共和国におけるコムズの変遷：民俗楽器から国のシンボルへ』、東京藝術大学提出博士論文。
等々力政彦　二〇〇七「トゥバの三弦の撥弦楽器ドシュプルールとその歴史――モンゴルの楽器と古代テュルクの楽器クブズとの比較を中心に」小野田俊蔵・岡本康兒共編『音のシンポジウム――三味線のルーツを探る』、佛教大学アジア宗教文化情報研究所、四～一一頁。
Есипова М.В. История и география распространения древнетюркского термина «кобуз» («музыкальный

инструмент») // Научный Татарстан. 2013. №3. С. 26–35.

【ドタール】

ウズベキスタン無形文化遺産サイト「バフシ芸術」http://ich.uz/ru/materials/audio-materials/490-bakhshi-art

Матякубов Ш. Б. Искусство бахши в Узбекистане // Вестник науки и образования. 2019. № 12(66), ч.1. С. 111–113.

Зияева М. Роль дутара в исполнении узбекской традиционной музыки и школы исполнения // Вестник науки и образования. 2019. №11(65), ч.1. С. 103–105.

Дутар—душа туркмен // State news agency of Turkmenistan, Electronic newspaper «Golden age». https://turkmenistan.gov.tm/index.php/ru/post/56008/dutar-dusha-turkmen

Давлатзода Б. Д. Таджикские щипковые хордофоны в системе национального ансамблево-оркестрового музицирования: этноорганологическое исследование: Дис. ... канд. искусствоведения / Таджикская национальная консерватория им. Талабхуджи Сатторова, 2023.

Турабоева Б. Р. Дутор и его роль в хорезмском музыкальном искусстве // Вестник науки и образования. 2019. № 13(91), ч.1. С.88–90.

【トプシュール】

赤坂恒明　二〇一八「森田稔先生によるラジオ放送番組『トゥバの音楽』」『早稲田大学総合研究機構誌プロジェクト研究』第一三号、五三〜六八頁。

等々力政彦　二〇一二『トゥバ音楽小事典』、浜松市楽器博物館。

Masahiko Todoriki Archaic Oirat substratum of the “circa-Altai musical Kulturkreis” in Tuva / Архаичный ойратский

субстрат среднеалтайского культурного круга в Туве // The New Research of Tuva. Sep. 2017.
Кончев В. Е. Школа игры на алтайском комусе. Г.-Ал.: Министерство культуры и кино Республики Алтай, 2004.
Анохин А. В. Народная музыка тюрков и монголов. Г.-Ал., 2005.

【カフカス】（多くの部分を YouTube の解説と視覚情報に拠った）

久岡加枝　二〇二〇『グルジア民謡概説 〜謡《うた》に映る人と文化』、スタイルノート。
ジョージアの民族楽器（ジョージア）https://www.hangebi.ge/rus/instruments.html
V・D・ポレーノフ記念国立ロシア民族芸術館ＨＰ（モスクワ）http://www.rusfolk.ru/
同ダゲスタン共和国支部 Дагестан: https://dagfolkkultura.ru/
同イングーシ共和国支部 Ингушетия: http://folklor-ri.ru/
同北オセチア共和国支部 Северная Осетия: http://irfolk.ru/
Абдулаева М. Ш. Этномузыкальные традиции в многоуровневой структуре идентичностей народов Дагестана // Теория и практика общественного развития. 2013. №2. С. 155–159.
Абдуллаева Э. Б., Магомедов А. Д. Традиционные музыкальные инструменты Дагестана: Современные практики изготовления // Исторические, философские, политические и юридические науки, культурология и искусствоведение. Вопросы теории и практики. 2016. №11(73), ч. 2. С. 13–17.

【バラライカ】

Белов С. И., Бандас Л. Л., Минин А. Е. Щипковые музыкальные инструменты. М.: Гослесбумиздат, 1963.
Бандас Л. Л., Кузнецов И. А. Производство и ремонт щипковых музыкальных инструментов. М.: Легкая и пищевая

промышленность, 1983.

Бойко Ю. Ф. Современное состояние народных инструментов и инструментальной музыки русского Северо-Запада. Дис. ... канд. искусствоведения. Ленинград, 1982.

В. В. Андреев. Материалы и документы / сост. Б.Б. Грановский. М.: Музыка, 1986.

Вертков К. А. Русские народные музыкальные инструменты. Л.: Музыка. 1975.

Галахов В. К. Искусство балалаечников Дальнего Востока. М.: Советский композитор, 1982.

Имханицкий М. И. У истоков русской народной оркестровой культуры. М.: Музыка, 1987.

Имханицкий М. И. История исполнительства на русских народных инструментах. Учебное пособие для музыкальных вузов и училищ. М.: РАМ им. Гнесиных, 2002.

Кирюшина Т. В. Первая и вторая жизнь костромской рожечной традиции //Материалы международного семинара «Человек, создающий музыку» (рукопись), 1998.

Кошелев А. С. Некоторые особенность собирания народной балалаечной музыки на юге России // Методы музыкально-фольклористического исследования. М.: МГК им. П.И. Чайковского, 1989. С. 95–112.

Кошелев А. С. Русские балалаечные наигрыши. М.: Современная Россия, 1990.

Мациевский И. В. Основные проблемы и аспекты изучения народных музыкальных инструментов и инструментальной музыки // Народные музыкальные инструменты и инструментальная музыка. М.: Советский композитор, 1987.

Мехнецов А. М. Аннотация к грампластинкам «Гуди гораздо» (Народные музыкальные инструменты Псковской области). Пластинка 1 — Ярмарочная игра, 2 —Плясовые наигрыши. М.: Мелодия, 1987.

Нечепоренко П. И., Мельников В. И. Школа игры на балалайке. М.: Музыка, 1991.

Нечепоренко П. И. (интервью с Юноки К.) Павел Нечепоренко. “Я всегда должен сказать правду...” // Народник, 1996, №4. С. 8–11.

Оркестр имени В.В. Андреева / сост. А.П. Коннов, Г.Н. Преображенский. Л.: Музыка, 1987.

Ровинский Д. А. Русские народные картинки. СПб.: 1881

Самодеятельное художественное творчество в СССР: Очерки истории. / РАН ГИИ. СПб.: Дмитрий Буланин, 2000.

Соколов Ф. В. Русская народная балалайка. М., Советский композитор, 1962.

Создатель Великорусского оркестра В.В. Андреев в зеркале русской прессы (1888–1917 годы) / сост. А.В. Тихонов. СПб.: Предприятие Санкт-Петербургского Союза Художников, 1998.

Фаминцын А. С. Домра и сродные ей музыкальные инструменты русского народа: Исторический очерк. СПб.: 1891.

Шабунина О. М. Василий Васильевич Андреев: концертная деятельность в контексте русской музыкальной эстрады конца XIX —начала XX века. Дис. ... канд. искусствоведения. Москва, 2019.

Юноки-Оиэ, К. Воспоминания А. Б. Шалова о Б. С. Трояновском // Народник. 2001. № 4. С. 23–26.

Юноки-Оиэ К. Балалайка в бесписьменной традиции довоенного времени: Исследовательский очерк. М.: РАМ им. Гнесиных, 2004.

Юноки-Оиэ К. Музыкант-центр развлечения в ночном гулянье // Сборник статей Международной конференции «Ночь — II: ритуалы, искусство, развлечения». 2009. С. 201-218.

Юноки-Оиэ К. Становление концепции актуализации в русской традиционной народной культуре // IV Всероссийский конгресс фольклористов. Т.1. 2018. С. 270–277.

Юноки-Оиэ К. Культура народной балалайки и ее носители сегодня // Живая старина 2019. № 2. С. 10–13.

著者（柚木かおり）の日本語による主要文献

二〇〇六『民族楽器バラライカ』ユーラシア研究所、ユーラシアブックレットNo八八、東洋書店。

二〇〇五「ソ連文化政策が民俗音楽にもたらしたもの：バラライカ『モスクワ八〇』と奏者たち」『総研大文化科学研究』二〇〇五年第一号、一一～二五頁。

二〇〇六「民族楽器の大量生産：バラライカとソ連の五カ年計画」『東洋音楽研究』第七一号、六五～八二頁。

二〇〇七「一九三〇～四〇年代コストロマ農村におけるバラライカの演奏の場」『ロシア語ロシア文学研究』第三九号、八五～九一頁。

二〇一二「新兵見送りの歌とその社会的文化的背景：一九四〇年代コストロマ州ネレフタ地区の事例から」『ロシア語ロシア文学研究』第四四号、二一九～二三七頁。

二〇一六「教育の現代化と地域主義：民俗音楽におけるモスクワの二つの事例から」佐々木史郎編『ポスト社会主義以後のスラブ・ユーラシア世界――比較民族誌的研究』、国立民族学博物館、七一～九四頁。

二〇一六「ロシアの民俗バラライカの演奏文化の再興」『東洋音楽研究』第八一号、一三七～一五〇頁。

日本語で読めるロシア・フォークロア関連文献

伊東一郎編　二〇〇五『ロシアフォークロアの世界』、群像社。
熊野谷葉子　二〇〇七『チャストゥーシカ　ロシアの暮らしを映す小さな歌』、東洋書店。
熊野谷葉子　二〇一二「チャストゥーシカにおける歌詞・音楽・身体動作の相関関係―コストロマ州ネレフタ地区の調査資料より」『ロシア語ロシア文学研究』第四四号、一九三～二一八頁。
熊野谷葉子　二〇一二「サラトフ小唄の流行と衰退に見るヴォルガ沿岸のロシア・フォークロア」望月哲男他編『文化空間としてのヴォルガ』、スラブ・ユーラシア研究報告集第四号、一〇五～一一八頁。

熊野谷葉子　二〇一七『ロシア歌物語ひろい読み』、慶應義塾大学出版会。
塚崎今日子他　二〇二三『北ロシアの暮らしとフォークロア』、丸善雄松堂。
中村喜和編訳　一九九四『ロシア英雄物語：語り継がれた《ブィリーナ》の勇士たち』、平凡社。
A・F・ネクルィローヴァ（坂内徳明訳）一九八六『ロシアの縁日：ペトルーシカがやってきた』、平凡社。
坂内徳明　一九九一『ロシア文化の基層』、日本エディタースクール出版部。
ロシアフォークロアの会なろうど編　二〇一八『ロシアの歳時記』、東洋書店新社。
＊「ロシアフォークロアの会なろうど」の定期刊行物である会報「なろうど」はフォークロアの各分野を網羅しており、お勧め。

画像情報

本書に関連する動画は、以下のQRコードでアクセスできるインターネット上のページ（https://gunzosha.cart.fc2.com/ca9/290/）のリンク集から見ることができる。

柚木 かおり（ゆのき かおり）

東京外国語大学ロシヤ語学科、同大学院博士前期課程、総合研究大学院大学博士後期課程修了。博士（学術）、кандидат культурологии（モスクワ、国立芸術学研究所）。モスクワに2度留学（1995〜97年、2000〜04年）。現在、立命館大学衣笠総合研究機構プロジェクト研究員、関西外国語大学非常勤講師。著書に『民族楽器バラライカ』（東洋書店）、『ロシア語練習プリント』（小学館）、『はじめてのロシア語』（ナツメ社）、«Балалайка в бесписьменной традиции довоенного времени : исследовательский очерк» (РАМ им. Гнесиных) など。日露両国で研究発表、文化交流に従事。モットーは、「バラライカがあってねこがいれば一家は安泰」。

本書の出版は JSPS 科研費 JP20K21944 の助成を受けたものです。
This work was supported by JSPS KAKENHI Grant Number JP20K21944.

ロシアの弦楽器《げんがっき》バラライカ　過去から未来へ

2024 年 3 月 13 日　初版第 1 刷発行

著　者　柚木かおり

発行人　島田進矢

発行所　株式会社 群像社
神奈川県横浜市南区中里 1-9-31 〒 232-0063
電話／FAX　045-270-5889　郵便振替　00150-4-547777
ホームページ　http://gunzosha.com　E メール info@gunzosha.com
印刷・製本　モリモト印刷

カバーデザイン　寺尾眞紀

Русский народный инструмент балалайка: его прошлое и будущее
The Russian Folk Instrument Balalaika: the Past and the Future

ISBN978-4-910100-35-7